重新发现中国　主编 | 贺雪峰 沈山

街巷之间

城市治理脉络再发现

张雪霖 著

Into
the streets
Rediscovering
the strategy
of urban governance

广西师范大学出版社
·桂林·

JIEXIANG ZHIJIAN
CHENGSHI ZHILI MAILUO ZAI FAXIAN

图书在版编目（CIP）数据

街巷之间：城市治理脉络再发现 / 张雪霖著. 桂林：广西师范大学出版社, 2025.3. -- （重新发现中国 / 贺雪峰, 沈山主编）. -- ISBN 978-7-5598-7883-0

Ⅰ．F299.23-53

中国国家版本馆 CIP 数据核字第 2025TA1105 号

广西师范大学出版社出版发行

（广西桂林市五里店路 9 号　邮政编码：541004）

网址：http://www.bbtpress.com

出版人：黄轩庄

全国新华书店经销

广西广大印务有限责任公司印刷

（桂林市临桂区秧塘工业园西城大道北侧广西师范大学出版社集团有限公司创意产业园内　邮政编码：541199）

开本：889 mm × 1 240 mm　1/32

印张：11.5　　字数：245 千

2025 年 3 月第 1 版　　2025 年 3 月第 1 次印刷

定价：66.00 元

如发现印装质量问题，影响阅读，请与出版社发行部门联系调换。

目 录

代 序

中英城市空间与治理的差异 / 1

第一部分 城市政治

邻里交往、社区参与和社会资本 / 11

城市市民居住的政治 / 19

陌生人社会的纠纷及其治理 / 23

城乡社会交往与社会信任机制的差异 / 31

居住政治：市场化改革中国家与社会关系的再造 / 36

规划设计师与城市社区微更新 / 43

第二部分 街道革新

"条块"矛盾与整体性治理 / 51

街道改革的方向："条块结合，以块为主" / 56

城市基层社会治理创新：上海市委"一号课题" / 64

城市基层社会的梯度化治理机制 / 72

新时代城市基层治理责任体系的重构 / 82

12345市长热线的运行逻辑及治理挑战 / 91

社区空间的违建执法困境 / 103

城管与摊贩 / 108

第三部分 社区治理

多数人治理转型下基层组织的治理能力 / 119

干群联系机制：居委会干部如何入户？ / 126

稳定与流变：城市社区的治理结构 / 132

错位与补位：居民委员制度的探索 / 138

复合型治理：居委会行政、自治、服务功能的融合 / 147

城市社区微更新、居民自治与制度化民主治理转型 / 166

第四部分 物业管理

"红色物业"与直管房小区物业管理 / 175

利益密集型小区的业委会选举 / 185

业主自治：从维权走向治理 / 205

业委会主任联谊会：业主自治能力的培训场 / 219

商品房小区物业管理面临的结构性矛盾 / 248

老旧小区的准物业管理制度探索 / 258

代理人失灵：失衡的物业治理结构 / 273

社区"三驾马车"之间的关系再认识 / 289

第五部分 社会组织

弄管会：小微空间的社会治理 / 303

高空抛物的社会性治理 / 315

有限政府和政府购买服务的边界 / 318

城市基层治理的主要矛盾与社会组织的限度 / 327

分配正义：政府购买社会组织服务的再认识 / 341

警惕社会工作弱化群众工作 / 353

代 序

中英城市空间与治理的差异

　　空间的利用方式是一定社会关系互动模式与社会心理需求的投射。因此，城市建设与居住空间布局需要回应特定社会的心理安全需求与文化基因。

　　以街区制为例。街区制是西方国家城市建设布局的主要形式，其特征是在城市规划的道路两边建设住宅（临街建筑），没有围墙，同时也是居住和商业的融合，即街区既要提供居住功能，又要有丰富的商业、休闲配套，最常见的形式是上层住人、下层营商。居民下了楼，出了家门，就是街道或市政道路，街角可能就是咖啡馆、书店或酒吧。

　　与开放式街区相对，中国绝大部分城市采用的是"院落式""封闭式住宅小区"的建设布局模式，从而把城市空间切割为一个个封闭的单元。我国推广街区制的初衷是要打通城市路网，缓解交通拥堵等"城市病"。然而，开放式街区在我国城市社会却无法获得社会认可。

一

2016年2月6日发布的《中共中央国务院关于进一步加强城市规划建设管理工作的若干意见》(以下简称《意见》)，是时隔37年重启的中央城市工作会议配套文件。

《意见》提出："新建住宅要推广街区制，原则上不再建设封闭住宅小区。已建成的住宅小区和单位大院要逐步打开，实现内部道路公共化，解决交通路网布局问题，促进土地节约利用。树立'窄马路、密路网'的城市道路布局理念，建设快速路、主次干路和支路级配合理的道路网系统。"

《意见》一公布便在社会上掀起了轩然大波，反对声重重。凤凰网针对《意见》提出的推广街区制、不建封闭住宅小区、围墙打开、内部道路公共化等举措发起了网友投票，结果显示，有近6成人士反对。其中：(1)支持，疏解交通拥堵，占36.28%；(2)反对，担心社区安全，占58.54%；(3)说不清，占5.18%。新浪、搜狐等几大门户网站，网友投票结果也大致差不多。

不仅有社会舆论的广泛抗议，《意见》在具体实践中也遭遇诸多投诉。上海虹梅街道蒲书记说，住宅小区不拉围墙，居民都不愿贴着街住，感觉又吵又闹又不安全。据他了解，上海市闵行区有一个超大型无围墙小区，有4万人口，产生的问题很大，居民在闹着要拉围墙。

为什么开放式街区在中国会遭遇"滑铁卢"？这涉及城市建设布局与当地的社会文化之间的互动关系。从浅层来看，我国城市居民不喜欢无围墙的开放式小区，其给出的理由中占比最高的是担心安全与安宁问题。雅各布斯在《美国大城市的死与生》中提出了著名的"街道眼",即在开放式街区,临街建筑上层住人,下层为小商铺,来来往往的行人与相对熟悉的街坊邻里,都扮演着监视人的角色,他们犹如一只只"街道眼",保卫着街道的安全。然而,为什么开放式街区到了中国会让民众产生不安全的感觉?在西方大多数国家,城市人口密度相对较低,居住空间以独栋或联排别墅为主,层高比较低,往往只有两三层,相对长期稳定的居住关系也能够发育出相对熟悉的街坊邻里关系,这和我国旧城区的老街坊比较相似。但是我国人口基数大,人地关系紧张,城市人口密度高,无法实现低密度的城市居住模式,居住空间只能向上、向高处发展,新型住宅小区基本上都是中高层住宅。一栋十几甚至几十层的住宅楼有较多的居住户数,以及流动性较高的居住人口,因而很难发育出相对熟悉的街坊邻里关系。如此一来,开放式街区"街道眼"的功能就会大大弱化,而开放式公共空间对所有人而言的可自由进出性,则可能会给居民带来不安全感。

二

也有人指出,这种不安全的风险,通过设置刷卡单元门或楼栋门就能解决。如果通过可控的技术使之能够保障居住安全,这种开放式街区制是不是就能被接受和认可呢?事实上,也很难。赵燕菁将住宅小区围墙形成的深层原因归结为"'墙'内外公共服务水平的落差",即墙内与墙外可享受的公共服务水平有高低的差异。他极具洞察力地看到，"有形的墙"反映的是一堵更为深刻的"无形的墙"——社会阶层分化。由于尚不能为所有市民提供均等化的高质量公共服务，城市政府提供的是统一的基础性公共服务。对于中上阶层而言，他们想要获取比基础性公共服务更为优质的服务，如更为优美、安宁、宜居的生活环境，就需要支付额外的成本，但是为防止"搭便车者"，购买的公共服务需要具有一定的排他性，因此围墙就出现了。也有人提出，高端封闭式小区是经济地位与身份的炫耀性需求，也是社会分化后的自然结果。和对公共服务落差的追求一样，这种观点同属于社会分化视角。

　　社会分化是一个很有解释力的维度。美国在20世纪五六十年代也开始兴建有围墙的封闭社区，这固然与严重的社会分化，特别是种族歧视与隔离在空间上的投射有关。然而，社会分化能解释部分原因，但尚不充分。同样存在社会分化的西方城市，为什么就能发育出开放式街区类型？我们看到，中国人对居住空间安全的需求，不仅仅包含对可能发生的偷、盗、抢等危及人身或财产安全的社会治理性安全的需求，还包含对更为深层的社会心理性安全的需求。前一种社会治理性安全，可以通过技术的进步以及政府治理能力的提升而得到满足，属于一种外部安全；而后一种社会心理性安全则是一种无意识结构，属于一种内部安全，对其的需求是社会群体更为深层次的需求。

　　城市建设与居住空间布局在实践中如何回应特定社会的心理安全需求与文化基因，是城市规划的一大现实课题。

三

英国皇家艺术学院的程婧如博士对中英两国城市空间形态的直观差异有切身体会，她在伦敦求学与生活时，发现伦敦的城市布局和中国城市的截然不同。在伦敦，出了私人的家门就是公共的街道或马路，而中国城市居民大多数生活在相对封闭的小区内，出了私人的家门后，先是小区共有空间，接着才到城市公共的街道或马路。从谷歌地球（Google Earth）上查看伦敦与上海的鸟瞰图，可以发现伦敦的城市布局就像千万条蚯蚓紧密地排列在一起，而上海的城市布局则像一只巨大的乌龟壳纹路，一个个封闭的住宅小区就犹如乌龟壳上的一个个单元格。在英国伦敦的开放式街区，出了私人空间就是公共空间，城市空间形态是一种公－私二元划分。而在中国城市，出了私人空间后，还有一个准公共空间作为过渡，在此之外才是纯粹公共空间。换言之，在中国，私人空间和公共空间之间还存在一个准公共空间，这个准公共空间以小区围墙为边界，城市空间形态则是一种私人空间—准公共空间—公共空间的三维划分。这种三维空间划分的城市形态深植于我国社会与文化基础，如从传统的院落，到中华人民共和国单位制时期的单位大院，再到商品房时期的封闭式小区。

在英国式公－私二元空间体系下，私人空间是纯粹的家庭私人领域，对应的是公民个体性事务，而公共空间则是纯粹的城市公共领域，对应的是政府提供的公共性事务。公私之间的边界清晰，这也是西方理论中国家与社会二元关系范式的社会基础。反观，在中国式三维空间体系下，在私人空间与公共空间之间还存在一个准公共空间，或说半私人半公共的第三空间，亦即家庭私人事务与政府公共事务之间的过渡带或职责交叉地。这也是为何西方理论中的国家－社会二元关系范式与中国的现实不完全兼容的内核。黄宗智通过对帝国时期基层社会纠纷解决的研究，提出我国传统时期在国家与社会之间还存在一个"第三领域"，这一观点极富有洞见性。他认为"第三领域"既非纯粹的政府事务与行政规则，也非纯粹的社会事务与民间规则，而是国家与社会交融碰撞的新地带，实行的是以半行政为基础的简约治理机制。这种集权的简约治理机制在中华人民共和国成立后仍然得到延续使用。我国城市空间形态中"第三空间"的存在，也是黄宗智笔下的"第三领域"在空间上的投射。

四

在不同的空间领域，与之相应的治理主体、治理事务、治理资源与治理规则都是不同的。在私人空间领域，治理主体就是居民个体，治理事务为自治性事务，治理资源为自组织，治理规则为自治与协商。而在公共空间领域，治理主体是政府，治理事务为公共事务，治理资源为行政组织，治理规则为国家法律法规。因此，在欧美国家，公私空间边界清晰，国家与社会之间的边界也很清晰，相适应的为在不同领域分别采取不同的治理机制，即行政－自治机制。在新公共管理理论提出公共服务的提供者与生产者角色可分离后，政府被认为应作为掌舵者，而非划桨者，由此便出现了公共服务外包的热潮。若从具体生产机制上看，便还可以加上市场，即行政－自治－市场机制。然而，我国城市公私空间边界模糊，在纯粹的公共空间与私人空间之间还存在一个公私交叉融合的"第三空间"，其中的运作机制无法被行政、自治或者市场机制完全涵盖，笔者将之提炼为"半行政半自治"机制。这个"第三空间"在城市社会就是指住宅小区围墙以内的空间，我国社区即由若干个住宅小区组成，后者既是城市空间的基本单元，亦是城市治理的基本单元。

我国城市住宅小区围墙以内的"第三空间"的属性与特征有四点。（1）治理主体的多元化。社区治理的参与主体，包括政府及职能部门、社区党组织、居委会、业主委员会、物业服务企业以及各类社会组织等多元主体。（2）治理事务的交叉性。城市住宅小区内既存在行政性事务，也有自治性事务，还有行政与自治职能交叉性事务，行政与自治事务边界模糊，职能交叉融合。（3）治理资源的有限性。我国城市住房拥有可自由入市交易的商品房性质，这一性质所形塑的住宅小区具有开放性的经济结构与社会关系结构，人口数量多而居住密度大，居民的流动性相对较高，陌生化程度高，社区内生的经济资本与社会资本双重稀薄，可援引的治理资源有限而稀缺，增加了达成公共决策与集体行动的困难。（4）治理规则的混合性。纯粹的城市公共空间，由政府及其职能部门依照法律规则治理，属于依法行政的逻辑，规则单一、明确而有强制效力。然而，治理主体的多元性与治理事务的交叉性，使得社区空间内的治理是由综合性或混合性规则决定的，而非单一规则。而且由于我国经济社会发展快速，而法律法规具有滞后性与不健全性，如《中华人民共和国物权法》与《中华人民共和国物业管理条例》对我国住宅小区空间的特殊性质的认识都不充分。这些都加剧了"第三空间"治理的复杂性与难度。

我国城市纯粹公共空间的治理，是由政府及其职能部门依据国家法律规则来管理的过程。而围墙以内的准公共空间或"第三空间"，则是以街道办事处与社区居委会为核心的基层组织治理的重心，后者也构成了我国城市治理体系中的重要环节。对比之下，在英国城市公私二元空间形态下，形成的则是政府与社会自组织二元体系，缺乏一个介于政府与社会之间的中间组织。因此，以街道与社区"两委"组织为核心的城市基层组织，是我国城市治理体系的特色，也是理解我国城市社会秩序运转的关键环节，同时也是从国际比较的视野透视中国基层治理模式的窗口。

第一部分 城市政治

邻里交往、社区参与和社会资本

HJ社区和LH社区同属于佛山禅城区S街道，LH社区下辖的两个小区都是高档商品房小区，结构比较简单。HJ社区下辖的小区类型比较复杂，多由城乡接合部转化而来，有住房制度改革房、商品房小区、还建房等多种类型。HJ社区和LH社区邻近，街道引进的LH片区的家综项目（家综，家庭综合服务中心，即社工站。）设置在LH社区居委会办公楼的二层，HJ社区的居民也会参与家综服务活动。笔者在该家综活动室偶然遇到了几个带孩子来参加活动的居民，通过和她们的访谈了解社区邻里交往的动力与半径。下面先来看几个案例：

案例1：开朗外向的东北大姐

东北大姐住在HJ小区——一个房龄比较久的商品房小区，她住在这里已经十几年了。大姐性格外向开朗，喜欢聊天交朋友，在小区居民里算是善于交际或交际能力强者。大姐所住大楼有18层，一梯6户，共计一百来户。由于已经在小区居住超过10年，同一栋楼的一百来户，见面能点头打招呼的占一半多。目前她在小区内的邻里交往集中在同楼层的6户。在这6户中，有3个是"朋友"（包括她自己），但仅限于彼此能叫得上女主人的名字和其丈夫姓氏，因为"问人家老公的名字很不礼貌"；有2户属于"熟人"，只知道彼此的姓氏，见面会聊天打招呼；有1户属于点头之交——连对方的姓氏都不知道，只知道是同楼层的住户，见面会相互点头。除了本楼层6户外，楼上楼下也是点头之交。

　　以大姐在小区居住十多年的经历，她说邻居之间相处要经过七八年才能磨合熟悉起来。她说自己比较爱聊，同层6户之间慢慢熟悉后，爱聊的住户会相互留个电话，以后可以相互照应。邻里之间相互照应的都是一些小事：如帮收个快递付个钱，帮忙照看小孩等。至于为何和邻里交朋友，除了个体性格上爱聊的原因外，大姐还说了一句经典话作为解释："我们（需要）求人。不喜欢交朋友的，可能是不需要求人吧。"已经成为朋友的邻居，即使搬走了，彼此之间还会联系。东北大姐在访谈时身边坐着另外两位妇女，3人以前都是住在HJ小区的，成了朋友，后来这两位妇女都搬出HJ小区，到LH小区等更好的小区居住了，但现在3人之间还时不时有联系。除了同一栋楼的居民外，其他楼栋的居民，只有一个是朋友，也是因为两家的孩子是同学，才认识和玩得好。

　　即使是像东北大姐这样爱交朋友的人，对邻里之间的关系需求也是一种功能性的浅层交往。她说："邻里之间都有戒心，不想让邻居知道太多，都有一种自我保护的心态。人都太复杂了，彼此之间无法知根知底。居住在一起十几年，仍然像个过路人一样。"她将理想中的小区社会关系阐述为："邻里之间关系融洽，但也要有隐私空间。互相之间能聊聊盐有多咸、醋有多酸的生活，日常生活能有所照应就很好了。即使同层有3户可以称得上是朋友，也只大概知道彼此所在的行业，具体的职位也不会详问。"同时她也表示，小区里有没有真正的朋友也无所谓，她老公是茂名本地的，老公的同学朋友圈都在这儿。

对于中青年而言，在城市里能够真正成为知心朋友的，不是基于业缘关系的同事，或是基于地缘关系的邻居，又或是基于趣缘关系的同好，而往往是同学。东北大姐认为，同事之间都有利益竞争，而同学不一样，能一起吃饭玩耍，大学和高中同学彼此一点戒心都没有，不会嫌弃谁没有钱，有钱的同学经常买单。她老公同学朋友很多，"几十个都有"。拖家带口在一起玩的有几十人，男人们的朋友圈中有十几个经常在一起，稍微边缘点的还有很多。小孩子之间很熟——由于都是独生子女，缺少兄弟姐妹，大人们经常让小孩子一起玩，给他们搭建好关系。妻子们也很要好，化妆品和项链都买五六份相互送。一个有钱同学，买地，建同学村，自己建房。一个月至少会有一次聚会，去公园或赏花。

案例2：HJ社区的高中老师

王阿姨是一名高中老师，居住在HJ社区的一个房龄有18到20年的小区。该小区一座楼有24户，有2个长期租户，2间空置房。小区内有公共空间，小孩经常下去玩耍，居民之间的熟悉程度要相对高些。她最不满的就是小区高空抛物问题严重，楼下停放的车上早上经常落有很多垃圾，有时把车玻璃都砸坏。王阿姨向物业公司反映，但因为小区内没有安装摄像头，物业公司取证难，找不到责任主体。物业公司在广告栏贴公告，但是往往公告贴出去不到一天就被人撕掉了。有一次几个居民抓到了一个高空抛物者：几个居民看到丢下来的垃圾中有一张发票，上面写着门牌号，就上去找他。但是那户死不承认是自己丢的："不可能是我丢的，可能是别人把我们家垃圾丢下去了。"当被问到是否可能是他家小孩玩耍时丢的，他也坚持说："不可能，这垃圾太重，小孩拿不动。"

案例3：LH社区的家庭主妇

刘大姐30多岁，住在LH社区丽日玫瑰小区，有一个儿子在上小学。LH社区辖内的住房属于学区房，辖区有一个幼儿园、小学和中学，社区很多居民的小孩都在附近就学。刘大姐是全职太太，日常为接送孩子、买菜做饭和做家务，闲得发慌的时候会约朋友去逛街。儿子在附近的小学读书，儿子的很多同学也都住在同一小区，因为孩子们之间的关系好，家长之间的关系也较好，所以刘大姐说她现在的朋友圈大多都在同一个小区内，基本上都是因为孩子结缘的。

案例4：HJ小区的物业管理

案例1中的东北大姐和案例2中的王阿姨都为HJ社区的居民，但在不同的物业小区居住。她们都对本小区的物业管理很不满意，但是两个人对小区公共事务的态度截然不同。东北大姐对于小区物业管理的公共事务态度冷淡："刚开始业委会选举时，竞选人演讲的承诺很好，但是上台后账目不公开，和物业公司穿一条裤。小保安收停车费，恨不得一天收两次费，只收费不管事。"当被问及她为何不去参与竞选业委会管理小区或投诉监督业委会时，她说："一人战斗，大家受益，我不愿意搞。我一个人在家带两个孩子，连逛街的工夫都没有，才没空去管那闲事。况且，一个或两个人顶不了什么事。个体不会为大家争取什么权利。不喜欢这里的环境，我有能力就搬走。"

此外，由于家里的摩托车被偷，东北大姐还和小区物业公司起过冲突：家里新买的摩托车被偷，东北大姐认为是物业公司不负责，小区保安不负责，夜里不在班导致的，因为摩托车是停在自家车位期间丢的。大姐要物业公司赔偿，即便不赔偿，给她找辆二手摩托车代步也行，因为现在政府限号也很难买到摩托车。

物业公司认为这不是自己的责任，拒不赔偿。物业公司不赔，东北大姐就不交物业费，坚持物业公司啥时候赔偿，啥时候开始交物业费。东北大姐算过账，停交了两年多的物业费，和买摩托车的费用差不多。过了两年多，东北大姐开始往扣账的银行卡里存钱，但是接下来的物业费银行也不扣。事件之初，物业公司向东北大姐发了律师函，准备通过起诉催缴物业费，但是大姐不为所惧地对物业公司说："不用等15天了，你现在就把我抓起来吧。不仅要我交物业费，还要滞纳金，门儿都没有，我的摩托车丢了没有赔偿，我还要滞纳金呢。要么从我家拉东西，要么让我蹲监狱。"后来物业公司也不了了之。

　　HJ小区物业公司一直还是原来那个，只是管理人员换了。物业费1元/平方米，自2004年到现在就没有涨过。东北大姐认为如果物业公司的服务质量提高，可以涨价，但是物业公司不能收1块钱，就只提供1块钱的服务，而是应该先把服务质量搞上去，让居民看到效果，再涨价。对比之下，王阿姨对其所在的小区物业管理也不满意：该小区不仅高空抛物现象严重，而且停车位非常紧张。由于车位不足，家门口的摩托车位都被居民改为汽车位，但又因为空间有限，位置较近，容易相互剐蹭，而且毁绿停车的现象也很严重。之前本来也是个好好的小区，现在被物业管理得乱糟糟的。她说："等我一退休，就要竞选业委会。高手在民间，我所在高中的校长和同事很多都住在小区，到时可以发动起来把小区治理好。"

通过以上几个案例，研究可以回应学界探讨较多的关于邻里交往、社区参与和社会资本发育的问题。城市社区邻里之间的关系大致有三类：其一为功能性关系，对邻里之间的日常互助有需求的居民会相对重视邻里之间的社会交往，互助需求越弱的居民进行社区交往的动力越不足；其二为趣缘性关系，多为因参加小区的合唱团、舞蹈队等共同爱好团体而交往；其三，小孩是形成社区内部社会关联的黏合剂，家长往往是因为小孩一起玩耍或同学关系而交往。城市社区居民之间的邻里交往本质上是一种功能性关系，带来的结果就是自助能力越强者（高学历、高收入、高职位的中上层群体），对邻里之间的互助需求就越低，邻里之间的社会交往也越不充分，很多功能的满足直接由市场与社会替代。同时，自助能力相对欠缺者对邻里之间的交往有需求度，但其需要的主要是私人之间的功能互助。城市小区邻里之间的交往关系是在互助功能与个体安全、隐私、自由需求之间的平衡，私民之间的互助并不指向公共领域的社区参与，所以这是社会资本培育论者面对的根本性困境。

从生命历程的视角，可以将小区居民群体划分为青少年儿童、中青年、低龄老人和高龄老人。处于不同生命历程中的群体对社区参与和社区认同的态度是不同的。青少年儿童尚处于民事行为能力受限制的阶段，暂忽略不论。中青年属于负担较重的群体，上有老下有小，生产、生活往往以城市的功能分区为基础展开，社区只不过是一个生活的物理空间，而非有意义生产功能的社会性空间。而且这一人群对居住空间的选择具有一定的灵活性，居住环境不好，有能力的人就会搬走，因而对社区的认同度和公共事务的参与度较低。而高龄老人因为身体机能的退化，生活半径大幅缩减，社会交往半径也会缩减，如果子女不在身边容易感到孤独寂寞，他们对社区交往有内生需求。同时因为其迁移流动的可能性也较小，对社区的认同度也会提高，但是由于身体机能退化，无能力参与社区公共事务，是社区需要照顾的群体。低龄老人是一批有钱、有闲、有能力而负担不重的人，刚从工作单位退休，没有了单位依托，开始对社区产生归属感和认同感。不同的低龄老人自助能力有分化，因而对邻里之间的功能性交往需求不同，但是对于社区公共事务的参与和社区认同有共同的变化趋势。正是因为有钱、有闲、有能力、有体力，他们还有一种自我实现的价值追求，否则退休后的几十年生活将感到空虚而无聊。所以，这批负担不重的低龄老人是社区参与的主体，也是社区建设和治理可以依赖的主要力量。

城市市民居住的政治

一

阮奶奶是上海 LX 小区 360 弄的一位 75 岁的老人，她说："老人还是要有老人的生活。老人要有'四有'。"阮奶奶嘴里的"四有"，指的是有老伴、有储蓄、有朋友和有房子。在阮奶奶看来，老人有这四样就会过得自由而幸福。

阮奶奶退休前是一名小学音乐教师，有一个49岁的儿子和一个孙子，老伴在2010年患病去世。阮奶奶的父亲是当地著名的演员，演过鲁迅、列宁等人物。儿子一家三口有自己的住房，阮奶奶两老退休后，于2000年在距离儿子家不远的 LX 小区买房住，户型为二室一厅。阮奶奶退休后自愿带了几个合唱团，教队员唱歌，分别是 LX 小区居委会歌咏班、康健公园合唱团、街道合唱团和纳米公司合唱团。退休后她一周的安排是周一上午去康健公园教歌、周二晚上去纳米公司教歌、周五上午去 LX 居委会教歌、周五下午去街道教歌，周六让歌友到自己家里唱歌，周日让朋友到家里打牌。老伴去世后，阮奶奶就一个人住，丰富多彩的活动，使得她的独居生活不会那么寂寞无聊。

有一天阮奶奶的儿子与她商量说，让她把房子卖掉（当时市价在180万元左右），然后过来和自己一起住。儿子可以用卖房的180万元到另外一个地方买一套别墅。阮奶奶听后答应了，之后她打电话给大姐说起这事后，大姐说她傻，和儿子一起住就不那么自由自在了。若和儿子一家住一起，阮奶奶的歌友周六就不太可能去儿子家里唱歌一直唱到晚九点，周末朋友也不好去儿子家里打麻将。阮奶奶和亲家母现在是轮流一个月去帮儿子做晚饭。若是她和儿子住一起，亲家母便不好去给儿子烧饭，她也不好意思让亲家母烧饭给自己吃，那以后儿子的家务都要自己包了。阮奶奶听后觉得很有道理，于是和儿子说，房子不卖了。没有任何思想准备的儿子有点吃惊和不高兴，她就解释给他说："老人要有'四有'，你爸爸去世了，我已经没了老伴，现在再把房子卖掉，就又少了一'有'。"阮奶奶只有一个儿子，待死后家产也都是给儿子，儿子不需要那么着急就把家产提前继承了。阮奶奶是一名退休教师，退休金也比较高，虽然老伴去世了，但现在有储蓄、有房子和有朋友的生活还是很自在、丰富和满足的。

二

相比之下，LX小区另一位82岁的王奶奶，遭遇就要悲惨得多。王奶奶有3个女儿，两个女儿嫁到外地，小女儿留在家里和自己一起生活。小区的房子是三室一厅，是王奶奶和老伴买的，之前房产登记在二老名下。小女儿有两个女儿，现在都挤在这三室一厅的房子里。

老伴在世的时候，二老都有退休金，有住房，生活过得还很舒服。前几年老伴去世后，不知何时小女儿偷偷把房产过户到自己名下，并让王奶奶搬出家里，到外面租房住，王奶奶不肯，双方的关系闹僵。

事情发生后，王奶奶找过居委会、派出所和法院，但由于房屋登记上显示的是女儿的名字，调解的结果是让小女儿每月给王奶奶800元的生活补贴，到外面租房住。对于这一点生活补贴，租房肯定是不够的，王奶奶死活都不肯搬出去。但是小女儿对此很生气，甚至威吓和诅咒自己的母亲死，王奶奶在居委会的几个要好的邻居朋友去家里劝架，反被小女儿狠狠地骂了一顿，还威胁说谁再跟王奶奶来往就要报复谁。王奶奶给自己的房间上了门锁，几次都被女儿撬开，现在王奶奶屋里没有放一分钱，都存在银行卡上。王奶奶养了一条宠物狗，经常被小女儿指桑骂槐地叫骂。刚开始王奶奶想过死，自杀算了。但看到自己的亲生女儿这样对待自己，心想自己死了正合小女儿的心意，为了不让她过得舒服，就偏偏不死，就要好好活着。现在王奶奶只在家里吃饭和睡觉，其余时间都是走出家门，在小区花园里转转，和其他老年人扎堆玩耍消磨时间。

三

城市人的家庭代际关系的特征为：代际责任有限，双系继承而无血系偏重，代际之间相对自由和独立，以完整的核心家庭为本位。有条件的城市家庭，儿子结婚后都会在中高档商品房小区买房，老年人就住在老房子里。老年人一般不愿意和儿子的小家庭一起住，儿子结婚后一般也不想和父母一起住，除非是孩子出生后需要父母帮忙带孩子。因此有条件的家庭一般会在儿子买房的时候考虑两处居所之间的距离问题，父母住的地方不宜离儿子家太远，最好是儿子家在双方父母住的中间地带。这样既能够保障两代人相对自由独立自在地生活——因为他们都有自己的生活方式和独立的交往圈，又能够彼此相互照应。

但是对于城市中下层而言，子女无力单独买一套商品房，所以结婚后就不得不和父母挤在一起居住。尤其是上海的房价如此之高，对于城市普通的工薪阶层来说，没有遇到拆迁的话，很难实现社会的向上流动，"穷人翻身要靠拆迁"，单纯靠一个月几千元的工资是买不起房的。外在社会竞争的压力和家庭资源的匮乏，传导到家庭内部就会导致家庭关系的紧张，而在狭小的居住空间内，紧张的关系和焦虑的情绪得不到缓和与释放，人均享有资源的稀薄，日常生活接触的高密度，以及对利益的高度敏感，使得生活中的任何行为都有可能引致"火山爆发"。而对于父代和子代有自己独立住房的家庭而言，家庭关系的紧张和摩擦会因空间距离的拉大而稀释或释放。如果代际之间比较独立、平等和自由，双方之间的往来就会以感情的互动为主要形式。

陌生人社会的纠纷及其治理

自从20世纪90年代我国城市实行住房商品化改革后，原来的单位制开始逐渐解体。单位福利房的取消和城市商品房的兴起，带来了社会的流动性和开放性。商品房小区是一群陌生人的聚居区，而且商品房交易属于自由市场的范畴，所以城市社区是一个陌生人社会，居民之间不存在有机联系，犹如一个个孤立的原子。那么，相较于乡土熟人社会中的纠纷形态而言，陌生人社会的纠纷类型及其特征是什么呢？过去，纠纷调解研究的重点在乡土社会，而城市社区的纠纷及其解决都被视为与传统乡土社会相对应的另一端——现代法理型社会这一理想类型，很少有学者深入社区内部了解纠纷性质及其解决机制。法学的研究都是从规范的层面切入，而援引多元纠纷解决机制理论或西方的替代纠纷解决程序（Alternative Dispute Resolution，简称ADR），来完善我国城市的纠纷解决机制，鲜有经验研究。

案例1　楼上楼下噪音纠纷
　　上海GX小区350弄402房家里有个3岁小孩，楼下302房家里有一对4个月大的双胞胎。楼上3岁小孩比较活跃，喜欢在家里乱蹦乱跳，由于房间和地板隔音效果不好,经常吵到楼下302房小孩休息。302房的住户打110电话投诉,社区民警让居委会主任去走访,居委会主任晚上7点半去402房家里了解情况,并做工作聊到晚上9点才结束。此后,402房家里铺了地毯,外公外婆也说天天都有教育小孩,但小孩不容易受控制。居委会钱主任是在2015年7月18日居委会换届选举时担任主任的,此前担任了9年的主任助理。钱主任说这两家的纠纷在前任书记在任时就已经发生了,但调解也没有效果。

自钱主任上任后,302房的住户来向他反映投诉了十几次,钱主任去做402房住户的工作,对方家长态度可以,但是小孩不受控制也没有办法。钱主任希望两家能见面谈谈,以达成和解的方案和协议,但是双方都不愿直接见面谈,这让居委会感到无奈。302房的男主人甚至"强迫"钱主任到402房住户的单位去告状,并说:"你把这事协调好了,我送你面锦旗。"钱主任自然不会如此做。302房的住户也不愿意走司法程序,觉得成本高,就是天天找居委会反映。

案例2 因火灾引起楼上楼下漏水纠纷

GX小区2015年9月22日一栋楼发生火灾,201房住了一个独居老人,半夜起床吃药后,看电视看到凌晨3点多,电视突然爆炸,随后他看到厨房冰箱在冒火。他赶紧挨家挨户把本楼居民都叫醒跑出去,以防发生意外，有的居民赶紧拨打了119和120。然而，大的消防车进不来，小的消防车虽然可以开进来，但没有水，又从其他地方接了水。居委会书记和主任的手机当时都关机了，居民联系不上，很生气。居委会主任就住在本小区，于是有一个党支部委员去家里把居委会主任叫醒，后者2分钟内赶了过去。也有人提醒居委会主任不要讲话，以免受到居民的围攻。幸好救援及时，火被扑灭了，但是楼栋里囤积了很多水，101房受淹严重。

这就涉及双方赔偿的问题，101房住户开出受灾清单，向201房住户索赔1.6万元，但是后者觉得要价太高，只愿意支付三分之一。201房的冰箱失火，司法鉴定是家电老化引起的。居委会、物业公司和街道一起上门去调解，两家见面调解两次都谈崩，平时居委会打电话劝慰不知劝了多少次，都没有效果。101房住的也是两个独居老人，老太太有些神志不清，老头也有心脏病，女儿女婿不住在本小区，老头委托女婿来负责办理此事。

9月22日发生火灾的夜里，受淹的101房居民被转移至宾馆住2晚，花费400多元。退房时需要结账，宾馆催，但是201的住户不在，101房的住户不爽，大骂。为了暂时平息矛盾，居委会做工作先行垫付。最后居委会向街道申请资金，相当于这笔费用是政府买单。201房发生火灾后，街道、共建单位等各方领导前来慰问，帮扶得比较多，而无辜受牵连的101房住户却没有得到关怀，心理很不平衡。现在双方就利益赔偿无法达成一致，尚僵持在那里。街道还想通过救济渠道帮扶201房住户，但居委会主任认为201房住户得到的慰问足够多了，需要平衡下，也应帮扶101房住户，才有助于双方和解。

案例3　上下楼噪音纠纷

GP小区258弄201房住着一对老夫妻，老婆生病，老头喜欢抽烟打牌，经常在家里打小麻将不关门。烟味和噪音影响到了302房的居民，后者打12345热线投诉或110电话投诉。居委会接到投诉，要上门去做两家的工作。如果做不通，就把社区民警叫过来一起参与调解。

案例4　楼上漏水纠纷

LX居委会分管老龄和卫生工作的干部小王家住在GP小区附近的万象园，同属于一个物业公司管辖。她家现在也遇到和一个邻居的漏水纠纷：楼上一家浴缸漏水，物业公司维修报价要1500元，楼上那户嫌价格高，不愿意出，只愿意打石膏，但是之前已经打了数次石膏，没用，还是漏水。居委会、物业公司都去找过，但调解无效，居委会也只能为双方搭个平台，让双方坐下来谈。但是对方不愿意出这个钱，双方已经撕破脸皮，下面就只能走司法途径，由法院来裁判。

小王说，现在居民不管大事小事都要找法院，法院太忙，起诉到法院，立案还要排队，并且到法院也还是先调解，调解不好才会审判。起诉到法院要浪费财力和精力，还要聘请律师。平时邻居虽然也不熟，但是关系未破裂时，在楼道上遇见还是会打个招呼，保持点头之交。小王并不怕和邻居撕破脸皮，但是一旦撕破脸皮，双方之间就会比较冷漠有隔阂，对日常生活有一定的干扰，易造成身心不平衡。

从以上几个小区比较难调解的纠纷案例来看，城市陌生人社区邻居之间的纠纷主要为相邻权纠纷，大致可以分为两类：一是个体行为产生的外部性，如噪音、气味污染等；二是经济利益损害赔偿，如漏水、失火等。乡土熟人社会的纠纷具有延展性和非适法性特征，村民之间的纠纷不是一个独立的案件，背后往往涉及很多历史背景和社会关系的纠葛，并伴随着"气"的生成。而城市社区陌生人社会的邻里纠纷具有非延展性特征，体现在案件标的或事由单一，没有错综复杂的关系和情感纠葛，不伴随"气"的生成，属于就事论事的简单案件。

城市社区居民之间社会关联度松散，并没有形成以地缘为基础的社会交往与互助圈，属于自由而不亲密的弱功能性关系，邻里之间的互助功能被发达的市场化和社会化服务替代。令笔者意外的是，很多居民表示不愿和小区居民多来往，也不需要在小区交朋友、聊家长里短，怕惹是非。正如 GP 小区的王阿姨说:"和小区居民不愿多来往,家长里短的,容易惹是非。也没有什么需要邻居来帮忙的,孩子结婚有婚庆,老人死了有一条龙服务,用不着什么人帮忙,你叫人家帮忙,和找婚庆公司不是一样嘛。要车有租赁公司,就是找朋友借,和租车的价格也差不多,还要欠一个人情,何必呢。"

此外,城市商品房小区的开放性和流动性较高,居民之间并没有长远交往的预期,陌生人之间的社会交往缺乏熟人社会内部情面关联的润滑,没有那种相互拖欠未了的人情,就不会有熟人社会内部低头不见抬头见的不好意思。如此,城市居民之间的关系就是刚性的,缺乏柔性的情面观作为调剂的手段,邻里之间一旦发生利益纠纷,就容易撕破脸皮,虽然本来也没有多少脸面可言。这时就需要第三方平台介入来评判,搞清楚是非对错,因为双方寻求的是一种正义,所以援引法律规则进行裁判对双方才是平等而公正的。

在陌生人社区内,无法生长出内生性权威人物,每个人基本上都是一个孤立的点,小区的楼组长、志愿者等积极分子很难有带动性,在社区纠纷调解中很难发挥作用,他们一般也不愿意多管闲事去得罪人,因为调解就意味着双方要相互妥协,让谁让步就会得罪谁,可能会影响私人关系。所以,社区的纠纷一般是找居委会和社区民警等具有行政身份的第三方调解,后者起到的是在双方之间搭建平台的作用。让双方坐下来和谈,一般也是需要在辨析是非对错和判定权利义务的基础上,双方再就利益调整进行妥协让步从而达成一致。这就不同于熟人社会村民之间发生纠纷后的调解,当事人之间不能太较真,调解不是为了搞清楚是非对错与权利义务的法律责任判定（相反，是非对错已经不重要了），而是为了达到和解与修复关系。把是非对错搞得太清楚，相当于关系的清算，这意味着关系已决裂，没有再修复的可能了。因此，熟人社会内部的纠纷绝少采取司法诉讼的方式，上升到法院打官司的地步，因为那意味着双方之间的关系彻底决裂，甚至要结下世仇。

对于城市社区邻里之间的纠纷，双方是不怕撕破脸皮的，虽然说撕破脸皮后仍然居住在邻近，低头不见抬头见，对居民的生活有一定的干扰，但影响其实是很微弱的。当居委会、社区民警和物业公司无法调解当事人之间的矛盾，他们就只有诉诸具有强制力作后盾的法院，来寻求正义的救济。然而，和熟人社会纠纷解决相同的是，采取司法诉讼的方式成本比较高昂，对于当事人而言，如果案件标的比较小，那么采取司法诉讼的高额成本（时间、精力、财力）就需要再权衡了。所以，陌生人社会之间的纠纷，是否采取司法诉讼途径主要是基于成本和收益的权衡，而非基于关系的修复或断裂的考量。

而城市社区居民之间发生的纠纷多为相邻权矛盾，大部分都是因为日常生活琐事引发的，一般案件标的较小，对居民的生活却又会造成持续性的困扰，对居民的生活幸福指数有很大影响。正如LX居委会干部所言："居民的事无小事，都是大事。"如果很多小事不能及时解决，居民即使找了居委会、物业公司或打12345热线都没有效果，就有可能会走极端，如到街道和区政府上访等，最终可能会酿成大事。陌生人之间发生的纠纷，需要寻求一种正义的救济，但是采取司法诉讼的成本高、周期长和效果不理想,极容易恶化当事人之间的关系。因此,以居委会和社区民警为代表的行政调解或人民调解依然非常重要,居委会调解居民之间的纠纷相较于法院判决更加柔性。LX居委会钱主任说:"居委会做矛盾调解的方法,就是要多次和反复做思想工作。通过个别谈话,电话里讲不清楚,要上门去和他们聊,多了解他们的心里想法。通过和他们谈话,慢慢掌握双方当事人的脾气和秉性,然后再有针对性地做思想工作,如一边笑着聊一边刺激他几句,目的是让双方都让步,达成和解。例如会说:'房子这么贵,又不会随便搬家,房子一直在,邻居关系要搞好,生活才舒心嘛。'"但现在面临的问题是居委会的调解能力式微,由于居委会调解没有强制力,当事人有一方不听劝就没有办法化解矛盾。因此,加强城市基层组织的治理能力建设是一项当务之急的战略性工作。

城乡社会交往与社会信任机制的差异

笔者在秦皇岛城市社区调研时，社区干部抱怨比较大的是各种社区证明，如公证处转移的亲属关系证明、工商局转移的住改商证明、派出所转移的人口死亡证明等，主要原因在于社区干部无法审查各类居民证明信息的真实性，同时还要承担信息失真可能带来的证明责任风险。而在乡村调研时，很少听到村干部抱怨盖章开证明的难题。村庄与社区关键的差异就在于干群之间的信息对称性。

学者刘建平说农村是个松散的社会，在农村选个有威望的人就可以治理好，而城市是个组织化程度较高的社会，可以加强制度建设。且不说这两种定性是否贴切，城乡之间实现善治的方式不同，农村要靠具体化的权威，城市则依赖的是抽象化的权威。在农村社会中，社会关系是以"我"为中心而建立的具体化关系，这是一种差序化的关系，个体正是在具体的差序化的关系互动中实践着村庄伦理与社会规范，通过具体关系的互动就能产生个体信息的流动、社会信任以及责任主体的判定。如果从生产方式上来理解，小农的生产方式带来的确实是松散无组织的社会生活，城市工业化、科层化的生产方式带来的是有组织有纪律的社会生活。但是若从人与人之间的社会关联度来理解，则农村是个熟人社会，社会交往的程度要深于城市社会，农村可谓是个紧密的社会，而城市可谓是个松散的社会。农村的社会治理需要具体化的权威，城市的社会治理需要抽象化的权威，权威的基础在于社会信任，是对治理合法性的认可。城乡社会关系性质不同，社会信任的产生机制也不同，在紧密的农村社会关系中遵循的是特殊主义的逻辑，是对具体的人的信任，而在城市高度陌生化、个体化和专业化的社会中，人与人之间难以建立起具体的信任。但是人与人之间要实现有效的互动，同样需要社会信任与安全机制做保障，这就需要靠国家为城市社会交往建立一套制度化的权利义务与责任判定体系，从而建立起一种抽象的社会信任机制。这种抽象的信任机制的确立是通过提供社会交往的公共规则实现的，即一套明确的权责体系，国家承担了信息认证和责任判定的成本。

如果我们不对农民和市民做区分，而是把二者都视为社会学理论中的行动者，那么我们就可以透过城乡逻辑差异抓住其背后的共性，即行动者对社会交往安全的需要。社会交往安全的基础在于行动者主体间的社会信任，而社会信任的取得源于信息的可靠性和责任主体判定。当社会交往安全有保障，行动者间的社会互动就会更加频繁，社会交往就更加有序，社会内部的关联度就更高，社会就更加团结有活力。从这个意义上说，社会信任就是社会资本，社会资本理论提倡的提升社会资本，就是要增强行动者间的社会信任度和保障社会交往安全。城乡社会信任机制不同，社会资本的形式也不同。农村基于具体化与差序化关系而产生的社会信任，不需要第三方的力量做中介，行动者之间的社会信息和责任的判定在关系互动中是一体化的，从而在关系互动的过程中直接生发社会信任。而城市基于陌生化、专业化与契约化关系而产生的社会信任，需要国家这个第三方力量做后盾，如通过社会主义法治体系的建设明确双方的权利义务关系以及追究违约责任。

但这两种社会信任机制之间是相互排斥的，行动者之间通过关系的互动产生了具体的社会信任，特别是在小范围内形成了比较紧密的社会情感以及非正式的互惠规范之后，就倾向于排斥用法治规范来确立双方的权责关系，以取得交往安全。但当非正式的社会规范逐渐解体，行动者间的关系陌生化，信息不对称以及责任判定无法履行的情形开始出现时，社会关系就开始向城市的专业化和契约化关系转变，需要重塑社会的信任机制。同时，城市建立的抽象化社会信任以及社会交往完全机制是国家权威和市场分工的体现，但国家与市场权力向农村的渗透和扩张，会对农村的社会信任机制产生消解作用。这也是众多学者在乡村调研时观察到的社会现象，如朱苏力提出的"送法下乡"、董磊明和陈柏峰提出的"结构混乱"与"迎法下乡"等。其实博弈论的逻辑也是如此，一次博弈时双方的信息不对称，难以建立信任，在个体理性的指导下追求的是个体利益的最大化，逃脱不了囚徒困境的厄运。但双方进行多次博弈之后，通过长期的互动，信息不对称的局势得到扭转，博弈的行动者间能产生一定的社会信任。行动者间建立了具体的信任后，倾向于规避抽象的法律制度，因为可以节省交易成本，即烦琐的信息取得、审查和认证成本以及责任的判定成本。

对于城市而言，国家要建立有效的抽象社会信任机制，信息的采集与管理就非常重要了。信息的真实性、可靠性和责任的判定是社会信任的基础，这就需要信息的取得、审查与认证，但问题是信息的取得与审查是需要花费成本的，而且认证是个权威过程，需要承担责任风险。信息证明之类的盖章之所以成为社区干部头疼的事情，就在于工商局、公证处、派出所等专业行政职能部门以及街道办都将信息认证的责任转移给社区。社区作为国家治理体系的末梢，没有对上的谈判权和否决权，只有承接任务的责任，同时上级部门并未转移相应的信息取得与审查的专业技能与权力。社区的公章具有权威性，代表的是抽象化的国家权威，社区干部盖章认证的过程也是彰显权威和承担责任的过程，但这和社区干部没有信息取得与审查权之间存在张力。

社区干部对此困境的应对机制有三。一是不予认证，向行动者推脱上级转移的认证责任，导致的后果就是行动者的社会沟通行动无法完成，消解了行动者主体间的社会交往，也会招致行动者对政府的不满，有损政府的权威和合法性。二是直接信息的呈现，相当于将信息的取得、审查与认证的责任间接地转嫁给行动者自身。如城市社区的住改商证明，即社区居民将自己的住宅用房改为商业性用房，需要到工商局办理营业执照，工商局对此说需要社区盖章同意后方可办理，但是按照《中华人民共和国物权法》第77条的规定，住改商需要经利害关系人同意后方可办理，在社区的利害关系人应当理解为一个楼栋内相邻的居民，而有的高层一栋楼居住了上百户居民，让申请人得到高达一百多户居民的同意是不太现实的，工商局因此将之改为需要社区盖章同意。但是社区干部也不愿承担这个认证责任，有的社区干部采取的变通策略为，让住改商的申请者去取得周围邻居的同意，取得多少个居民的同意，就直接在认证书上注明该申请者已经取得多少邻居的同意。三是认证责任领域不明显或风险不大的，社区干部倾向于给予盖章，但后果可能是丧失信息认定的真实性、可靠性和合法性，危及抽象的社会信任机制的建立。

在陌生化和流动性程度较高的城市社区，国家的信息化管理体系就比较重要。信息化管理的背后实质上是人口管理，国家对人口的管理有两重性，一是实施对人口的有效控制，实现社会稳定和社会秩序；一是提供有效的社会服务，以管理带动服务。这也是为什么在城市街道和社区调研的时候，可以发现各种信息的采集与登记在城市基层占据了重要的位置。信息统计的类型也有两种，分别是事实性的社会信息和情境性或总体性的社会信息。事实性的社会信息主要有经济普查、人口普查、流动人口登记等，国家对这类信息的统计，有利于为政府制定抽象、统一和科学的政策提供依据。而情境性或总体性的社会信息，则是需要结合社会情境、相应社会关系的互动，以及前因后果才能得出可靠的判断，这些总体性的信息难以通过政府部门自上而下的采集与统计来管理，需要社区干部深入居民关系并与居民长期面对面互动才能取得和处理。国家的技术化治理，具有去政治化的特征，可能会加剧基层干部与社会之间的悬浮，从而会进一步增加掌握情境性或总体性信息的难度。

居住政治：市场化改革中国家与社会关系的再造

老旧社区和商品房社区的治理生态是截然不同的，笔者在这两类小区调研的一个直观感受为，老旧社区的居委会办公场所熙攘热闹得如菜市场，而商品房社区的居委会则一般比较安静。这侧面反映了老旧社区找居委会的居民较多，而商品房社区找居委会的居民则较少。"有事找居委会"是老旧社区居民的信条，不管事务属不属于居委会的职责，居民都会向社区反映和求援。而在商品房社区，居民对居委会和物业公司等几者间的权责义务关系认识相对清晰，大多数居民和居委会打交道的机会不多。下面笔者对老旧社区和商品房社区的差异进行简单的比较。

一、居民的内生需求不同

杭州市一名社区干部说："老旧小区的居民，你给他解决点小事，他就会记住你，容易满足；商品房小区的居民则要求高，往往认为这是政府该做的，政府做得再好他都不会满足。"在彩霞岭和春江社区都担任过书记的沈雪鸿书记说："老旧小区一般都是鸡毛蒜皮的小事，而商品房社区一般没有事，有事都是大事，很多大事都不是居委会能解决的，比如春江花月社区垃圾焚烧站事件、迎接G20峰会沿江小区墙体装LED灯事件。"王晶书记说："在老旧小区，为居民办小事很有成就感；在商品房社区，为居民办大事很有成就感。"

老旧小区的居民关心的是民生问题，如失业人员的救济与再就业、对老人的关爱、小区的环境卫生等。居民最需要居委会帮其解决实际困难，如下岗失业人员对再就业的迫切需求，大病医药费救助等，居委会一般要尽量想办法通过政策帮其渡过难关。其次，社区居民在乎的是"居委会干部是不是关心我""有没有经常到我家聊聊天""居委会干部对我熟不熟，能不能叫得上我名字"。有居民对社区干部天天坐在办公室里不满："你们天天坐在空调房里，对着电脑，也不下去走访居民。"如果政府拨付资金给老旧小区种点花花草草，改善庭院环境，小区居民对政府就会很感激。

而在商品房小区，居民的自治意识和维权意识比较强，主张小区事务自己管理，政府不要过度干预。因为居住群体的层次较高，低保户、困难户、失业人员和特殊群体等非常少，居民对帮扶救助的需求低。比如失业救助、居家养老每个社区都分配有名额，社区书记请一些家庭主妇帮忙填写失业登记表，那些阔太太说："看在你面子上，可以帮你填一份。但你会不会老是给我推荐就业机会？"社区书记保证不会发送再就业信息打扰她，她才愿意帮忙填写一份失业登记表。商品房社区的居民更多关注的是政府的政策是否合理合法，如有的项目在小区附近施工，居民对噪音、污染、光照等要求高，政府就会感到比较棘手。再如政府推行的小区绿化工程，老旧小区的居民会感激，而商品房的居民则会先问，这是谁要种的以及谁来决定种什么好。

二、居民和政府的关系不同

沈雪鸿书记坦言，自己从十五奎巷和彩霞岭等老旧社区调到春江社区工作后，起初还用在老旧社区关心居民的工作方法与春江社区的居民打交道，结果经常被后者"教育"。有居民说："沈书记，你这样是不对的。最好的服务是平时我感觉不到你的存在，一旦我需要你的时候，你要及时出现在我面前。"长期以来，在居民的心目中，社区居委会就是政府的代表，居民将居委会视为政府的一部分。老旧社区的居民希望被政府多关心和慰问，这里面寄托的不仅是享受实惠和物质资助的感恩，还包含了政府的关心和重视带来的荣耀和情感。不论是老旧小区的物业管理、基础设施改造、小区环境整治，还是对困难群体的帮扶救助，都让居民对政府产生了一种资源依赖感，他们在心理结构上，对政府整体上是比较依赖、信任和认同的。因此，在行政管理事务中集体利益与个体利益有冲突时，老旧社区的居民大部分都是比较配合支持的，如杭州为迎接G20峰会，老旧小区开展外立面整治运动，在时间短、任务重和无赔偿的情况下，由社区干部入户去做居民的工作，居民大都比较配合。老旧社区居民和政府的关系，可概括为"依赖与合作"的关系，属于传统的"恩庇"关系，或可以说是单位制时期集体主义传统的遗产。

与老旧社区不同，商品房社区居民的独立与自治意识较强，对政府的依赖性较弱。对政府的慰问关怀服务，居民不仅不像老旧小区那样感激，反而视之为一种打扰、累烦或负担。因为政府提供的一般都是兜底式服务，而这样小恩小惠式的服务他们不需要，他们完全有能力自主从市场上或社会上获得更优质的服务。自从住房商品化改革后，商品房社区居民的房屋和物业服务也都完全是从市场上购买的，封闭商品房小区成为居民的私人财产，不仅具有居住的使用价值，还隐含着投资的交换价值。商品房小区内部的物业服务、维修管护和基础设施的改造等都由业主独自承担，政府在出让了房屋产权后，也卸下了责任。因此，一旦地方政府的政策或决策影响其利益，商品房小区居民便动员组织起来，加之他们与政府博弈的集体行动能力较强，因此会发生众多如垃圾焚烧站事件一样的邻避冲突。相对商品房社区居民而言，政府掌握的资源是比较少的。商品房社区居民和政府的关系，可概括为"独立与制衡"的关系。

三、社区领袖和利益团体不同

老旧社区的社区领袖是需要培育和动员的，而商品房社区的社区领袖是自发参与的。

商品房社区内往往会自发形成若干个观点一致的利益小团体，你一伙，他一伙，小团体内部自然而然就会出现领袖人物。社区小团体的成员一般都是利益相关者，因利益上有交集而逐渐形成组织，如车主对社区内的停车位有一致的诉求，甚至邻里在生意上有往来等。这些居民在入住社区前一般彼此也都不认识，进入社区后通过一些事件或契机，才慢慢交往认识，形成利益小团体。因为成员有各自的利益诉求，所以利益小团体的边界并不固定，根据具体的利益诱因而可能经历分分合合。利益小团体的社区领袖的特征为：有能力、有闲暇，能说会道，是公共人物，能一呼百应，性格上喜欢抛头露面。社区利益小团体完全是以自身利益而结成的，数量和关系会根据利益和事件而变动。如1000户的社区，有可能会形成两三个利益团体，少的也有一两个的。有的利益团体之间还会抱团。

案例：

有一个小区有800多户居民。小区内原本存在的两三个利益小团体，在小区阳台管理问题上因利益达成一致而抱团。相关法律规定小区阳台不能封闭和安装外凸保笼，但是绝大部分居民都希望安装外凸保笼，因为不仅可以防盗，还向外多出一块空间，可以扩大住房使用面积。因此，原来分裂的利益小团体就此事达成一致，抱团成一个大团体，而之所以法律规定不允许封闭阳台和安装外凸保笼，是因为这会破坏小区整体环境的，不仅外观难看，降低小区档次，还会构成违建。

商品房社区的社区领袖和利益团体，以利益和事件为接点，不断组合与分化。社区领袖相对稳定，而利益团体的数量在变动。由此可以来反观小区集体行动和城市社会运动，以利益为纽带，社区居民之间呈现的是弱关系和高度异质性的特征，如果以事件和利益为中心实现强动员，能够消除异质性，同时可以利用因高度异质性带来的丰富资源，作为集体行动的手段。

四、居民对公共事务的志愿参与性质不同

以居民对做社区志愿者的动力为例来分析。民政部对社区发展志愿者数量有指标考核。老旧小区的志愿者，以清洁卫生、治安巡逻、环境保护类为主。老旧社区大多是开放式小区，没有完善的专业化物业管理，一般由政府兜底管理。因此老旧社区居民对清洁卫生和小区治安需求度较高，老旧小区基本上都设置有清洁家园日（每周一次由社工带着小区志愿者做清洁卫生大扫除）和治安巡逻队，每天2名志愿者为一组负责在小区巡视一圈。环境保护类的，如浙江省开展的"五水共治"，由志愿者担任护河员等。

而在商品房小区招募治安巡逻和清洁卫生志愿者的阻力很大，有居民认为："我已经交了钱，雇了保安保洁，这应该是他们的事。就像我家里花钱雇了保姆，我还为保姆做事？"但是绿色环保、低碳出行或垃圾分类等活动的志愿者则比较容易招募。

五、社区权力结构和权力关系不同

沈书记通过自己的工作体会，总结了在高档商品房社区工作对社区工作人员的要求：

（1）小区业主群体卧虎藏龙，层次高，法律意识和维权意识强，因此社区干部对全部政策要熟悉，说不定哪条政策就是本小区业主制定的。一旦被居民问及，即使不懂，也不能装懂。

（2）社区要对业委会进行适度引导，发挥党组织的领导作

用，使业委会和社区一条心；社区通过对业委会选举的引导来把关，即对业委会候选人进行门槛设置与资格认定，通过选举与动员技术，引导业主选举有公心有能力的业委会候选人。

（3）落实社区居委会对业委会的指导、协调和监督权，通过培育业委会来制约物业公司。社区应真正落实住建部的相关规定，业委会的活动要提前一周告知居委会，社区派员参加业委会的会议或活动，只有及时准确全面地了解业委会的动态，方能在实践中真正发挥社区党组织对业委会的指导与监督功能。

（4）社区"两委"要把业委会和物业公司向自己求援的事情，真正当作自己的工作来做。只有真心帮助他们，以后社区有什么事情，他们也才会配合协作，这样才能在社区层面构建起社区党委（居委会）、业委会、物业公司和社区警务室四位一体的联动关系。

我们看到，在老旧社区，社区党委（居委会）在权力结构中处于绝对主导的位置，呈现的是一元化的权力结构关系。而商品房社区呈现的则是社区、业委会、物业公司等之间多元化的权力结构和关系，其中支配与被支配、控制与反控制的关系并非制度化的，而是在关系互动实践中博弈生成的。如何准确地提炼和概括两种社区的权力结构和关系，还需要进一步琢磨思考。单位制度和住房制度改革后，市场的进入，不仅仅使国家与社会之间的关系在资源的分配方式上发生了变化，更重要的还有关系的再造——国家与社会的关系发生了深刻的变革，才是城市真正的居住政治。

规划设计师与城市社区微更新

随着大城市中心城区开发建设，上海市在全国率先提出存量规划与推动城市更新。我国城市规划设计，在过去二三十年的大规模城市开发与建设时期，主要是一种增量规划。在增量规划中，由于产权主体单一，规划设计师只需要对物理空间进行规划与设计即可，犹如在一张白纸上自由绘图创作。而在存量规划中，规划者不得不首先面对既存的众多分散的产权主体，城市更新运动由此对规划设计理论提出了新挑战。

一

上海市在中心城区开发建设逐渐完成后，转向城市社区更新改造与综合治理工作。2015年以来，根据上海市委"创新社会治理加强基层建设"的总体部署，为着力解决本市住宅小区在管理体制机制、服务市场机制、业主自我管理及市民群众居住生活领域的"急、难、愁、盼"问题，上海市政府先后印发了《关于加强本市住宅小区综合治理工作的意见》(沪府办发〔2015〕3号)、《上海市加强住宅小区综合治理三年行动计划（2015—2017)》(沪府办〔2015〕13号)，着力推进住宅小区综合治理工作。

为保持工作的连续性，按照《关于加强本市住宅小区综合治理工作的意见》滚动制定实施新一轮行动计划的明确要求，上海市委市政府又推出《上海市住宅小区建设"美丽家园"三年行动计划（2018—2020）》（沪府办发〔2018〕8号）。

2015到2017年的"三年行动计划"，主要以实施旧住房综合改造为主，中心城区老旧小区基本上全覆盖，包括外墙粉刷、平改坡、水管改造等小区居住环境的改善。旧住房综合改造的资金按照4∶3∶3的比例出资，即由业主的住房维修基金出40%，市级政府资金配套30%，区政府资金配套30%。由于市政府的重视与推动，各区政府与街道在执行任务的过程中会形成竞争。由于各区都在赶进度，旧住房综合改造"三年行动计划"最后只花了一年多的时间完成。当时街道还有经济职能，拥有财权，为了能快速完成"三年行动计划"，遇到部分小区业主不愿出资的，街道就用自己的财政资金把业主的责任部分给揽过来。这不仅模糊了公民与政府之间的责任边界，政府自上而下的公共品供给还可能与居民的需求错位，从而造成政府投入了大量资源，居民还不一定满意的局面。

而"美丽家园"新三年行动计划（2018—2020），开始强调规划设计师与居民的参与，由只注重"拆和建"转变为"拆、建、管、治"并重，将社区空间改造与社区治理结合起来。现在各区政府围绕着"新三年行动计划"而展开新一轮的竞争与治理创新。如，杨浦区提出社区规划师参与社区更新改造，并与同济大学实施战略合作；浦东新区推出"缤纷社区"三年行动计划，36个街镇都聘请社区规划导师作为顾问等。近几年，城市社区更新成为上海市政府工作的重心之一，随着新一轮三年行动计划强调规划设计师的参与，各区政府也都争相引进有名气的规划设计师或相关专家参与社区更新工作。然而，规划设计师参与社区空间的改造，同样会面临诸多挑战与难题。

二

社区更新改造是针对社区住宅小区空间实施的。社区空间与城市公共空间的性质是不同的，城市公共空间的产权单一，空间的使用自由而开放，都市的游荡者和陌生人都可以自由进入。而社区空间则具有半公共性，介于私人空间与公共空间之间，有既存的众多分散的产权主体，和居民的利益关系密切而微妙。规划设计师都愿意在城市公共空间内设计，因为产权与利益关系都比较清晰而简单。从《中华人民共和国物权法》上看，我国住宅小区的产权为建筑物区分所有权，包括专有权、共有权与成员权三部分，其中个人的室内面积为专有权，个人室内面积以外的住宅小区空间为共有权，基于小区共有空间的管理为成员权。住宅小区空间的属性增加了社区更新改造的复杂性，这意味着此项工作并非简单的对社区物理空间的设计与改造，还伴随着居民之间的利益调整与再分配的治理过程。这就需要将社区空间的更新设计与社区治理结合起来，然而有社区治理经验的规划设计师是很少的。由此，我们看到规划设计师参与社区空间更新改造，将面临两个主要的挑战。

其一为设计挑战。住宅小区的更新改造是非标准化的，需要回应居民的需求，而建筑师提供的则一般是标准化专业设计服务。那么，社区空间更新改造需要什么样的设计观？在上海调研时访谈的规划设计师冯路的回答，笔者深表赞同，他反对两种设计观。一种是"高大上"型，即不问主体需求，追求一味"高大上"的设计，主要是为了美观好看，具有观赏性。地方政府实施的社区更新改造亮点项目，往往走的是这种路线，不仅投入成本高，而且由于脱离居民需求，使用率低，造成大量资源的浪费。举例来说，徐汇区有一个社区，政府投资修建了一个"高大上"的居民公共活动室，有乒乓球桌、棋盘桌、谈心室等功能区，然而去活动室玩的居民却很少。有些老人反而在小区里用捡来的破木板与桌椅搭了一间破草棚，在里面打点小麻将消遣。

另一种则是"媚俗"型，即居民需要什么就设计什么，完全不考虑规划设计对居民的认知改造功能。因为居民提意见往往都从私人利益出发，而非从社区公共利益出发，提出建设性意见。因此，规划设计师在参与社区空间更新改造时，需要在设计专业性与居民需求之间取得一定的平衡。规划设计师对一个住宅小区的改造设计一般会综合考虑以下三个因素：（1）专业性，选择社区内公共性最强的空间点，即大多数居民使用而且利用率高的地点；（2）可行性，选择具有可实施性的地点，即不涉及居民之间复杂的利益调整的地点；（3）经济性，根据项目预算资金多寡决定设计工程量，进而选择改造设计的地点与内容。

其二为治理性挑战。社区更新改造不仅仅是设计工程对物理空间的改造，设计图纸落地时还涉及居民之间利益关系的调整与再分配。因此，社区更新改造就不仅仅是建筑学问题，还是社会学与政治学问题。很多老旧住宅小区原来处于失管的状态，小区内的共有空间被附近居民私占，形成了既得利益秩序，一旦更新改造，虽有助于提升小区居民的总体福利，但会触碰少数居民的利益，有可能遭遇"钉子户"，形成"最后一公里"困境。政府最怕的是触碰居民利益，因为需要做大量动员性治理工作。因此，社区微更新改造，需要规划设计与社区治理紧密结合。规划设计师擅长的是对物理空间与硬件环境的设计改造，而这离不开社区居委会的支持，包括设计前期组织居民召开民主征询听证会，以及改造后社区空间的使用、运营、维护等。

三

相较于旧住房综合改造计划而言，"美丽家园"新三年行动计划开始将空间改造与社区治理结合起来，注重规划设计师与居民的参与。然而，由于横向的同级政府之间构成了绩效竞争关系，在"美丽家园"新三年行动计划实施的过程中，地方政府考虑的重点还是表面的美化工程：为了打造亮点小区，各区政府或街道都争相邀请有名气的规划设计师或专家参与社区微更新设计项目，这大大提高了社区更新改造的成本。老旧小区的修缮、更新、改造，原本属于业主的责任，政府从民生保障出发对居住环境较差的小区及居民进行兜底，但这不应该完全由政府买单与包办，更不应该按照高线目标来改造。这不仅不具有普及性与推广性，还提高了行政运行成本，造成财政资金分配不公平的社会后果。

　　社区微更新设计一般都是小型工程项目，利润相对稀薄，不需要找那么高级的规划设计师，甚至都不需要专职规划设计师，只需要由政府制定统一的社区更新设计导则就好。上海市规划局下辖的城市设计促进中心目前正在负责制定社区更新设计导则，即是在回应探索这个问题。社区更新设计，不仅仅是工程设计与物理空间改造，而应更像是触媒，具有一定的容忍度与弹性，空间设计的改变可能会产生新的东西。

第二部分
街道革新

"条块"矛盾与整体性治理

我国城市基层社会管理体制经历了从以"单位制为主、街居制为辅",向"社区制"管理转变的变迁。20世纪90年代单位制式微,街道办和居委会的权力得以扩张,街道办虽然是区政府的派出机构,但有经济职能和独立的财政,创设有自己的企业和市场。秦皇岛市在2003年进行机构改革时,将街道办的职能定位为服务职能,把其经济职能砍掉,企业转制、市场管理权上收到区市场管理局,工人编制分流并由国家财政供养。之后街道办的办公经费只有靠国家自上而下的转移支付,没有一级财政。每年的转移支付只能维持街道办的基本办公运转,如果街道办要向辖区居民提供基础设施或开展社会服务活动,只有申请项目的专项资金,但专项资金只能专款专用,强化的是"条条"的权力。作为"块块"的街道办和社区的权力严重萎缩,没有活钱用于统筹解决基层矛盾,基层"块块"的统合治理能力弱化。2003年机构改革的方向是弱化"块块"的权力,强化"条条"的权力,加强的是垂直化管理。

接下来的问题有两个。其一,垂直化管理带来的是"条条"的分割和责任主体的分散化,容易产生治理责任的相互推诿。而很多基层事务具有整体性特征,非单一职能部门能解决,一般需要各职能部门之间协作，如违建的治理。"条条"之间是平级单位，部门间自发协作的组织成本和交易成本较高，只有依赖上级政府的介入进行政治动员才能打破"条条"分割的惰性和自利性。其二，单一"条条"职能部门不足以应对基层的矛盾，除了"条条"之间可能相互推诿外，还可能通过行政体制内部运作，将部门责任转变为区委区政府的治理任务，进而向下转嫁给街道办，如某街道办内设7个科室，向上对接了50多个职能局。在行政科层体系内部，街道是行政体制的末端，不断承接自上而下转移的各"条条"的职能责任，接着街道再将责任向下分散至社区。然而，各职能部门责任的转移，并未伴随权力和资金的转移，正所谓"费未随事转，权未随责走"。那么这就导致作为"块块"的街道和社区两级虽然具有整体性治理的先天优势，但由于没有治理权力和资金作为统合能力的基础，难以实现有效治理，将矛盾化解在基层。

垂直化管理与"条块"之间的冲突所产生的社会后果，就是作为"块块"的街道和作为"条条"的职能部门都无法有效解决具有整体性特征的矛盾，致使基层社会矛盾悬浮和上移。具体的表现就是：(1)社会问题与矛盾只有积累到一定程度和造成一定的社会影响，街道才会向上反馈到上级政府，如违建的治理、老旧小区的跑冒滴漏和危房改造等社会矛盾；(2)百姓只有通过把事情闹大才能引起政府的重视，"大闹大解决，小闹小解决，不闹不解决"，这也是近年来老百姓的"闹"大量兴起的原因之一；(3)居民通过上访向更上级的政府求援，以给基层政府施压，具体体现为直接绕过街道和社区干部，拨打市长热线或越级上访的越来越多，因为找街道和社区干部也没有用，他们只能把问题上报给相应的各职能部门，起上传下达的作用。基层社会矛盾的悬浮和上移，会导致群众办事的成本增高，群众不满意，基层政府和部门的合法性进而降低，社会将越来越依靠上级政府采取政治动员的方式解决社会矛盾，以及专项整治的方式实施运动式治理。最后，整个社会形成的是一套底线秩序和应急性秩序。小矛盾只有攒着，攒成大矛盾，直到产生重大社会影响和引起群众极大不满，甚至发生冲突事件，上级政府才会通过政治动员打破"条条"的分割来统筹协调，实现一种整体性治理。

  街道和社区两级作为城市管理体制的末端，不仅承接了单位制解体后溢出的职能，还需要担负随社会日益复杂化和流动化而生的新兴城市管理职能，更甚者，随着城市化的推进，城市管理职能也在不断扩张。而随着我国城市治理体制的改革，城市重心下沉，街道办和社区在城市治理中的作用愈加凸显。与此同时，治理的权力却日益萎缩，权责不匹配，难以发挥整体性治理的优势，将矛盾化解在基层。在单位制时期的街居体制下，街道尚可以利用经济手段实现对人的管理，但是在现在的社区制下，街道没有执法权力和独立财政资金，对于矛盾的化解没有有效的治理手段，街道和社区干部的权威不断下降，地位一天不如一天，居民根本不把他们当回事。在社会转型期，居民利益诉求的增多，社会矛盾的增加是必然的，而社会对法律规则和法治精神尚没有生出普遍的价值性认同，市场经济下崛起的私利个体就有可能利用民主的法律程序和实体法赋予公民的权利，来挟制基层政府以牟取私利，从而在实质上绑架了政府和国家。对此，需要加强基层治理能力建设，而不是单向度地削弱基层行政权力和一味用规范化的法律程序规训行政行为。

由此，研究可以反思我国现在行政体制改革的趋势。总的趋势是加强对行政权力的规范化，行政权力作为公权力，相较于公民权而言处于强势地位，对之进行规范和约束是题中之义。行政裁量权是行政权力的核心和精髓，自罗豪才教授在20世纪90年代末提出应将"平衡论"作为行政法的基础之后，继承者寥寥，之后行政法学界主流都是将"限权论"作为行政法的基础，即以限制政府的行政裁量权为行政法的基础，近年来我国政府体制改革的方向也以后者为理论基础。这带来的严重后果就是政府的行政裁量权被过度用程序规制，实际上并没有规范行政裁量权的使用，反而相当于将政府合理的行政裁量权取消了。行政裁量权预留的允许行政执法者根据具体的情境做综合判断的弹性空间才是行政裁量权的核心，但现在，这种弹性空间被取消了，政府在行政过程中只能一步步执行严格规定好的程序。最为典型的体现就是行政执法部门的改革，其中管理职能被当作服务职能，产生职能改革错位。

我国政府体制改革只是单方面加强了对政府行为的规范，但并未对行政相对人做出相应的规范，结果是政府治理疲软。个体的权利意识觉醒，而与之匹配的公民义务教育却未跟上，导致无义务感的公民大量出现。众多私利性个体利用法律缝隙与政府治理的纰漏，来挟制被过度规训的政府权力，导致地方政府和职能部门不敢秉公做事，不敢得罪人，尤其在面对"无赖型"的强势群体时越来越趋向于完美的程序主义，因为只要严格遵循法律程序就不会有职业风险，造成程序正义对实质正义的阉割。

同时，这种利用法律缝隙为自己牟取私利的强势群体得到了大量好处，可能会在社会上引发模仿效应，诱发更多的人效仿参与分利，造成"老实人吃亏"的社会不正义后果。法律变成牟利的个体策略性利用的"游戏规则"，法治精神被践踏，法律规则沦为人人可利用的玩偶，这与社会主义法治建设的精神显然是相违背的。因此，在社会转型时期和城市管理职能扩张时期，需要加强基层治理能力建设，形成整体性治理，而不是削弱基层政府的权力与权威。可以此来反观社区治理的三种模式——行政型、混合型和自治型，完全的自治型社区治理模式在高度陌生化和流动化的城市社会是不现实的。加强街道的治理能力建设，并非意味着对社会实行完全的管控，行政职能有服务、管理和教化等多个维度，加强街道的综合治理能力，除了能提供良好的公共服务与管理秩序外，还可以发挥对社会的教化功能，以及培育社区自组织与居民自治的作用。

街道改革的方向:"条块结合,以块为主"

一

康健街道位于上海徐汇区西南部,面积4.07平方公里,是1980年代中后期建设,以居民住宅区为主的社区。1993年成立康健街道党工委、办事处,目前辖内居民区25个,户籍人口7.8万,常住人口10.1万,登记人口12.7万人。街道全年完成税收总量2.4亿元,辖区福利院、敬老院6家,菜市场7家。2014年上海市委一号调研课题"创新社会治理、加强基层建设"形成"1+6"文件,取消了街道的招商引资职能,重点转向服务和管理职能。街道也做出了相应的重大体制调整,将过去的很多分散的职能科室合并为大办公室。

现在街道的组织结构设置为:

(1)1+2党组织:即党工委、社区党委和行政党组,党工委就相当于其他地区的街道党工委,社区党委主要负责居民区党建和"两新"党建,其中"两新"是指新经济组织(私营企业、民营经济和个体工商户等)与新社会组织(传统共青团以外的社会组织)。

(2)6+2职能科室:6个常规统一设置办公室和2个街道自选

办公室。

（3）六大中心事业单位：社区事务受理服务中心，社区卫生服务中心，社区文化活动中心，社区党建服务中心，社区网格化综合管理中心，社区综治中心。

二

上海市委一号调研课题形成的"1+6"文件源于静安区的治理经验创新。静安区C街道户籍人口4万多，常住人口8万多，辖区1.5平方公里。C街道管理体制改革进行得较早，大概是在2008年以前，街道负责城市管理职能的部门为市政科。2008年C街道优化机制改革，将市政科改为社区管理部，把七站八所中管理类和执法类的职能从街道中剥离，成为垂直管理的独立"条条"部门，而街道社区管理部只负责服务和协调工作。但是改革运行5年后，由于难以对"条条"进行有效考核，改革效果并不理想。2013年C街道又提出"管理要在街道"的口号，退回到改革前的体制，只是将社区管理部改为社区管理办公室。城管的变化是街道体制改革的晴雨表。

黄浦区R街道办事处戚主任在2002年调研观察时，发现街道治理存在"条块"矛盾和基层责权利不统一的问题。我国行政体制改革一直变动，就是在处理这些矛盾。世界上并没有永恒而完美的行政管理模式，而是要适应不同阶段的发展目标。我国行政体制的优势在于可以动态调整，有弹性空间。改革开放后，我国战略发展的重心转移到经济建设上，以招商引资和GDP发展为导向，城市街道也有发展经济和招商引资的指标任务。在以经济发展为重心的阶段，管理类或执法类等"条条"部门相对独立，可以起到对作为"块块"的街道的制衡作用。"条块"冲突的化解往往是以人情和面子作为润滑剂，加上当时街道有发展经济的职能，也就有经济财力，"条条"部门也会买其面子。

但是随着城市建设和发展形态的变化，街道的经济发展功能在弱化。2014年上海市委"一号课题"确立后取消了街道招商引资的职能，重点转向服务和管理职能。在此背景下，"条条"对"块块"的牵制功能下降，加上社会管理、市容管理的复杂性、综合性和整体性，靠"条块"结合和执法联动方能实现有效治理。如果城管、城建、工商等"条条"部门依然保持垂直化管理，而街道取消了招商引资功能，协调"条条"的能力弱化，那么在基层"条块"冲突就会更加严重。一线管理或执法类工作往往都是整体性和综合性的，需要联合多个相关职能部门，而分散的"条条"部门之间存在着高昂的交易成本。在基层由于执法权的细碎化，容易导致管理的失序。因此，在以城市管理与服务职能为重心的新时代，城市基层治理需要加强以街道为中心的统筹协调能力，实行"条块结合，以块为主"的治理体制与机制。

案例1　C街道商圈"条块"结合执法联动

C街道商圈非常繁华，管理要跟得上，对秩序的维护提出了很大挑战。商圈在街道的牵头下，协调派出所、城管、市场监督管理等相关职能部门，在商圈范围内成立24小时综合执法小组，起到了较好的管理执法效果，形成了良好的社会治安。

案例2　小市政道路停车联合执法

被C街道称为"小市政道路"的是一种介于市政主干道路和小区弄堂之间的公共通道，既不属于城管或市容管理等职能部门管辖的市政道路范围，也不属于小区物业公司的管辖区域，为管理空白区。静安区商务楼较多，停车位非常紧张，车主找不到车位就把车子停在小市政道路上，遵循"谁先到谁先占"的规则，这样便导致无序停车严重，消防通道堵塞，居民出行不便，投诉较多。有能力的物业公司可以将其管理起来，收取停车费，但是人力不足或无能力的物业公司管不起来，而且对外来人员也难以管理，缺乏合法性。

小市政道路上停有400多辆车，地面从最初的5个地锁发展到80多个地锁。小区居民出行不便，特别是老人易被绊倒。居民向街道投诉、打12345热线投诉以及向媒体反映等越来越多，到了不管不行的时刻。2014年，C街道向区里反映，而后区纪委牵头，协调相关职能部门分两步联合执法。第一步是先由区纪委牵头联合街道、城管、交警、市政配套综合执法，强制拆除地锁，经过2次执法行动将80多个地锁全部拆除。第二步是管车子。其中有2条小市政道路跨2个居委会，区纪委牵头成立小市政道路共治委员会，由居委会、业委会、物业公司、车主代表共同协商，提出小市政道路的管理和收费方案，引进一支管理队伍专门管理。区纪委又把物价局、交警、城管等职能部门叫到一起，协商制定价格收取方案。统一认识和行动后，再移交小市政道路共治委员会接管。现在的小市政道路不仅停车管理有序，环境卫生清洁，而且社会治安良好。

2015年上海开始推行街道体制改革，方向便是提升和加强街道对相关"条条"职能部门的统筹协调能力。另外，街道体制内部也实行了大规模的合并，实行"6+2"职能办公室，戚主任说他们2015年全年都在适应体制改革。问题在于，街道由以前的几十个科室合并为"6+2"职能办公室，改革初期内部依然存在职能不清和边界不明的扯皮问题，而且在区级体制没有变动的情况下，上级科室分工很细，街道依然需要那么多科室或人与之对接。南京市的秦淮区和玄武区的街道体制改革也是往合并同类科室和大部制的方向变化，街道体制内部由过去的细分科室改为党政、综治、城管、社会管理、社会服务几大中心，那里的基层干部对街道体制改革还是认可的，缘由主要是将交易成本内部化，居民在找街道相关科室办事时都要受理，而后大中心内部再分工处理，免得居民一趟趟扑空。

三

上海市网格化管理中心最早只有单一的市容管理功能，主要设置在区一级，在全区划分有相应的网格区，由区政府聘请的专职网格员在街面流动巡查，发现市容环境卫生问题及时上报到网格中心，再由区级网格中心负责人统一调配相应的职能部门和资源去处理，运作效果还不错，能够更加及时地发现问题和处理问题。而2015年上海市委一号调研课题形成的"1+6"文件发布后，将网格化中心在街道全面铺开，每一个街道都建立了一个网格化管理中心，性质上属于事业单位。以C街道为例，网格化管理中心为"1+4+14+70"的设置，具体为1个网格化管理中心+4个责任区+14个居委会+70个基础块，也就是说把街道划分为4个片区，每个居委会都设立社区工作站，由居委会书记兼任站长，每个居委会辖区又划分为5个基础块区。

在街道全面铺开后，网格化管理中心面临三个问题：一是区级已经设置了网格中心，中心城区街道辖区面积都比较小，"骑自行车下去巡逻，10分钟就转一圈了"，没有必要在街道再设置网格化管理中心；二是街道网格化管理中心是事业编，级别也不比街道其他办公室高，如社区平安办或综治办，网格化管理中心难以调动街道内置的其他科室，更难调动实行垂直管理的其他"条条"职能部门。这就会导致现在的问题发现机制很庞大，却无有效的问题解决机制；三是过去区级网格化管理中心的功能是单一的，只负责市容管理，而现在街道网格化管理中心的功能是综合的，到居委会一级问题就更加复杂了。发现的问题往往不是短时间内依靠网格化管理中心就能解决处理的，但网格化管理中心发现问题和解决问题都有时间限制。

案例3：车棚违规出租联合执法

C街道340号小区的业委会擅自将物业公司用于非机动车停放的车棚租给一个生意人，成立了便民小菜场，居民发现时此人已经做了柜台，但尚未拉菜牌。居民向物业公司投诉，物业公司答复说业委会很强势，管不了。这个菜贩在没有任何规划和审批手续以及营业执照的情况下，直接卖起了水果和蔬菜。网格员发现后前去劝阻，但对方不听，网格员就上报到网格中心。网格中心于是组织工商所、市场监管办、城管和派出所等职能部门联合执法进行拆除，当时菜贩的反抗情绪很大，试图拿着菜刀抵制，派出所民警上前制止，通过联合执法才得以处理。

前面讲述了C街道三个"条块"结合和执法联动的成功案例，但是之所以能联合执法成功，依靠的主要是面子和人情关系。社区管理办吴副主任兼任网格化管理中心副主任，他和街道各"条条"部门的关系都不错，人送外号"超哥"，所以需要协调各"条条"部门配合和联合执法处理的工作，都还能成功。但是"条块"之间的制度化矛盾尚未解决。金山区Z镇夏镇长讲述了其所在的网格化管理中心的经验，他提到，为了调平"条块"冲突，网格化管理中心的工作分为非行政执法类工作和行政执法类工作两大类。非行政执法类的简单问题由中级网格处理，而中级网格无法处理的行政执法类工作，则上报到行政指挥中心，采取镇长派单制和首单制的方法来处理，即每周五梳理汇总网格员发现的问题，分类后以首单制的方式派发给相应的职能部门，下周一上班时，再由镇长派单给相应职能部门的分管领导。同时，网格化管理中心还设置了效能中心，专门考核评估网格化管理的绩效。这是以街道/乡镇为中心来协调职能部门联动治理的机制化探索。

城市基层社会治理创新：
上海市委"一号课题"

2014年上海市委"一号课题"成果《关于进一步创新社会治理加强基层建设的意见》(以下简称《意见》)以及6个配套文件，确立了建设目标，即经过3到5年努力，进一步完善基层社会治理体系，进一步提高基层社会治理能力，使基层社会在深刻变革中既充满活力又和谐有序，为城市治理体系和治理能力现代化奠定坚实基础，努力探索走出一条符合特大型城市特点和规律的社会治理新路，为上海顺利实现"四个中心"和社会主义现代化国际大都市建设目标提供坚实保障。上海市创新社会治理"一号课题"提出的背景是什么？要回应解决的社会主要问题又是什么？截至目前已经过去近4年，"一号课题"实施的进展及效果如何？

一

上海市城市化程度与土地开发强度高，城市人口密度高，城市管理与服务事务的密度、难度与复杂度都不断增加，同时市民对城市生活环境品质的需求也不断提高。然而，城市管理问题暴露得很多，特别是由于基层部门分设、"条块"冲突而导致的城市基层治理能力不足，以及社区工作者待遇低而引发的优秀社工流失与社区治理动力不足等问题。

过去在城市化大开发建设阶段，上海以经济发展与招商引资为中心开展工作，城市管理与服务事务的面没有铺开，事务量没有那么大，规范化要求也没有那么高。以部门分设的城市管理体制尚能维持低水平均衡的运行，如城管、市场监督管理、消防安全、环保等管理职能主要是部门的责任，依靠部门执行完成。然而随着城市管理范围的扩大与事务量的增加，"看得见的管不着，管得着的看不见"的矛盾愈发凸显。同时，随着中央对民生与安全的日益重视，部门管理执法的责任风险在增加，因此区级职能部门便开始通过将部门事务与责任纳入区委区政府对街道的综合考核方案，将其转化为街道的属地责任，并实行"一票否决"，使街道与部门承担连带责任。换言之，原来街道对相关管理执法职能负有的协助责任，现在变成了属地化的主体责任。调研时，街道干部常常抱怨，区职能部门原与街道平级，却将原本属于自己的责任通过目标任务管理的方式转嫁给街道，实际上变成了街道的上级，考核与监督街道。而街道没有执法权，也很难协调各职能部门的派驻机构联合执法，导致基层的职权与事权不匹配，责权利严重不对称。

原来街道只需要履行协助责任，相关行政工作事务量没有那么大时，其完成是以街道为主，社区居委会只需要起到协助配合作用即可，因此居委会的工作相对比较简单。然而，随着街道自上而下承接的行政事务量与责任压力增加，单纯依靠街道办事处无力应对，便将相关行政事务向下分解到社区居委会。而社区居委会承担的行政事务的不断增加，正是被学界广为诟病的社区居委会过度行政化的问题。社区是城市治理的细胞，随着城市治理精细化的要求越来越高，其所承担的事务量与责任越来越大，而与此同时社区工作者的薪酬待遇一直比较低，优秀骨干社工在流失，有能力的年轻人不愿进入社区工作，或者流动率很高，只是将社区作为跳板。有没有一支优秀而稳定的社区组织队伍，将直接影响到城市基层治理的能力与活力。

二

上海市委2014年"一号课题"实际上是针对新时期城市社会治理面临的主要矛盾而做出的改革创新探索。改革的总方向是城市经济职能上收，而城市管理与服务的重心下沉，并适度向街道赋权，对相关区级职能部门、街道办事处的组织结构做出调整，重塑城市基层社会的治理体制与机制。具体如下：

（1）取消街道发展经济与招商引资职能。《意见》明确规定："取消街道招商引资职能及相应考核指标和奖励，街道经费支出由区政府全额保障，推动街道工作重心切实转移到公共服务、公共管理和公共安全等社会治理工作上来。"在供给侧改革与产业转型升级的新时代，政府竞争引进的是高科技产业，属于技术与资本密集型大项目，需要由更高层级的政府承接，作为招商引资的主体。同时，对于中心城区的街道而言，土地已经全部开发完，没有工业园区，即使招商引资，也没有办法落地。

那么，街道招商引资竞争不仅比较困难，为了完成考核指标不得不在数据上做文章，还将占用大量用于社会管理与服务的人力资源。因此，上海市将发展经济与招商引资的职能上收到区级政府，由区级政府作为产业升级与经济发展的基本单元，取消街道招商引资与发展经济的职能，让街道回归公共管理与服务本位，将城市管理服务重心下沉至街道。

（2）适度赋权街道办事处，合理调整"条块"间的权责关系。《意见》规定："赋予街道党工委对区职能部门派出机构负责人的人事考核权和征得同意权，赋予街道规划参与权和综合管理权，赋予街道对区域内事关群众利益的重大决策和重大项目的建议权，强化对街道考评职能部门派出机构结果的应用。"城市管理服务的密度、难度与复杂度都在不断增加，而作为"块块"的街道对属地管理虽具有信息、资源与组织优势，但来自条线的大量事务与职责转移到街道，与之相匹配的职权与资源配置却并未到位，城市基层社会因严重的"条块"冲突导致治理无能。而上海市此次改革，则明确给街道适度赋权，打破"部门分设、条条分割"的局面，赋予街道综合统筹协调区职能部门派出机构的管理权，在城市基层社会形成以街道为中心的综合治理体制与机制。

具体而言，上海市将房管所下放至街道，由"双重管理、以条为主"改革为"双重管理、以块为主"。房管所原来是区房管局设在街道的派出机构，主要负责直管房、物业、业委会的管理和行政执法等工作，人财物则都归区房管局管。2017年5月，上海市统一将房管所下沉至街道，工资、编制、人事权、办公经费等全部由街道发放和管理。同时，区城管综合执法局派驻在街道的城管中队，实行"区属街用"，即城管中队的正式执法队员的工资、编制、人事权主要由"条"管理，但是协管员的聘请、办公场地经费等则是街道负责。其他职能部门的派出机构，如市场监督管理所、派出所等虽依然实行"双重管理、以条为主"的垂直化管理，但是《意见》赋予街道对区职能部门派出机构负责人的人事考核权和征得同意权，便是赋予街道实权，意味着如果"条"上职能部门拟提拔派出机构负责人，而街道否决的话，提拔便无望。因此，街道统筹协调驻街部门实行综合治理的能力大大增强。

（3）街道实行大部制改革，街道党政内设机构按照"6+2"模式设置，下设"六中心"。《意见》规定："按照街道职能定位和创新体制的要求，按'6+2'模式科学合理设置街道党政内设机构，即统一设置党政办公室、社区党建办公室、社区管理办公室、社区服务办公室、社区平安办公室、社区自治办公室，同时可根据街道的不同情况和实际需要，增设2个工作机构。"同时，街道下设的事业单位由"三中心"增设为"六中心"，具体为："继续优化社区事务受理服务中心、社区文化活动中心、社区卫生服务中心的基本公共服务功能，进一步建立完善城市网格化综合管理中心、社区党建服务中心和社区综治中心。"各中心是街道履行"公共服务、公共管理、公共安全"基本职责的载体与服务群众的窗口。

我国自中央到地方的各级政府在职能、职责与机构设置上采取"上下对口、左右对齐"高度统一的方式，朱光磊称之为"职责同构"。原来街道部门的设置也是按照"职责同构"原则与上级条线对应，部门科室划分过细，一般设有十多个科室。街道是行政体系的末端，处于社会治理的一线，需要直面问题，与群众面对面互动，而一线社会问题往往具有整体性。此外，由于街道管理范围相对较小，部分职能事务量不大，且不同街道辖区社会特征不同，管理服务的重点有不同。按照与上级条线简单对应的部门设置方式，容易产生职能重复交叉、部门间忙闲不均以及群众办事难等问题。而若能围绕街道管理服务的要求、基层群众的需求来划分确定科室职责，则可以整合部门资源，方便群众办事。

以社区自治办公室为例。社区自治办公室是上海市此次街道大部制改革的新设部门，主要对接的上级部门为区民政局和区社建委，主要负责居委会组织建设、社区工作者队伍管理、自治项目建设、社会组织创建等工作。以虹梅街道为例，该街道的社区自治办公室由街道人大工委副主任分管，目前有5个人，其中自治办主任空缺，2名副主任科员（其中1人为改革前的妇联主席），1名公务员，2名街聘社工。部门内部的日常分工如下：1人负责组织工作，1人负责社工队伍建设工作，1人负责12345热线工单和自治项目建设，1人负责社会组织建设工作，1人负责居委会标准化建设工作，遇到大型工作，则全员参与，如到居委会换届选举时，每个人要至少负责联系3个居委会。

（4）提高社区工作者的薪酬待遇，提高社区治理的积极性。《意见》规定："根据岗位特点、工作年限、受教育程度、相关专业水平等综合因素，建立社区工作者岗位等级序列。按照人均收入高于上年全市职工平均工资水平的标准，合理设定薪酬标准，建立与岗位等级和绩效考核相衔接的薪酬体系。"此外，"就业年龄段居民区党组织书记实行事业岗位、事业待遇"。上海市的社区工作者实行"选聘分离"制，一般先由街道按照资格条件公开招聘，再分配到居委会工作，实行坐班制，为职业化的社区工作者（简称"社工"）。之后到了居委会换届选举的时候，"社工"再参选成为居委会委员，两种身份合一。全国绝大多数城市社区组织都是这种模式。聘请的"社工"大都不是本社区的居民，但被选举为居委会委员，该制度因此广受诟病。上海市为应对此困局和解决居委会的合法性问题，曾推行居委会的属地化，即居委会委员必须是居住在本社区的居民。这又为政府招聘的"社工"与居委会委员的重合带来了困难：由于社区工作者薪酬待遇比较低，有能力的年轻人更是不愿到居委会工作，使得社区工作者队伍的治理积极性不足，优秀社工骨干容易流失。而上海市此次改革，不仅提高了社区工作者的薪酬待遇，同时赋予社区党组织书记事业待遇，连续任职满两届的优秀社区书记可享事业编制。这些举措增加了社区工作的吸引力，使更多人愿意投入到社区工作事业中来，社区治理积极性大大提升，为城市基层社会治理提供了组织基础。

三

上海市此次基层社会治理创新改革，正是针对城市社会治理面临的主要矛盾做出基层治理体制与机制的调整。如街居两级干部在一线工作时所体验的那样，基层社会治理改革想达到的主要目标大致都实现了。城市治理类事务大量增加，部门分工愈益精细化,"条条分割"带来的分散化治理问题在基层就愈加突出。因此,在城市基层社会治理过程中,就愈加需要加强"块块"对分散的"条条"的统筹协调能力,实现以问题为导向的综合治理。而上海市做出的改革创新探索,正是在回应这一治理性需求,在将经济职能上收的同时,将城市管理服务职能下沉,赋予作为"块块"的街道办事处对区级职能部门派出机构的统筹协调权,以真正实现"条块"结合的城市综合治理。上海市的城市基层社会治理改革创新路径,具有普遍性和代表性的意义,对其他大城市的基层治理现代化工作有借鉴价值。

当然,此次改革探索并非解决了所有问题,如"条块"之间事权和职权不匹配的矛盾虽得到极大缓解,但依然存在责权利不对称的问题。再如在以城市管理与服务为重心的城市基层治理新时代,管理服务职能的多任务性和难以量化,以及上下级政府间的信息不对称,使得上级政府无法有效识别和评比下级政府的治理绩效。在我国多层级政府体系层级向上负责的工作机制下,上级政府需要直接考核和监督下级政府,对于管理服务类事务要求下级政府"办事留痕",以便作为考核的依据。当每个条线都要求"办事留痕"时,下级政府为了迎检,便需要不问轻重地一律做大量材料和台账,产生大量"冗余行政"。上海市此次改革创新并未改变多层级政府体系内自上而下的工作机制,如何建立真正面向群众、以问题为导向的工作机制是接下来需要继续探索的重大课题。

城市基层社会的梯度化治理机制

一

在秦皇岛调研时，居委会干部抱怨最多的就是职能部门管理执法责任的转移。如安全生产、消防安全、食品安全等专业性比较强的执法类工作，是最近几年新增的重要社会管理事项，伴随着社会的复杂性和高风险性而兴起，且逐渐成为政府"一票否决"的重要工作。调研时的讨论认为：上级政府将直接的管理执法责任通过科层体制内部上下级的运作转变为对下级政府的考核管理权，将执法管理责任转嫁给居委会。而居委会由于不具备专业管理能力和执法权限，为了应对上级的考核，只有采取形式化策略，如走过场并拍照存档，作为迎检的材料证明。这就导致大量的行政资源在体制内被形式化的工作损耗，无法实现对社会的有效管理，造成社会失管的状态。而职能部门之所以转移责任，主要是考虑到部门资源有限和出于风险规避的逻辑，将一线执法中可能产生的社会冲突向下转移给居委会。

但是在佛山调研后，笔者对此有新的认识。职能部门并非将执法管理责任完全转移给居委会：不管是在法律上还是政治上，职能部门都对安全事故负有连带责任。假如辖区内发生重大安全事故，在行政问责的时候，主管的职能部门脱不了干系，政府分管领导要承担连带的政治责任。

随着我国城市化率的提高和城市发展密度的增加，各种商铺和企业的数量激增，但职能部门的执法管理力量并未成比例增加，很多职能部门只有几个公务员，无法完成日常巡查、违法监督和执法等所有环节工作。因而，各种管理执法职能进社区，并不是职能部门责任的完全转移，而是一种责任分摊机制：区政府职能部门年初和街道签订目标责任书，街道则与社区签订目标责任书，社区再和辖区单位签订目标责任书，并履行日常的前期排查和问题发现义务。大多数合法合规的商铺企业单位都比较配合，对于少数违规者，居委会虽然没有执法权限，但可以上报给职能部门，请求执法。如此，职能部门就只需要对少数违规者执法，没有执法权限的居委会主要承担前期的排查和问题发现的上报责任。这样就能在行政人员没有大幅增加与行政体制没有过度膨胀的前提下，实现行政资源的优化配置、行政管理职能的增加和对社会秩序的有效控制。

二

LH社区下辖的一条M商业街介于住宅区私人领域和市政公共空间之间，关于这条商业街的管理，能够充分展现城市基层社会的梯度化治理机制，下面依次切入分析。

M商业步行街属于小区内店铺，清洁环卫由物业公司负责，但商业街和封闭的住宅小区分开，为开放式商业街。该商业街在规划上用于开设非餐饮类的一般商铺，但是在实际使用中有很多违规经营餐饮的店铺。佛山市自2012年后将城市管理纳入"一票否决"考核内容，环境卫生和城市管理成为政府的中心工作。M商业街位于两条主干路的交界处，也因此成为市区两级明检和暗检的重点地段之一。其面临的治理难点主要有：

（1）餐厨垃圾和油污排放问题。M商业街是个体运营模式，即业主独立出租商铺，店铺经营者为众多分散无组织的个体，停车位、路灯、监控和道路维修等基础设施和公共服务缺乏统一的供给者和管理者。相比之下，附近兴起的Z广场采取的是统一开发运营模式，公共品的供给由统一的组织者提供，较为有序。而M商业街只有物业公司维持底线管理，例如物业公司只负责门前道路的清洁卫生，不负责建筑垃圾和餐厨垃圾。该商业街规划时为商业步行街，店铺排污口较小，改为餐饮经营后原来的排污口不够用，特别是湘菜馆之类的油烟较大的餐饮店，店铺内私挖排污口的现象很严重，屡禁不止。同时，店铺背后的化粪池也要经常清理，不及时清理就容易出现油污外溢。虽然餐饮店后门不靠近居民区，对居民的影响不大，居民投诉较少，但是经常被上级政府暗检拍到照片，反馈给居委会。居委会分管环卫和城市管理的副主任小叶，每天都会到商业街巡查，发现油污或动物内脏等餐厨垃圾，就会劝说店主及时拖运，但店铺往往采取拖延战术。若劝说未果，居委会只有上报给街道环城局，请求协助执法。

（2）店铺前的停车位管理问题。按照建筑物区分所有权，非市政道路的小区内道路属于业主共有，利用小区内公共道路划定的停车位也应属于业主共有。但是小区业委会2012年才成立，住宅区内的地面车位也是业委会成立后的2013年才管起来的，商业街店铺门前的停车位产权一直处于被弃管的状态，形成了自生自发的事实产权，即店铺业主将店铺的使用权租给经营者时，一般经营者默认店铺前的停车位也是属于自己的——谁的店铺，门口的停车位就归谁占有使用。商业街道路一边是餐饮店铺，另一边为非餐饮店铺，非餐饮店铺的停车位用不完的，就以每月300元/个的价格租给其他有需要的店铺，或者免费给有关系的店铺使用。一些"无主"停车位，如空铺门前的停车位或幼儿园背后的停车位，由物业公司出租，如某饺子馆租了幼儿园背后的一片地做停车位。商业街的停车位是比较紧张的，店铺之间经常因为挤占使用停车位发生争吵，或者小区业主将车停在店铺门口的停车位。饺子馆为管理自家的停车秩序，专门聘请了一个保安负责引导和指挥到店里吃饭的食客停车。

业委会曾和物业公司协商，将商业街的停车秩序管理起来，在两端路口设置保安亭和智能监控设备，对于进入商业街的汽车采取刷卡收费或向店铺招租的方式进行管理，但是因两者就收益分成比例未达成一致而搁浅，目前仍然是自生自发的停车秩序。之前店铺经营者常引导客户将车停在店铺后面一条不宽的水泥路上，但这条路属于市政道路，在市政道路上停车是违规的，交警经常过来抄牌，被抄几次牌后食客也不敢去停了。店铺门前的商业街道路属于小区内部道路，交警不管，但也有很多店铺老板门前的车辆有时也被交警抄牌，这让他们很苦恼，并多次向物业公司和居委会反映情况。

（3）道路破损维修问题。因为开发商将此处规划为步行街，所以建设时铺的都是步行砖，但步行街是开放式的，机动车辆都从这里经过，步行砖容易被轧坏。同时，商业街又属于城市管理的重点路段之一，所以经常被拍照上传到云平台系统，居委会和物业公司就要出面协调维修。问题的关键在于维修的资金。道路平时的小修小补都是物业公司支付，一年的道路维修费都要几万元，若费用太多物业公司也无力承受。有时遇到上级突然来检查等比较紧急的任务，居委会没有财政资金，只能由街道先垫付维修。物业公司和居委会对商业街的管理都很头疼：如果采取封闭式管理，商业街店铺经营者不同意，因为阻断了生意；而如果完全开放，变为市政道路的一部分，小区业主不同意，涉及道路产权补偿等问题。现在物业公司牵头和业委会协商将商业街管理起来，打算将步行砖道路全部改为水泥路，这种方案预计耗资几百万元，需要启用住房维修基金，而小区业主估计不会同意没有收益的支出。而若对停车位进行收费的话，店铺经营者估计不会同意。商业街的统一管理，涉及对既有利益结构的调整和重塑，肯定会受到既得利益者的反对和阻碍。

（4）消防安全、食品安全和安全生产检查问题。LH社区辖区内有300多家商铺，分为重点排查商铺和一般商铺。消防安全、食品安全或安全生产的检查责任主要由居委会承担。以消防和安全生产为例，居委会负责初步排查和发现上报，分管消防和安全生产的居委会干部每年都要和辖区的商铺签订安全生产目标责任书。上级职能部门对居委会的考核内容主要为：有无签订目标责任书、定期排查有无存档和纸质记录、有无宣传告知。万一发生安全事故，社区若未尽告知义务，居委会干部的责任就大了。居委会和商铺签订目标责任书，一个人一天只能签二三十户，遇到不配合的，就需要反复多次上门做工作，对于实在搞不定的，居委会只有上报给上级职能部门。排查则主要是看商铺内有无住人以及有无明火场所。以前排查留有纸质记录，以便上级检查，现在每月用消防手机扫描商铺的二维码，直接将排查信息上传至数据平台。

三

结合土地产权属性和土地利用两个维度，城市治理空间可以划分为街头公域空间、社区私域空间以及介于私域空间和公域空间的第三空间。小市政道路及本文中的M商业街都可以归为第三空间的范畴。M商业街道路在土地产权上属于私域空间，但是其开放性带来土地利用的外部性，因而具有较强的公共性。

城市空间的管理具有梯度性特征：位于第一梯度的为属地综合管理，即辖区居委会和物业公司；位于第二梯度的为专业执法部门，涉及法律规定的专业执法事项；位于第三梯度的为常规化的联合执法，如佛山市禅城区进行"一门式执法"改革创新，S街道"一门式执法"领导小组办公室设在环城局，消防、公安、工商等职能部门抽调一个人组成综合执法小组，大大节约了申请联合执法的成本；位于第四梯度的为政府主导的大型运动式治理。

由于在城市管理系统中的依附性和弱自主性地位，社区不是城市治理的完整单元，街道才是城市治理在基层的独立单元，因此对社区的研究要放在街居关系中去认识。以街道为单位，我们就能看到城市管理体系的层次性和立体性，也才能更为客观地分析政府相关职能进社区的现象。下面以社区居委会抱怨比较多的消防安全、安全生产和城市管理等职能部门的管理责任进社区为例。居委会虽然不具备专业能力和执法权限，但依据属地管理责任的划分，要负担前期排查和发现的义务，并承担安全事故的连带责任。居委会只能采取形式化治理的应对策略，虽然在外界看来不过是去店铺走个过场，但正是居委会在形式化治理的过程中，主要分担了大量琐碎而耗时的排查工作，将大部分明显老实守规矩和无安全隐患的店铺筛选排除，对于少量违规或存在安全隐患的店铺，居委会虽然没有执法权限，但是可以上报给职能部门，援引职能部门下来执法，职能部门只需对付少量违规或有风险的店铺即可。试想，一个社区就有几百家店铺，一个街道辖区内有成千上万家店铺，如果所有这些前期排查工作也都由职能部门来做，唯一的办法就是大量扩充职能部门人员队伍，而如果每一个职能部门都如此扩充的话，体制短期内就会过度膨胀。

专业职能部门主要负责的范围是市政道路公共空间和有明文法律规定的执法管理事务。一线治理的事务大致有三类。一是权责模糊、责任主体不明晰或无明文法律规定的事务，对于这类事务一般就只有按照属地管理的原则由居委会兜底，以问题为导向，采取逐一解决的办法。二是责任主体明晰、法律规定明晰且为单一部门管理的事务，这类责任主体比较明晰，居委会一般承担前期的排查、发现和规劝义务，对于不听规劝的，居委会则可以申请相关职能部门下来执法协助；三是涉及多头执法的事务，虽然有相关的责任主体，但由于涉及多个职能部门，单一部门无法单独完成执法任务，官僚制的理性容易导致各部门相互推诿。这类多头执法事务，短期内往往不易解决，积累得多了，便产生比较严重的后果。居委会此时可向街道直联部门反映并申请联合执法，由直联部门牵头协调各相关职能部门组织联合执法。

以属地管理为原则的居委会在一线治理中先将大部分容易化解的矛盾，以及前期常规排查的简易任务筛选过滤，一旦遇到"钉子户"或超出居委会权限以外的管理难题，可以根据事务的性质层层向上报或者申请协调多部门联合执法。执法部门一般是在市区两级抽查时被拍摄到不符合城市管理要求的照片，或者即将要迎检而遇到不配合的对象时才出场，执法时并不是部门单独前去，一般是有居委会和物业公司的陪同。很有意思的是，职能部门并不是严格依据法律执法，而是具有柔性执法或弹性执法的特征，只是对商业街店铺店主警告处分，很少采取罚款等更为激烈的方式，如饺子馆在门口骑楼上烧烤羊排，城管数次下来执法，都只是劝说和警告收摊，未有罚款。职能部门下来执法更多是起到宣示规则和表明国家权力在场的作用，职能部门不能甩开作为属地管理方的居委会和物业公司直接刚性执法，否则就有可能打破一线治理中形成的治理均衡格局。

四

申请联合执法的情形一般是较多而激烈的业主投诉、城市管理考评中的痼疾以及可能带来重大安全隐患的多头执法难题。在没有"一门式执法"前，居委会向街道直联部门申请联合执法的程序比较复杂而漫长。申请前，需要先做行动方案，预判涉及哪些职能部门，本部门领导审批后再递交街道分管领导审批，通过后再交由党政办盖章发文给各个职能部门。在执法的过程中，也可能遇到有部门不配合，如借口行动人手不够或与本部门的其他行动有冲突等。一般普通程序走完要三四天，加急也要一两天，加急的程序为先私下和各个部门打招呼，通宵做好行动方案，再走流程。但是有了"一门式执法"后，审批程序简单很多，一天内就可以走完，上午写申请，晚上就可以采取行动。

佛山市的"一门式执法"治理创新，起初主要是用于对企业的安全生产检查，为辖区工业较多的街道所需，因为分散的部门单独去检查，容易造成重复检查，给企业造成很大负担。S街道和Z街道属于中心城区，执法难题集中在城市管理领域，每个街道结合辖区实际可以灵活运用"一门式执法"机制。张槎街道"一门式执法"综合领导小组办公室设在安全生产监督管理局，而S街道的则是在环城局，城市管理中联合执法行动经常涉及的几个部门，即工商局、公安局、消防局、国土城建和水务局等各抽调一人在环城局的城管科上班，组成临时综合执法小组。哪个部门需要联合执法，就由哪个部门牵头组织。S街道的"一门式执法"临时小组,相当于"一门式服务"改革前的行政服务中心,各职能部门抽调人到中心上班为居民服务,提供的服务是松散的物理组合。这种"一门式执法"和"一门式服务"不同,实质上还是跨部门的联合执法,无法做到全科医生式的综合执法,只是大大简化了跨部门联合执法的交易成本和组织成本,属于一种常规化的联合执法,主要用于解决突击式、日常化、小范围的联合执法难题。

在常规化的联合执法之上,还有大型的运动式治理,一年一到两次,一般是规模大或持续时间长的工作,如花市、群众游园集会、"两违"拆除等。

从属地管理、部门执法、常规化的联合执法到运动式执法,构成了城市管理的序列,呈现梯度治理的执法生态,四种机制构成了城市管理的有机整体,相互衔接和支持。不同治理机制的选择是在资源的有限性和问题的严重性、执法成本和执法收益、社会容忍度和社会稳定、科层制政绩和"不出事"逻辑等几对辩证关系间的动态权衡。如城市黑点(游商乱摆卖、垃圾乱倒、大排档占道经营等聚集区)是城市管理中插黑旗区,城管打击的力度取决于很多因素,如领导重视程度、部门抓典型出政绩的重点工作安排、上级检查的力度、社会投诉度等,这些都是在城管人力、物力执法资源有限前提下的选择性安排。

新时代城市基层治理责任体系的重构

——以 12345 市长热线平台为讨论基础

近年来，12345 市长热线平台越来越受到城市政府的重视。笔者在上海调研时，一个街道书记说："12345 市长热线发生了平台性质的转移，由设计之初的城市公共空间非紧急类事务咨询平台，转变为城市事务的综合性治理平台。"南京市早在 2010 年 12 月 28 日就启用 12345 市长热线，工单数量逐年增长，尤其是南京市政府将下级 12345 平台工作绩效纳入机关作风考核后，下级政府也更加重视 12345 平台。由于 12345 平台系统回应民众诉求的效率比较高，又促发更多诉求流向 12345 平台，使得 12345 工单的数量飙升。武汉、苏州等城市也都很重视 12345 平台，并将之纳入智慧城市管理指挥中心系统建设中。

为什么越来越多的城市政府重视 12345 市长热线平台？12345 市长热线又是如何实现平台性质转移的？以及这将给城市基层治理带来什么影响？

一

12345 市长热线是随着服务型政府的建设而兴起的，设计之初是便于市民咨询的政务服务热线平台，启用后发生平台性质的转移，是城市治理转型的内生需求。在我国政治体制下，地方政府的权力来自中央授权，下级政府的权力来自上级授权，属于层级向上负责制。下级地方政府对上级中央政府直接负责，从而间接对地方民众负责。我国从中央到基层形成了五级政府体系，为层层向上负责的委托－代理关系。由于代理方的利益与委托方的利益可能不一致，在双方信息不对称的情形下，便可能有代理方损害委托方利益的风险。因此，委托方需要建立一套行之有效的激励与监督机制，来约束代理方的行为，以达到使其行为与委托方的利益一致的目标。由于地方政府是间接对地方民众负责，对地方政府的绩效裁定主要来自中央政府的考核，因此，对于作为委托方的中央或上级政府而言，核心是要对作为代理方的地方或下级政府建立一套有效的激励与考核监督机制。过去二三十年，中央以经济发展为中心，推动工业化与城市化进程，我国由此进入城市化大开发与建设阶段。为推动地方政府执行中央制定的经济发展战略，中央建立了一套以经济发展 GDP 为核心的激励与考核督导体系。一方面，横向同级地方政府之间围绕着经济发展与招商引资展开政治晋升锦标赛；另一方面，上级政府围绕着经济发展 GDP 量化指标对下级政府展开执政绩效的考核与督导。地方政府之间经济发展与招商引资竞争的结果，表现为工业化与城市化的快速推进，地方政府需要大规模的征地拆迁为工商业落地提供空间，同时还要推进城市大建设，为城市新增人口提供大规模的商住服务、市政设施与基础性公共服务等。从市民的需求来看，绝大多数民众在城市化开发与建设阶段，最主要的是要优先满足生存性与发展性需求，即希望城市提供充裕的就业机会，从而能提高家庭收入和生活水平，以及希望城市能提供优质的市政公共设施与基础性公共服务，如良好的治安、医疗与教育资源等。因此，中央以经济发展为中心的战略目标与绝大多数民众的需求和利益是一致的。地方政府之间展开招商引资与GDP竞争而对上负责的同时，也能产生满足大多数民众需求与利益的执政绩效。

然而，在城市化开发与建设的过程中需要大规模征地拆迁，因而围绕着土地增值利益的分配，地方政府与城郊失地农民之间会产生利益冲突。例如，地方政府在执行中央政策和完成中央任务的过程中，就会面临一线执法冲突的风险与少数"钉子户"的治理难题。因此，中央为了激励地方政府完成中央战略目标，就需要适度支持与保护地方政府在城市开发建设过程中积极治理"钉子户"的行为。当然，中央也需要对地方政府的权力行使进行一定的约束，防止权力滥用激起民愤，危及社会稳定与执政合法性，这种消极控制的手段表现为"一票否决"事项。因此，在经济发展与城市建设过程中，中央对地方政府绩效的考核就是结果导向控制，主要以GDP发展的量化指标为裁定依据。GDP作为经济发展绩效的评判指标，具有可量化性、客观性、可比较性、公开性与透明性等特征。因此，在上下级政府之间信息不对称的前提下，以经济发展GDP为核心的评价与考核体系，一方面能够建立上级政府对下级政府绩效的有效识别、考核与监督，另一方面能够诱发横向同级地方政府之间展开充分的竞争。在城市化开发与建设阶段，这样一套中央、地方与民众之间的三层互动责任体系行之有效,创造了中国经济腾飞的奇迹与高水平的城市化建设。

二

在城市化开发与建设阶段,政府以经济发展为中心,城市管理比较粗放。而大多数民众彼时需要优先满足生存性与发展性需求,对粗放的城市管理水平容忍度比较高。但是,在经历了二三十年经济高速发展与大拆大建后,大城市中心城区开发已经接近尾声,将基本实现完全城市化。我国大城市中心城区将由城市开发与建设阶段,迈向城市管理与更新为主的新时代。随着大多数城市民众家庭收入与生活水平的提高,生存性与发展性需求得到满足,特别是数量庞大的城市中产阶层的崛起,激发了更高层次的品质性需求,包括对城市生活环境与城市管理的品质,如市容市貌、绿色环保、食品安全、物业管理等追求的提高。与此同时,我国经济发展也面临产业转型升级,从高速发展向高质量发展转型,中央提出实施供给侧改革,做出新一轮经济战略部署。在由传统的资源与劳动密集型产业向技术与资本密集型产业转型升级时,地方政府之间展开了新一轮的招商引资与人才争夺赛。由于技术与资本密集型产业人才是城市中产阶层的主力军,他们对城市生活品质与公共服务水平提出了更高要求。城市管理与服务水平的质量,因此成为城市营商环境的内在构成,也是城市政府之间竞赛的核心竞争力之一。

在新时代背景下,在中央有政策倡议、百姓有呼声、城市大开发建设已完成的合力下，城市管理与服务水平需要提档升级，城市治理体制与机制也面临转型。上海市2014年的"一号课题"便是在探索城市基层治理现代化改革：实施城市管理与服务重心下沉，同时将经济发展职能上收至区级政府，取消街道办事处招商引资与发展经济职能，而将城市管理与服务相关职能及权责下沉至街道办事处。前面笔者分析了在以经济发展为中心的城市开发与建设时期，中央、地方与民众之间的三层互动责任关系，以及建立的一套行之有效的上级政府对下级政府的激励与考核监督体系。在迈向城市管理与更新的新时代后，城市管理与服务职能成为城市基层政府的核心，新的难题来了：作为上级政府的市政府如何有效激励与监督下级政府积极履职？城市管理与服务相关职能，跟经济发展职能的差异在于其绩效难以量化，因而横向同级政府之间的治理绩效也就难以客观而精准地比较。由于官僚个体的私利性追求，使得官僚制具有天然的治理惰性，在没有有效的激励与监督机制约束的情形下，下级政府或基层组织倾向于消极治理。在城市治理转型的新时代，围绕着城市管理与服务水平和质量的提升，市政府面临的关键问题将是如何重塑基层组织的治理责任。

三

12345市长热线在设立之初是政务服务热线，而在启用后逐渐演化为城市治理的综合性平台，实质上是契合了城市治理转型过程中市级政府重塑基层治理责任的需求。首先来看看12345

热线系统的运转。有市民拨打12345热线反映诉求，先由市级政府12345办公室话务员接听，话务员根据诉求内容分类，结合属地管理原则与归口管理原则，将12345工单在系统中层层向下派。12345系统一般由四级平台组成，其中市级平台为一级平台，区政府或市直部门为二级平台，街道或区直部门为三级平台，社区或街道职能部门为四级平台。市一级平台对下级平台在接单受理与处理完成等方面都有具体的时间限制，超时则要扣分，如南京市规定区二级平台接单受理时间为4个小时，区二级平台要求街道三级平台接单受理时间为3个小时，街道三级平台则要求四级平台接单受理时间为2个小时，而处理完成时间的要求则依次为5个工作日、4个工作日、3个工作日。这也是个层层加码的考核过程。

在工单限时处理完成后，由市一级平台电话回访投诉人进行满意度调查，如南京市具体分为及时处置满意度、作风满意度、结果满意度等几项指标，上海市具体分为先行联系满意度、处置态度满意度、结果满意度三项主要指标。之后市级政府再根据几项满意度指标对下级平台的12345工单处理满意率进行考核排名，并且实行末位淘汰制竞争。一般而言，对于下级同级平台，同为"条条"的职能部门放在一起排名考核，同为"块块"的下级政府放在一起排名考核。每个月都要进行排名，排名靠后的单位不仅可能被上级领导在会上通报批评，而且年底总考核时排名后三位的单位领导，还要在会上做书面检讨。南京市还将12345市长热线工作绩效纳入机关作风考核，占20分（百分制），成为市政府考核与督导下级政府的治理手段。由于12345

市长热线处理群众诉求的高效性，使得越来越多的民众诉求向12345平台涌入，12345平台受理的事项急剧扩大化，已经演化为包括十几个大类、上百个细目的综合性治理系统。

四

在了解了12345系统运转的机制后，笔者进一步分析不同治理主体的责任机制。在常规的行政治理过程中，百姓的诉求反映进入行政体系是按照层级制的原则自下而上逐级传递的。然而，诉求在向上传递的过程中，有可能因为法定职责不清、多部门职能交叉，或基层官僚的不作为而出现拖延、敷衍与推诿的情形，以至于"门难进、脸难看、事难办"，群众不满意。因基层或下级政府的权力来源于上级，其绩效考核也由上级裁定，不直接受群众评价的约束，所以其注重的是迎接上级检查与考核。而由于城市管理与民生服务等工作具有多任务性特征，难以量化、比较、考核，在上下级信息不对称的情况下，上级政府对下级政府行为的激励与考核监督机制就可能失灵。因此，基层治理的惰性未得到有效约束，从而出现基层治理责任的缺失。

当下处于社会大转型时期，大量法律空白或模糊不清、职能交叉等"法治剩余"事务涌现。这些事务在进入按照部门运行的常规行政科层体系后，往往遭遇部门间相互推诿、"踢皮球"，小事往往被拖成大事。大量社会矛盾通过信访体系向上层转移，群众越过基层政府直接联系高层政府，进而倒逼高层政府介入，层层向下传递压力与责任。与信访制度相似，12345系统的工作机制也是对行政治理流程的再造，群众的诉求通过12345市长热线，直接进入市级政府，转化为高层政府的治理任务，再按照层级制原则自上而下执行处理。同时，上级政府对下级政府的执行绩效，制定了明确的考核监督方案，包括事务处理的程序、时间限制，以及事务处理的满意度调查。与传统的由上级政府及其职能部门考评打分不同，以满意度调查为导向的绩效评价考核机制是由诉求当事人或群众直接参与的。上级政府则根据群众参与做出的评价，而对下级政府的绩效进行裁定。

由此重新建构的是一套可量化、可计算与可客观比较的绩效考核指标体系：难以量化和定性评估的城市管理与民生服务，被分解为下级政府针对群众诉求的及时处置率、作风满意率与结果满意率等。其意义在于：一方面重塑了上级对下级政府的督导考核体系；另一方面重塑了横向同级地方政府间的竞争体系，由于12345工作绩效在各主要城市都实行末位淘汰制，因而进一步加剧了同级地方政府之间的绩效竞争。这将促使基层政府积极处理和回应群众的诉求，尽可能减少12345工单量，以及力争提高群众满意度，即使无法保证结果满意率，也要提高及时联系处置与政府机关作风满意度。与信访制度不同的是，12345市长热线的逻辑是市级政府积极主动治理，塑造的是一个积极有为型政府的形象。因此，针对新时代城市社会主要矛盾与治理任务发生的变化，作为高层的市级政府，以12345市长热线平台为具体抓手，再造了行政治理的流程，重构了城市基层治理的责任。

五

最后，12345市长热线系统在获得市级政府的重视，逐渐转变为城市治理的综合性平台后，其对群众诉求处理的及时性、高效性与重视满意度等特征，也诱发了大量无理诉求的产生，耗费了大量行政资源，极大地增加了行政运行成本。如何有效甄别无理性12345工单，如何在有效督导基层组织的治理惰性与可能诱发大量无理诉求并增加行政成本之间取得平衡，将是以12345市长热线平台为代表的新城市治理机制可持续运转要面对的核心难题，对此笔者将另撰文讨论。

12345市长热线的运行逻辑及治理挑战

一、背景介绍

随着群众对城市生活品质需求以及政府管理服务水平要求的提升，中央对民生与社会治理问题日益重视，而城市政府为赢得新一轮产业升级招商引资竞赛，也在不断提升城市环境形象与城市管理服务水平，为经济发展创造良好的城市营商环境。这些因素共同促使城市管理进入提档升级的新发展阶段。正是在这样的大背景下，12345市长热线（也称市民服务热线或政务服务热线）应运而生。12345市长热线是由于各条线部门的政务服务热线过多，为方便市民记忆和提高政务服务效能，全国各省市纷纷整合各条线服务热线，统一接入12345市长热线平台，再通过12345市长热线中心根据市民诉求进行派单和转接而形成的热线。各城市政府启用12345市长热线的时间与重视的程度有一定差异，但总体趋势是对其越来越重视。

虽然由于上级政府的重视，以及12345市长热线对市民诉求的回应快和效率高，大量诉求流向12345市长热线，但与此同时，还可能产生大量无理诉求，增加行政运行成本。因此，如何在监督基层政府积极治理与有效识别无理诉求之间取得平衡，是

12345市长热线高效可持续运行要应对的核心主题之一。南京市早在2010年12月28日即正式开通12345市长热线，经过近十年的运行，取得了丰富的治理经验。同时，得益于南京市政府的重视，12345市长热线逐渐演化为地方治理转型创新的抓手与城市治理的综合性平台。下面笔者就以南京市12345市长热线的运行机制为例，分析其功能、机制以及运行中面临的难题。

二、运行机制

南京市12345系统分四级平台，其中南京市政府为一级平台，市直部门/区政府为二级平台，区直部门/乡镇/街道为三级平台，镇/街部门/村庄/社区为四级平台。全市拨打的所有12345热线工单都先进入市一级平台，自上而下根据诉求内容按照归口或属地管理原则层层下派至四级平台实施处理。系统在派单的受理和处理上都有严格的时间限制，派单接收受理时间为2~4个小时，一个工单的处理办结时间则是层层减少的，一级平台对二级平台派单要求5个工作日内办结，二级平台对三级平台派单要求3个工作日内办结，而三级平台对四级平台派单则要求2个工作日内办结。一个工单办结完成后，由市级12345平台话务员对诉求人进行满意度（具体为作风满意度和结果满意度，有满意、基本满意和不满意三个选项）回访。此外还存在无法联系、无须回访、电话屏蔽（如保密工单）等情形，此类不列入满意率考核。南京市12345热线平台约有120个接线话务员。L区二级平台12345办公室有6个人，分别为1名办公室主任（公务员、男性），5名话务员（临聘人员、女性）。镇/街三级平台，年均收件1000起以上的，镇12345办公室设置2名专职人员，1000起以下的设置1名专职人员。

12345热线工作考核的压力大不大，主要看领导是否重视。南京市领导重视12345热线系统的建设，特别是2014年以来，南京市将12345热线工作绩效纳入机关作风考核，占15分（百分制），区对镇/街的考核则增加至20分。镇/街对村或社区的考核实行千分制，其中12345热线工作满意度考核占200分，成为拉开比分差距的主要工作之一。对于下级政府领导而言，竞争压力主要来自考核排名和末位淘汰制，即12345工作考核排名后三位的单位领导要在大会上做检讨。即使做得比较好，但如果排名后三位，也属于落后者。在末位淘汰制下，不是看工作绩效的绝对值，而是相对值，即横向同级政府中的排名位次。12345热线工作绩效的考核依据分为提前办结率、超时处置率、作风满意率、结果满意率等多项指标。因结果满意度的不确定性因素比较多，就会倒逼下级政府首先要及时回应群众诉求，转变服务态度与工作作风。

笔者调查的L区是南京市的城郊区，2013年才由县改为区，2016年L区全年有2万多件12345工单，2017年截至访谈时5月底已经过万件。L区为城郊区，12345工单数量总体算少，中心城区更多，据说江宁区工单量年均在10万件以上，年均涨幅在20%左右。L区下辖2个街道和6个乡镇，街道的工单量要比乡镇的高很多。2010年12345市长热线刚启动时，L区的F镇是放在镇企业服务中心对接的，有平台无工单。随着工单数量逐年增长，F镇开始将12345工作设置在镇党政办，后又单独设置12345办公室，负责乡镇三级平台工单的派发、协调与督导工作。镇街下属的十几个部门以及社区/村庄，均设有专人负责对接12345工单，为四级平台。而极少数未设专人对接的职能部门主要是工单量很少或没有的，如若有涉及相应部门的工单产生，可以在系统中增添新的单位。

影响横向同级单位之间12345工作考核排名差距的因素有很多，其中尤为重要的是单位领导重视的程度。以F镇和Y街道为例，F镇12345办公室的分管领导是镇宣传委员，而Y街道则是由三把手镇政法委书记分管，协调与推进力度更大。F镇的12345工单虽然经一把手签字，但分管领导只是镇宣传委员，难以调动村庄或部门的积极性。Y街道分管领导不仅会签单，而且会过问进度，还每周给12345办公室开一次例会，了解疑难复杂工单。Y街道12345办公室人员派单，遇到社区或部门不合作时，则可以"抬出"镇分管领导严书记来应对。Y街道作为L区的城区中心街道，年度工单总量远超F镇，然而Y街道的12345工作考核排名却靠前，F镇在全区排名中则快要垫底，已经在区会议上被上级领导口头通报批评。如果年底总排名依然靠后垫底的话，乡镇领导就要在大会上做书面检查。12345工单中诉求比较多的主要为市容市貌、物业管理、住房管理、环保等。

三、治理难题

12345市长热线系统是直接将民众的诉求上传至市级政府，

再在行政体制内自上而下层层派单落实责任。笔者在上一篇文章中分析，12345市长热线系统基于对行政流程的再造，重塑了城市基层治理的动力与责任体系。然而，该系统的有效运行始终面临两大难题。

一是自上而下的派单难题。在行政科层体制内，自上而下的派单过程即是确立责任归属问题的过程，一般以属地管理为主，归口职能管理为辅。作为"条条"的职能部门人员少，行政资源有限，而作为"块块"的镇街在基层社会中有"腿"，即一支以社区/村庄基层组织为代表的治理队伍。对于法定职责清晰的工单，比较容易确定责任归属和派单。但对于职责无法确定、职责边界不清晰或职责交叉的事务，就存在不好分责的治理盲区，自上而下派单时就会遇到扯皮问题，同级"条条"、"块块"与"条块"之间都可能相互推诿。因为接单就意味着承揽责任，并明确了此类事务的责任主体，有了先例，以后相同事由的工单将直接派给该单位，所以起初涉及的任何一方都不想接单。

在南京市中心城区范围内，由于市直部门与区政府的管辖范围在空间上有重合，一级平台向二级平台派单时，可能存在市直部门之间、市直部门与区政府以及不同区政府之间的扯皮现象。而对于城郊区县而言，由于空间不重合以及区县政府具有较完整的行政职能，市直部门与区县政府之间不存在扯皮。同理，在二级平台对三级平台派单，以及三级平台向四级平台派单时，同样可能面临"条条"、"块块"与"条块"之间的扯皮。我国正处于社会大转型时期，法律的制定滞后于日新月异的社会变迁，此类法律职责不清或多头交叉等"法治剩余"事务必将大量涌现。12345市长热线系统的有效运行，首先要能简约有效地应对此类工单，明晰治理责任主体后，方能进一步启动事务的处理，以完成整个闭环系统。

二是无理诉求的诱发及其识别难题。市民通过12345市长热线反映诉求几乎是零成本，而通过拨打热线反映的任何诉求都会被受理并进入系统派单流程。这就意味着12345热线系统对民众的诉求是没有任何门槛的，也没有筛选机制。同时，上级政府的重视使得系统对民众诉求的回应性强和行政效率高，特别是最后还有满意度回访环节，如果诉求人不满意的则还要发回原单位重新办理，直至诉求人满意为止。这不仅促使大量诉求向高效的12345热线平台集中，而且还将诱发很多无理诉求。笔者2015年第一次去南京秦淮区、玄武区以及雨花台区调研时，虽未重点关注12345热线治理问题，但访谈时社区干部都对12345热线中出现的无理工单叫苦连天，如有人在社区内骑车摔伤了，打12345热线要社区赔偿。2017年笔者第二次去南京L区调研时发现，仍有很多街居干部对无理诉求工单感到很头疼。

12345市长热线为市民提供的服务内容涉及16大类400多个细目，包括咨询类、服务类、执法管理类、安全类、建议类等。有理诉求是指属于政府职责范围内的事务，相应地，无理诉求则是指不属于政府职责范围的事务，特别是属于公民个体责任范围内的事务。正是由于12345热线系统近乎零门槛与零成本，又兼具回应性和高效性，大量无关紧要的琐事与个人责任的事务都流向了12345系统。如有人喝醉酒了，不让家人朋友接送，故意打12345热线，让政府派人接送其回家；如居民房顶漏水，本属于楼栋居民自身的责任，但事主反复打12345热线，希望政府帮其维修；再如楼上居民产生的噪音影响楼下居民睡眠，后者自己不愿上门提醒，半夜打12345，希望政府上门制止。此外，让基层干部更为头疼的还有重复工单，即诉求人的诉求属于历史遗留问题，或明显不合理无法处理，或涉法涉诉信访已经终结的，或被执法后的报复性工单等。民众反映诉求的成本低，而政府回应诉求的行政成本较高。大量无关紧要的琐事和无理诉求进入12345系统，可能带来两方面的后果：一方面将浪费大量行政资源，增加行政运行成本；另一方面将会模糊政府与公民个体之间的责任边界，既使得政府责任无限化，又使公民无义务感化。

四、制度创新

12345市长热线系统的可持续运转需要有效应对上述两大难题，这将在实践中进一步倒逼城市政府为解决这些难题进行治理制度上的创新。关于第一个难题，南京市在治理实践中形成了：（1）主办与协办制，即涉及职能交叉的事务，确立主办单位和协办单位共同负责，分别设置相应的加分项；（2）首办责任制与超时工单扣分制，即对于法定职责模糊的工单，首次承接工单的单位在没有明确的法定依据证明不属于其责任时，需要受理工单，工单超时未处理的则扣首办单位的绩效分；（3）疑难工单联办制，即对于比较复杂难以明确责任归属的工单，可以上报至区12345办公室，由其协调组织多个部门联合办理；（4）领导会办制，对于比较复杂的疑难工单，如果区12345办公室无法协调多部门解决，则可以上报至区分管领导召集协调会，来明确有争议事务的责任归属。通过这一系列的制度创新举措，12345工单的派单难题基本上能够得到有效解决。这些转型期出现的大量"法治剩余"事务，也因12345市长热线系统时效机制倒逼政府回应处理，而得以不断明确责任主体。这是治理规则的再生产过程，将"法治剩余"事务重新法定化和部门化。

而关于第二个难题，南京市自2010年启动12345市长热线后，便一直在制度上探索有效识别和过滤无理诉求的机制，前后改革设立了"5+2"工单制度、"雷同工单"制度和"民意110"制度。下面分别简述：

（1）2012—2014年6月，实行"5+2"工单制度。所谓"5+2"工单，是指存在以下5种情形和2类诉求的工单，赋予下级单位申诉权，经由南京市督查中心审核通过列入"5+2"工单，不会纳入考核范围。对于"5+2"工单，需要三级平台（乡镇/街道）的分管领导提出申诉，二级平台12345办公室初审，一级平台市12345督查中心终审。只有经过督查中心审核通过的工单才可以列入"5+2"工单。然而，督查中心只有五六个工作人员专门负责受理认定"5+2"工单。一个人一天平均要处理至少1000个"5+2"工单，根本忙不过来，最后只能"放水"，凡是申诉的大都通过了，起不到有效的甄别作用。当时每年大约有1/3的工单被列入"5+2"工单，各乡镇或镇街之间12345工作考核排名得分差距较小。

（2）2014年6月—2016年12月，实行"雷同工单"制。由于"5+2"工单制度难以对工单进行识别认定,最后形同虚设,为了能够简约高效识别与过滤无理诉求,南京市政府又创设了"雷同工单"制。雷同工单,即同一个人就同一个诉求反复拨打热线3次以上,或者多个不同的人反映同一个诉求的工单。从实践情形来看,雷同工单一般都是基层组织多次处理仍不满意的工单。这种不满意工单对基层平台的绩效考核影响大,如果不给予一定的申诉渠道,该工单就很难终结,不仅占用大量行政资源,而且可能迫使基层组织为了获取满意度而无原则地让利,诱发"谋利型"诉求。雷同工单的诉求内容主要为两种情形:一是无能型,即当事人的诉求部分合理,但是基层政府无法解决;二是无理型,即当事人的诉求明显不合理。

（3）2017年1月至今,实施"民意110"制。当12345系统中受理单位的答复脚本与市级12345平台对诉求人的满意度回访调查的结果不一致时,即启动"民意110"制度,实施第三方鉴定。对于回访不满意的工单,包括作风不满意与结果不满意,首次要发回原受理单位重办。如果第二次办理的结果仍然为不满意工单,则由区法制办、区编办、区作风办的办事员联合鉴定受理单位是否真的履责。如果鉴定的结果为无理诉求,则可将该工单归为基本满意终结。如果鉴定的结果是受理单位未履责,则要发回重办,并要求整改问责。如果第3次办理的结果仍然为不满意工单,则由上述3个部门的负责人联合鉴定该工单属于无理诉求还是受理单位未履职履责,若仍旧难以认定,则可提请区分管领导来鉴定。三次办理即为终结。L区工单的满意率总体上为85%左右（包括满意与基本满意）。2017年1月实行"民意

110"制后,"雷同工单"制停用,申请"民意110"制的单位要承担证明自己已经履职履责的义务。相较于"5+2"工单制,"民意110"制度把无理诉求的界定责任与权力,由市下移至区。

五、治理功能

地方政府与组织在12345热线工作考核的压力之下,为减少不满意工单和提高治理满意度,也开始积极主动地采取一些治理创新举措。(1)实施不满意工单大走访制度。2017年5月F镇开始梳理不满意工单,进行大走访。针对不满意工单,政府给镇分管领导发一份清单目录,并定期组织召开多部门与村庄/社区的工作会议。对不满意工单进行走访,可以舒缓诉求人的情绪,同时可以告诉诉求人不用打12345,有诉求直接向村干部反映。通过大走访活动,地方政府积极化解了一部分社会矛盾,并预防部分不满意工单的再发生。(2)转变政府服务态度,提高及时回应与处置速度。不管基层组织能否处理解决,改变官僚主义作风、转变服务态度,也容易获得群众的理解。(3)积极主动联系群众和帮助有需要的困难群众。举个例子,部门执法是严格依据法律的,而遇到特殊情况无法严格执法的,需要"人性化执法",如在农田里散乱养鸡造成污染的养鸡户,需要环保部门牵头国土所和兽医站等联合执法取缔,但若养鸡的是低保户,则就不能简单取缔了之,还需要想办法为其解决出路。(4)设立公调对接制度。乡镇政府和公安派出所的连接,即乡镇把2个调解员放在派出所,涉及乡镇与派出所双方要处理的矛盾,共同参与调解，治理效果还不错。(5)编制行政执法联合目录。针对12345工单中出现的法定职责不清或多部门职能交叉的事务，通过不断梳理、协商与再分类，明晰主办与协办责任单位，进而以文件或法律条例的方式明晰责任主体。

至此，12345市长热线系统通过再造行政流程，重塑了城市基层治理的动力与责任体系。这一功能具体表现为以下4点。(1)为政府决策提供参考，可以通过12345平台大数据对民生需求进行分类归纳，明晰为民办实事的重点与方向。(2)监督改进政府机关工作作风，积极回应群众需求，更好地体现为人民服务的宗旨。下级政府直接向上负责时，民众无法对地方政府进行有效制约，政府容易形成"门难进、脸难看、事难办"的官僚主义作风。而在12345市长热线系统重塑了行政流程后，倒逼基层组织在日常管理服务的过程就要做好做到位，能够快速推进政府更好履职履责和服务群众的意识与能力。(3)有效回应转型期大量"法治剩余"事务。过去百姓通过科层行政程序自下而上传达时，针对此类法定职责不清或多部门职能交叉的事务，政府职能部门会相互推诿或敷衍，导致很多小事被拖成大事，最后矛盾激化并流向信访体制。原来百姓的诉求，政府部门不履行，还可以推，而在12345市长热线系统限时处理的要求下，不仅没法推，而且要积极想办法回应治理，实行"条块"联动治理机制，建立以乡镇或街道为统筹中心的综合执法协调机制等。(4)可以起到社会安全阀的作用。百姓对于地方政府管理服务不满意的，至少有地方可以反映、投诉和出气，可以平衡和舒缓百姓心里的压力、不满与怨气。

六、结论

最后小结一下：12345市长热线系统，反映的是一个积极有为型的政府。正是高层政府的重视，使得12345热线平台由起初的咨询服务性平台转变为城市治理的综合性平台，重塑了城市基层治理的动力与责任体系。这是在城市管理与服务为重心的新时代，对如何有效激励与监督基层官僚制惰性的探索，但同时也诱发了大量无理诉求，不仅浪费了行政资源和提高了行政运行成本，而且模糊了政府与公民个体的责任边界。由于市级12345平台话务员缺乏对诉求人进行有效识别的预审能力，无理诉求的甄别只能采取事后过滤与监督考核的方式。因此，如何在有效监督官僚制的惰性与甄别过滤无理诉求之间取得平衡，是12345市长热线系统为其简约高效运转要处理的核心议题。南京市政府在实践中不断推出的制度创新举措，也是在回应和解决这个难题，以求达致相对的治理均衡。

社区空间的违建执法困境

一、社区空间的违建执法困境

在佛山市S街道环境保护和城市管理局下的城管办访谈时，一名城管说最难管的不是街头治理，反而是新建商品房小区内部的违章搭建、违规室内装修等问题。小区内部违法建设的表现主要有在楼顶加盖房屋，在一楼、阳台或天台私搭雨棚，违法改建厕所，将阳台改为厨房，安装空调室外机，毁绿改停车位或毁绿种菜等，这些经常会被居民投诉。居民投诉的理由一般是担心改变建筑物的承重结构导致楼体不安全、扰乱社会治安、产生噪音或影响美观等。这些细小琐碎的违法事项成为城管执法和社区治理的共同难题。

以住宅小区楼顶违建执法困境为例，M小区顶楼的很多业主，都将露天的楼顶加盖或改装成复式楼，遭其他业主投诉。顶楼业主反映说在购房时已就楼顶空间的使用权和开发商达成合意。但在法律规定上，没有经过规划审批的建设都属于违法建设，而且业主和开发商达成的合意只是私下口头约定，并没有写进购房合同，因此业主对楼顶空间无合法产权，和开发商的约定是非法行为。楼顶空间属于业主共有部分，少数业主对楼顶的违法改建就属于违法建设，但是城管反映对楼顶违建执法非常困难。

建设前城管可以开具行政处罚单，责令停止施工、限期整改和恢复原状，如果执法对象不听从，城管能使用的最高行政处罚手段是暂扣施工工具和查封施工现场。如果执法对象撕毁封条继续施工，实际上违反了治安秩序，从法律上来看公安就要介入管理。但实践中公安很少介入，至少城管反映没有产生实际效果，最后违建都落成了。违法建设一旦完成，要想拆除就比较困难了，需要县（区）政府授权责成有关部门行使行政强制拆除权。在业主违法建设施工的过程中对其进行制止的难度相对较小，但是违建一旦落成再强制拆除，遭遇执法对象强烈反抗的可能性大，因为业主的违法利益损失比较大。城管能强制拆除的很少，最多只能集中资源强制拆除极少数被投诉得比较激烈或业主相对配合的违建，绝大部分违建都无法拆除。

二、社区空间性质与执法

从执法主体与执法对象的互动过程出发，可以将一线执法的空间分为窗口空间、街头空间和社区空间。违法建设的分布既有在开放式的街头，也有在社区内部。城管执法的空间，既有在街头空间，也有在社区空间。既有的对城管的关注大多集中于街面空间，而对社区空间的关注则较少。城管对违法行为的管理并非按照空间，而是依据职能和职责范围来划分的。对于违法建设，不管是发生于街面还是街头，都在城管的管理范围内。城管执法被社会关注最多的就是其与流动摊贩（游商）的冲突，多发生在完全开放的街头空间内。街头空间的开放性和流动性特征决定了执法主体与执法对象之间属于无结构性力量博弈，双方并没有明显的权力主导者，执法主体在执法过程中需要综合运用情境判断、权力技术和博弈策略。城管在街头空间可以自由流动巡查，而摊贩同样可以自由地流动——城管来了游商摊贩就走，城管走了游商摊贩再来，如同猫捉老鼠的游戏。双方在开放的街头斗智斗勇，城管并非严格依照法律规则和正规程序就能实现秩序，可能会遭遇执法对象的反抗。若要有效地控制执法对象，使其服从法律规则，执法者对现场局势的控制能力就很重要，这与其执法经验有关。

但是不同于街头空间的开放性和流动性特征，社区空间是相对封闭和静止的。社区空间内的执法，需要执法者主动深入社区空间，此时被执法者掌握了一定的主动权。城管无法自由进入有门禁系统的社区空间，对社区空间内的违建信息就无法及时直接发现，需要依赖社区内部的物业公司、居委会、业委会或者业主的反映间接获取。城管作为执法部门如何有效地与社区对接，有无及时发现违建信息，将对违建治理结果产生直接影响。也就是说，部门执法的效果依赖于属地管理的成效，即属地管理原则中的村（居）委会、业委会和物业公司对违建的及时劝阻、发现和上报义务。社区空间的违建大致分为两类：一是城中村或城郊村的谋利型违建，即建房不是为了实现自己居住的功能，而是改变房屋使用用途，要么是为了获取征地拆迁补偿，要么是为了出租物业获取级差地租等，内生的是地租经济；二是城市社区内部的生活型违建，居民违建主要是为了扩大居住空间，便利自己的生活，如楼顶违建、阳台改造、架设雨棚等。

三、源头治理与末端治理

在行政权力的链条中，行政执法处罚权属于下游或末端，规划和审批则属于上游。一位城市管理监督股的城管说，一个小区的规划很重要，新建商品房小区的功能规划较为合理，能够满足居民的需求，违法建设就会少。反之，一个小区的功能规划不合理，如开发商为了小区楼盘卖个好价格，纯粹为了美观而忽略了实用性，导致居民在日常生活中不便，就容易导致居民进行违法建设，如违法室内装修或阳台改造等。因此，商品房小区的规划与建设能否有效地满足居民的内生需求，与居民的违法行为数量有直接的关联。作为源头的城市小区空间规划是否合理，将直接影响作为末端的城管执法工作量和难度。这是源头治理与末端治理的矛盾。

而且在顶楼违章搭建，楼梯是设置在室内的，要想行政强制拆除，必须进入违法业主的户内。城管在去执法时，业主不在家或者拒不开门，城管便没有办法拆除。这个时候就需要联合执法，如联合公安部门执法，有公安部门一起上门的话，对违法业主还是有一定的威慑力，至少业主会开门。但是联合执法的成本较高，要看公安等其他部门的配合力度。关于违建执法困境值得关注的重点有：（1）对于窗口空间、街头空间、社区空间的执法，不同的空间内行动主体的主动权不同；(2)城管的有限资源和选择性执法，空间的配置，主次干道—背街小巷—社区依次减弱的空间执法力量的配置；(3)社区内部的治理，物业公司的前置治理和司法救济的困境，城管和社区的对接；(4)谋利型违建与生活型违建的逻辑不同，理解其执法困境的根源在于利益结构的生成和博弈。

城管与摊贩

城管与摊贩之间的冲突在网络媒体上逐渐白热化，媒体和社会舆论一边倒地把矛头指向城管，城管被描绘成欺压百姓、暴力执法的最大恶，成为人人喊打的过街老鼠。即使摊贩刺死城管的血案时有发生，如夏俊峰案，社会舆论对摊贩也都是一片同情，仿佛作为社会弱者的摊贩杀死暴力的城管是可以被原谅的。既然城管是欺压百姓、夺取底层群体饭碗的暴力机关，那直接取消城管不就一切问题都解决了？如此一来，国家省却了一大部分财政开支，摊贩可以安稳地做生意赚钱养家糊口，舆论也会叫好。试想一下，如果全国的城管集体放假一年甚或只短短的一个月，城市的社会秩序会呈现什么状态？想必是小商小贩肆无忌惮地占道经营，造成城市交通堵塞混乱不堪，市民出行不便，媒体和社会舆论将再次骂声一片，而到时又要骂政府不作为和城市管理混乱了。城管执法处于各种社会价值需求相矛盾的焦点之上，需要我们深入考察城管执法面临困境的内在机制。

城市里的摊贩有固定摊贩和流动摊贩之分，被吸纳进固定市场的摊贩由区市场管理局管理，收取摊位费（也称为市场管理费），固定市场周边20到50米以内的摊贩都由市场管理局管理。流动的、零散的摊贩则由城管负责，本文所指的摊贩仅限此种。

城管与摊贩之间的冲突，被具体化为城管执法人员与摊贩之间的冲突。城管执法人员是政府的代理人，行使的是国家公权力。城管一线执法，代表的是国家权力的在场，维护的是城市规划与法律规范的权威性。因而，对于城管执法的不满要注意区分两个层面：一个是具体的城管执法人员的粗暴执法或不文明执法行为引起的社会不满；另一个是把矛头指向城市管理制度乃至政府本身的不满。前一种不满是具体的执法代理人渎职而致，依法处理即可，这也体现了群众对政府行为的监督。而第二种不满则是比较危险的，即坚持凡是政府和百姓起冲突都一概是政府的错。城管面对摊贩的执法困境主要在于城管执法工作的性质被置于四对矛盾中：

一是摊贩对城市管理规则的认同度与个体生存伦理的矛盾。

城市中的摊贩是城市的底层群体，主要由城市的中下层群体和进城的农民工组成，他们没有正规的就业，摊贩生意就是他们的职业、他们的饭碗以及他们的生存之道。城管执法代表与维护的是政府的规划管理权，维护的是市容市貌和交通秩序，而现代化城市管理不允许占道经营、乱摆乱放、影响社会交通秩序和市容秩序。摊贩不愿意进固定市场做生意，原因如下：(1) 固定市场少，已经满了，进不去；(2) 进市场需要交摊位费，如马坊市场的摊位费为500元/月，对于利润较薄的摊贩而言，摊位费的成本较高；(3) 市场有时间限制，一般是上午居多，到中午12点以后就没有人了，有的摊贩上午进市场，下午和晚上就变成流动摊贩；(4) 摊贩主要往人流量大的地方去，客户多，生意好，而有的市场比较偏僻，人流量少，摊贩不愿去；(5) 有的摊贩恋地，偏好在自己居住地附近做生意，不愿意到较远的固定市场摆摊。摊贩作为城市社会的底层群体，主要是靠摆摊做生意谋生，其与城管抗争时援引的是个体的生存伦理。不仅摊贩自身，媒体和社会舆论也都是站在同情弱者的角度看待城管和摊贩之间的冲突。当摊贩对城市管理规则的认同度高时，倾向于遵守社会管理秩序，就会进市场；当摊贩对城市管理规则的认同度低时，会将个体的生存伦理放在首位，就最易出现与城管的冲突；当摊贩对城市管理规则有一定认同度，但前者又与个体的生存伦理产生一定冲突时，摊贩就倾向于与城管"打游击"，看到城管来了就跑，被抓了也不抗拒。

二是城市空间规划的合理性与社会需求之间的矛盾。

城管执法本身就是在捍卫政府规划管理的合法性，城管执法的难易程度和政府对城市空间的规划管理的合理性高度相关。秦皇岛港城大街城管中队的孙队长告诉笔者："海港区的城市规划不好，集中固定市场和公厕比较少，不够用，摊贩也不想风吹日晒，但没有市场摊位。海港区建公厕都找不到地方，主要是商业楼盘和住宅楼盘建多了。而天津的城市规划相对合理，菜市场、公厕和垃圾转运站的配套设置是第一位的，主次干道上无菜市场，全部设置在街巷路上。路上无摊贩，因为固定市场比较多，市场里的摊位都不满，城管的工作就比较轻松。"城管执法受制于城市规划合理性的结构性因素，一个良好的城市空间秩序应该是政府规划和社会需求相统一。实际上，城市规划是由政府和大资本主导的，海港区的商业楼盘和住宅楼盘建得多，挤占了小型固定市场和公厕的空间，实质上是大资本挤压了小商小贩的空间利益。大资本开发的商业楼盘产生了商业机会和人口的积聚，带来了空间上的正外部性，增大了空间上的利益流量。流动的小商小贩在此非法摆摊试图分享一部分空间利益，打破了政府和资本设定的城市空间功能分区，同时也扩展了摊贩自身的生存空间，哪里有人就往哪里去。城市居民对摊贩同情和对城管责骂，实质上也参与了空间利益的争夺：大量的城市中下层群体是需要摊贩的，前者享受后者带来的生活便利与低廉物价。

三是城市居民对交通秩序与社会生活便利需求之间的矛盾。

城市居民对城市生活的需求是多面的，前面提到，城市居民特别是城市的中下层群体对摊贩有需求，同时，城市居民也有对良好的城市交通秩序和优美的居住环境的需求。这两种需求之间存在张力，当二者产生价值冲突的时候，大众都把矛头指向城管，但城管的权力有限，虽然并不参与城市的空间规划，却要维护城市规划的合法性，因此城管成了出气筒。

四是政府自身对城市管理的政绩目标与社会稳定目标之间的矛盾。

政府对城市管理政绩的积极目标与维护社会稳定的消极目标之间的张力，也构成了城管执法困境的结构性因素，如秦皇岛市要争创全国文明城市，提升城市品质和城市形象，对市容市貌的管理就非常重要，城管需要配合政府履行城市管理的职责和实现良好市容秩序的积极目标。但政府在维稳的压力下，怕出现社会矛盾，特别是政府与群众之间的冲突，所以对城管执法的权力不断进行规范，如要求文明执法、柔性执法，注意执法形象等。一旦出现执法冲突特别是恶性事件被曝光，不管是非黑白，都要追责城管，轻则诫勉谈话记过，重则撤职担责。

城管的执法实效面临结构性因素的制约，处于矛盾的焦点上，城管成为替政府行为买单的机构。由于行政执法权力不断被削弱，现在摊贩都不怕城管了，城管反而怕事了，不敢放开手脚秉公执法，出现消极自保的心理。一个城管执法队员说："过去摊贩看到我们拔腿就跑，现在看到我们来了还要再卖两个，才慢悠悠地推着车子走。"现在城管与摊贩之间的执法冲突减少了，在2006、2007年之前的执法冲突较多，之后就开始转变了，这种执法冲突的减少并不是由于摊贩更加遵循城市管理秩序或城管执法更有效，而是以城管避免主动激化矛盾和遇到矛盾就撤退带来的，现在换成城管遇到强势的摊贩"拔腿就跑"。

城管对摊贩的管理实质上是对城市剩余市场空间的管制。凡是被纳入规范的市场管理体系中的城市空间，由相应的市场管理局等行政部门管辖，而流动摊贩的占道经营属于打破政府设定的城市功能分区，创设的是流动的且并未被政府认可和规范的市场空间，即城市的剩余市场空间。在城管对城市剩余市场空间的管理中，城管执法权经历了一个变迁的过程。过去城管和摊贩在剩余市场空间中属于绝对的命令和服从关系，城管的权力具有威慑性，摊贩看到城管拔腿就跑。而现在在剩余市场空间中，城管和摊贩之间绝对的命令和服务关系被削弱，城管还是权力的拥有者，只是这种支配权严重萎缩。城管执法没有明确的法律依据，只有相关的法规和政策依据。城管对摊贩可以采取的行政强制措施主要有罚款和没收经营工具，从这个意义上，城管执法权力的内容是没有变化的，但我们又明显看到城管的权力确实在萎缩，那么到底是城管的哪些权力在变化？

城管和摊贩处于开放的街头空间中，执法现场对作为街头一线的城管并不像在窗口空间那样有利。虽然按照相关法规和政策的规定，城管有权对违法占道经营的摊贩进行管教，对于不服从秩序的，城管可以采取行政罚款和没收经营工具两项行政强制措施，不过这两项行政强制措施都是对物的权力，不涉及对摊贩人身的控制权力。过去城管执法权力的威慑性源于城管对摊贩人身有有限而模糊的控制权力。城管在执法现场可能会遇到部分摊贩的反抗，为了压制执法中的"钉子户"，难免会采取一些灰色的权力技术，如以言语恐吓或推搡等肢体接触行为，并且这种权力技术得到了政府的许可和默认，有国家权力的支持，城管对摊贩就具有威慑性。城管在执法现场获得的对摊贩的人身控制权是有限、模糊的、灰色的。本来这种灰色的权力技术服务于城市管理，起辅助作用，但是在执法实践中，出现部分城管执法队员滥用这种权力，如权力寻租或暴力执法等现象，导致执法冲突加剧，社会矛盾增加，影响社会稳定。

随着中央提出"以人为本""和谐社会"，地方政府的社会维稳责任与压力加重，在"不出事"的逻辑下，政府开始注重规范城管的执法行为。地方政府出台了一系列规范城管执法的政策文件，要求城管"文明执法"和"柔性执法"，规范城管执法的文明用语和注意执法形象，很多地方还出现"美女执法""微笑执法"等方式。政府对城管执法行为的规范化举措，实质上是取消了城管可援引的有限而灰色的对人身的强制权的合法性。

与此同时，信息技术的革新和网络媒体的发达，拓展了对城管执法现场的监督。在开放的街头空间，除了城管和摊贩之间的互动之外，任何第三方的力量都可能闯入执法现场，从而使执法现场的力量博弈发生变化。现在拍摄和通信技术的不断发展，使得在执法现场的群众可能将城管执法过程拍摄成视频传到网络上，实现对城管执法过程的全景式监控。在全景式监控环境下，一旦启用过去执法时灰色而模糊的对人身的强制权，城管个体就面临极大的职业风险。

但问题在于，城管对摊贩采取的合法的对物的权力（罚款或没收经营工具）的有效性是要通过对人身的权力才能实现，否则把有限的对人身的权力抽空的话，城管对物的权力实际上就被虚置了。城管对于占道经营的摊贩，前面两三次遇到予以警告处理，驱赶其到固定市场周边，如若再抓到则属于屡教不改型，可能对其做出行政罚款处分，对不缴纳罚款的摊贩，就要暂扣其经营工具。然而，如果反抗的摊贩既不愿交罚款，也不想被暂时扣押经营工具，城管便对其没辙，只能后撤。虽然城管可以报警，由警察以妨碍公务的名义对违规的摊贩采取人身强制措施，如行政拘留等，但丁队长说，警察毕竟不是自家人，报警需要部门之间的协调，也麻烦，所以现在遇到摊贩反抗的情况，城管只有主动撤离，避免矛盾的激化酿成恶性事件。到这里，我们就可以理解城管的权力在实践中是如何变迁的了。政府对城管在执法的过程中滥用有限的对人的权力的执法行为，没有予以引导和规范，而是直接把这种权力完全抽空，导致城管对物的行政强制权被悬置。缺乏政府的支持，城管的威慑性严重下降。

城管执法权力的变迁在实践中带来了正、负两个方面的社会功能：

（1）过去城管和摊贩在绝对的命令-服从关系下形成的是一种压制型秩序，城管对城市规划管理秩序进行维护时，不会过多顾虑摊贩以及社会性需求，对占道经营的摊贩一律采取驱赶方式，不听的就罚款或没收经营工具。现在城管和摊贩在有限的命令-服从关系下形成的是一种疏导型秩序，城管对城市规划管理秩序的维护会考虑和吸收社会性需求，合理地规范摊贩行为。如对于居民区附近形成的杂乱无章的摊贩市场，现在不是一味地压制和驱赶，而是采取疏导和规范的方式，让摊贩在道路两旁的台子上摆放，让出盲道和人行道，不影响居民出行，同时向摊贩收取一定额度的环境卫生费以保障道路的清洁。这样就实现了共赢：既满足了小区居民对便利生活和交通出行顺畅的需求，又保障了摊贩的市场需求，国家与社会之间实现了良性的沟通和互动。

（2）对于社区附近的街巷路的部分地段可以采取疏导型执法，但除此以外的街巷路和主次干道，主要还是以驱赶的方式为主。问题就在对于需要采取强制措施的路段，城管执法面临执法能力不足和执法疲软的困境。城管在全景式的监控环境下，面对强势的摊贩不敢管。这里的强势摊贩，主要是易发生反抗而城管又不敢惹的特殊群体，如老人、城市低保户、残疾人等特困群体以及部分特殊群体。对于这部分占道经营的特殊群体，城管一般是好言相告，让其到固定市场经营，如果执法对象不听，城管只能作罢，不敢对其罚款或暂扣经营工具。对于部分特别困难的老人、城市低保户或残疾人，城管还会引导他们到固定市场摆摊，免收摊位费。一般而言，城管会上报给当地政府，政府与主管市场的市场管理局协调腾出少量摊位分给这些群体，但通过此举吸纳的群体毕竟是非常有限的。

　　现在城管的执法策略是在执法现场首先要确保队员的人身安全，不主动激化矛盾，即使矛盾产生了也要避免矛盾升级，这样导致了城管不敢对强势群体秉公执法，遇到强势群体就回避，消极自保和选择性执法。城管的日常巡逻与执法在实践中只是起到"领土宣示"的作用，让摊贩知道占道经营是违法的，大多数普通摊贩遇到城管会绕道而走，城管也不会主动激化矛盾。城管的流动性监管和摊贩的流动性躲避形成了一种对偶关系，在开放的街头空间经过无数次反反复复的权力博弈和试探，前期激烈的权力冲突逐渐走向了一种和平共处的底线秩序。现在容易与城管发生执法冲突的一般是新来的摊贩，他们还没有经过与城管之间反反复复地博弈，双方都还摸不清楚对方的容忍边界。城管对新来的摊贩要宣示自己的权力，避免新来的摊贩又成为强势特殊群体中的一员，而新来的摊贩还未摸熟城管工作的性质与策略，遇到城管罚款或扣押经营工具时，就会慌张反抗，容易产生执法冲突。城管执法队员对自己辖区内的流动摊贩都面熟，哪些是新来的摊贩，哪些是老摊贩，一眼就能看出来。因此，城管在执法权弱化和全景式监控的不利环境下，形塑的是消极自保的执法心理、选择性的执法行动，以及城管与摊贩相安无事的共生逻辑。然而，这属于一种底线的城市管理秩序。

第三部分 社区治理

多数人治理转型下基层组织的治理能力

一、居委会概况

上海市 LX 居委会辖区13.2万平方公里，绿化面积3.3万平方公里，下辖 GP 和 GX 两个小区，4个弄和153个楼栋组（居民组），其中 GP 小区为258、260和296弄，GX 小区为350弄，258弄主要是20世纪90年代原桂林大队征地拆迁留地安置点。LX 居委会总共有1938户，户籍人口3648人，常住人口4700多人。60岁以上老人1342人，80岁以上老人183人，90岁以上老人25人，100岁以上老人2人。孤老12人，独居老人69人，失独4户。残疾人85人，其中重残十几人，精神病患者二十几人（由于具有伤害危险性，大都住进精神病院）。LX 居委会下设3个党支部，在册党员167人，在职党员120人。

居委会党委委员有7人，分别是1名书记和6名委员，其中书记是区级机关下派公务员干部，居委会主任兼任党委委员，其余5名党委委员不坐班，只有涉及党口工作时才会参与。居委会干部现在总共有7个编，居委会书记1名、主任1名和社工5名，由于 LX 小区有1名年轻社工今年刚辞职，所以目前总共有6名工作人员。除了书记是区直机关下派的公务员干部，其余居委会干部都是社工编，工资都比较低，一般在2000多元/月，2015年改革后工资每月上涨了1000元，但是由于工资计算的复杂化，现在居委会干部彼此的工资保密，互相不知道了。上海市不同于全国其他地区，居委会干部采取属地化管理的原则，即居委会社工虽然由政府统一招聘，但会优先录用本居委会的居民或就近分配，本居委会无居民报考的，才会从其他小区分配。

二、居委会规模和干群联系机制

LX居委会是在2004年由两个居委会合并而成的，合并前小区居民只有800户左右，居委会规模也相对比较小，干群关系比较紧密，居委会干部对居民很熟悉。现在LX居委会的干部陈莎，1999年企业转制下岗后被分流到居委会，一直工作至今。她对居委会的变迁感受非常深刻，说："我对每家每户的情况都很了解，甚至比他们的亲戚都要了解。当时居委会干部关心居民，居民也配合干部，能够建立亲密关系。当时很亲，就像一家人，像朋友一样。"但是合并后的LX居委会下辖居民1938户，4000多人，规模太大。陈莎说："现在规模太大了，对居民不是很了解，就是想了解也不太现实。"

除了规模以外，居委会和居民之间有无建立关系的有效机制也很重要。陈莎说她刚在居委会上班时36岁，刚开始对居民也都不认识。当时的镇领导把人口普查的工作交给居委会干部来做，由于人口普查需要入户调查登记，居委会干部要一家一户敲门和居民打交道。陈莎说，就是通过那次人口普查，她一下子就认识了解了100多户，把居民家的门"敲"开了。当时她还分管工会的工作，但不管是不是自己分内的工作，只要居民询问、有需要，只要自己知道，她都会耐心回答帮助，因此和居民建立了很好的关系。对于城市陌生人社区而言，入户是居委会干部和居民之间建立关联的重要机制。但是，现在形如人口统计之类的工作都外包给专业社会组织来承担了，居委会干部失去了和居民之间互动的有效机制。而城市社区居委会的行政化程度很高，若没有制度化的机制来建立干部和居民之间的互动关系，科层化程度较高的居委会是没有积极性主动联系群众的，只有坐在办公室里等待居民上门。

这个逻辑和乡村治理的逻辑是一样的。农业税费取消前，乡村干部为了收取农业税费，要回应农民在生产生活治理中的需求，收取农业税费的任务因而将乡村干部和农民关联起来，建立了上下互动联通的机制。但是农业税费取消后，基层组织基本上不再与农民发生关系，呈现的是油和水的关系。随着合村并居，村庄的规模也很大，现在村干部和村民之间相互不熟悉和不了解。成都市黎坝村的宁书记说："如果现在像过去那样收一年农业税费，我就能很快地把全村的人认完。但是现在不收取农业税费了，村干部没有啥事不会主动找村民的，只有等村民来找自己办事。这样认识的人就有限，也很慢。"村干部也认识到这一问题，但苦于没有联系群众的有效工作机制。仅仅靠村干部的个人觉悟是不行的，必须建立制度化的干群联系机制。

三、城市基层组织的性质和功能定位

居委会相当于城市治理的毛细血管或神经末梢。与城市扩张阶段需要征地拆迁，政府治理少数"钉子户"的主要问题不同，城市社区居委会已经完成城市化，基层治理的主要对象已经转变为大多数人，正如同沿海发达地区步入美丽乡村建设阶段的环境治理一样。治理城市社区大多数人涉及的都是围绕宜居的生活环境和公共文化生活而展开的日常琐事，如停车秩序、环境卫生、文明养宠、高空抛物、楼上楼下漏水、噪音管理以及楼道堆积等。每一个人都有可能是潜在的"钉子户"或秩序的破坏者，单纯依靠庞大的科层行政组织很难与大多数分散的个体对接，易造成政府试图管而管不了的局面。

和乡村治理不同，城市治理的系统性很强，居委会一级作为城市治理的末端，独立性和自主性较弱，具有较强的依附性。居委会在城市基层治理中的功能定位主要有两个。一是灵敏的发现机制。相对于庞大的政府体系而言，居委会能及时地掌握社会变动的信息，灵敏地发现问题，整合居民的有效需求，进而对上或对外协调职能部门或相关资源来治理。二是有效的社会动员机制。单位制解体后，城市社会内部的组织体系瓦解，城市变为一盘散沙的陌生人社会，原子化的陌生人社区需要居委会进行有效的社会动员。特别是转向涉及大多数人利益的治理后，需要社会被动员起来形成有效的社会参与。

四、基层组织的基础能力建设

居委会灵敏的问题发现机制与社会动员功能是城市基层组织的基础能力建设。城市社区和农村社区不同的是，城市社区居民是互不关联的原子化陌生人群体，趣缘和业缘是市民之间建立关系的主要方式，而地缘的关系纽带作用微弱。由于生产生活同构，农村社区的生产、生活居住、休闲娱乐、社会交往等功能在空间上是合一的，人与人之间的利益关联度高，其具有生产、生活、仪式互助和价值生产的功能。和农村社区不同，城市社区是放置在整个城市系统的功能分区中的，诸多功能存在空间的分离。城市社区没有价值生产能力，对于居民而言，人生价值和意义的生产在工作单位，同时大部分居民之间的互助和社会交往需求度低，很多乡土的互助功能被城市发达的市场化和社会化服务体系替代了，居民之间的互赖度和利益关联度低。那么，从理想类型上来分析，城市社区的居民是一个个相对孤立的点，居民骨干的带动性和动员性就比较弱，村庄与之不同，每一个村民背后都有一个关系结构为支撑。

城市社区居委会干部的权力来源主要是自上而下的行政赋权，缺少村干部自下而上的社会关系支持带来的社会性赋权。居委会干部主要是靠和居民之间的社会互动和社会交往，来建构社会性权力支持、掌握社区陌生居民的信息和进行社会动员。居委会干部和居民之间的社会交换，需要双方建立私人化的人情关系来润滑。居委会干部要么通过对居民提供良好的服务，如发放慰问品，或者根据福利类或救助类政策，帮居民解决问题；

要么通过付出时间、精力来关心居民，建立朋友式关系。由于城市社区居民之间的关联度少，居民骨干的带动性不足，往往是居委会干部和居民直接建立单线垂直联系，所以居委会干部发现问题和动员的能力主要是由其和居民之间建立关系的广度和深度决定的，而这又是需要时间、经验和人情的积累形成的。

案例：

LX居委会前任书记和主任一肩挑的李凤在该居委会工作了近20年，有很强的社区治理能力，和很多居民之间都建立了很好的私人关系，居民对他评价都很高。居委会每周四的清洁家园日，有很多志愿者报名参加大扫除，大家干得热火朝天。平日里经常有很多老人没事就到居委会坐坐，有什么事就和李凤聊聊。后来，李凤因为其嫂子经常到居委会来闹，影响居委会工作，被调到旁边的小区当书记。2015年区直机关下派书记到LX居委会，居委会换届选举时产生派性斗争，新选出来一名居委会主任。现在居委会内部也不团结，书记也是刚下派过来的，还处于对小区熟悉的阶段。由于一部分人不喜欢现在的居委会主任，不愿意协助其做居委会的工作，例如296弄的阮奶奶就辞掉了楼组长的职位，而350弄的一位爷爷之前在李凤当书记时每周三协助居委会做老年工作，现在不做了，也不去居委会了。据阮奶奶说，现在居委会冷清多了，去的人少了。每周四的清洁家园活动，现在除了居委会干部外，也只有两三个志愿者参加。

现在居委会干部开始往年轻化、知识化方向发展，而社区里对居委会需求度比较高的多是老年人，前任书记李鸣也是五六十岁的"老人"了，老年人和他有话说，而居委会年轻的干部不是同龄人，没有社会阅历，老年人很难和他们聊知心话。此外，居委会干部因年轻化和知识化，而有较高的流动性：居委会干部的工资低，很难留住年轻人，大部分年轻人都是以此岗位为跳板或工作过渡，如 LX 居委会刚入职没多久的一个年轻干部在找到更好的工作后就辞职了。一旦居民预期居委会干部不会在小区工作长久，就没有兴趣与他们建立密切的信任关系，因为陌生人之间刚建立关系就可能面临分离，这样的交往成本是较高的。

综上，城市治理向大多数人治理转型后，城市社区的治理内容多是涉及千家万户的日常生活琐事，这些小事不能及时处理就可能会变成大事——"居民的事无小事"。依靠少数"钉子户"治理时期通过行政体制内部的政治动员来与分散的大多数人进行对接注定是失效的，如何从行政官僚体制内部的政治动员转向社会动员是政府职能转型的关键。总之，城市基层组织要有办小事的能力。居委会作为城市治理体系的末端，应发挥灵敏发现问题和有效社会动员的功能，这就需要加强基层组织的基础能力建设。适度的居委会规模、居委会干部属地化管理、正常的人员流动率，以及制度化的干群联系机制，将有助于提高居委会的基础能力建设。

干群联系机制：居委会干部如何入户？

一

在我国的城市治理体系中，社区居委会对上要协助街道完成行政任务，对下要负责维持社区秩序。不同于村委会干部一定属于村集体成员，社区居委会干部不一定属地化，一般都是通过行政招聘进来。笔者调研的城市中除了上海市的社区采取属地化管理，居委会干部一般要求由本社区居民担任外，大部分地区的居委会干部都不是本社区居民。在制度设置上，居委会和村委会一样属于群众自治性组织，而实践中居委会的行政化程度高，又没有内生的集体资源，每花一分钱都要依靠上级的转移支付或申请的专项资金。同时居委会作为社区自治组织，也没有行政强制权。

社区居委会在社区治理中拥有的正式治理资源是极其有限的，在上下两头的双重挤压下，居委会干部不得不采取援引非正式资源的变通策略，以化解上级行政任务的执行压力。居委会干部能够接触和结识陌生居民的机会主要有两个。其一为业务关系与举办社区活动，即居民主动到居委会咨询、办理业务、请求调解纠纷或投诉等，居委会干部通过业务关系认识的居民面比较窄，而且是被动式的。而居委会干部通过开展丰富多样的社区文体活动，也能吸引不少居民参与，但主要为社区积极分子。其二为干部主动入户调查，如人口普查、计生信息或流动人口登记等。城市陌生人社区的公私领域边界比较清晰，居民比较注重家庭的私密空间，所以居委会干部入户联系群众是一件比较困难的事情，需要有正式的"由头"，亦即合法性。干部入户的机会并不多，因而显得弥足珍贵。居委会干部在入户时一般都要佩戴正式的工作证，亮明身份和入户事由，取得居民的信任，否则居民可能会拒绝入户。

二

有经验的居委会干部会抓住一切入户的机会，在完成"规定工作"（入户任务）以外，还要争取在面对面互动短暂的几分钟时间内实现"自选动作"，如和居民拉家常拉近距离，了解居民的家庭信息和需求，有针对性地提供帮助或宣传政策等。没有经验的居委会干部若只是入户完成"规定动作"，就白白浪费了一次和居民互动的机会。在佛山禅城区S街道LH社区调研时，笔者所在的调研组有幸跟随社区居委会干部入户体验观察，在入户过程中，调研组成员不插话，只是跟随居委会干部观察他们入户做工作的过程。当时入户的目的主要是进行计生条线的工作，即到人口有变动的家庭及时采集信息，所以入户的范围比较小。干部入户调查时一般是两人一组，人手实在不够时才一人一组。

案例1：

笔者跟随的入户组，其成员一个是比较年轻的负责计生条线的居委会委员，一个是街道卫计局负责计生的中年干部，两人这次只需要负责两户。其中，有一户敲门不在家，对面邻居路过，告诉说该户白天上班不在家。另一户敲门进去后，家里女主人是一个30多岁的年轻媳妇，老家是四川的，在这里买了房。其母亲和婆婆在帮忙带孩子，家里有一个长子4岁，二胎2015年12月刚出生。居委会干部这次入户主要是为了登记该新出生儿的信息，年轻的居委会委员负责询问登记人口信息，年长点的街道干部在一旁时不时地逗她家大儿子，还像拉家常一样问下儿子上学等家庭成员的情况。该户女主人起初对居委会怎么会有她家那么详细的资料抱有疑虑，就问居委会干部怎么了解到这些信息，又问及登记这些信息对她们家有什么帮助或好处。那位年长的干部进行了解答，还通过在攀谈中了解到的家庭信息，主动告诉她一些最新的或相关的优惠政策，例如迁入户籍和子女就学的最新政策，以及外来人口60岁以上的老人办理老年卡后也可以享受本地老人的一些如坐公交免费等福利。

案例2：

徐宏宇跟随的一组入户情况：共需入户9户，其中有4户不在家。另外5户的大概情况分别是：1户户主不在家，保姆在家，但是不愿透露老板的信息，言语间有所闪躲和隐藏；1户是女儿在家；1户是流动人口（租客）；1户是一个来自广州的独居老人，他对居委会干部上门特别高兴，急忙让座和端茶倒水。居委会干部除了登记家庭人口变动信息外，还会嘘寒问暖和日常关怀，平均在每户滞留的时间为3到5分钟。

案例3：

林辉煌跟随的一组入户情况：入户的社区干部是个20多岁的年轻人，入户时佩戴工作证，这次主要是需要完成信息采集任务，在入户过程中较少和居民寒暄拉家常，在采集完信息后就结束入户。

三

从以上对基层干部入户进行的参与式观察，调研组发现干部入户联系群众确实不是一件容易的事情，扑空的概率接近50%。对于这些白天不在家的上班族，居委会干部就要利用晚上的时间再入户，有时一户要跑多次才能最终完成信息采集的任务。在入户的过程中笔者提出了疑问：为什么居委会干部不直接打电话通知居民让他们主动来登记，或者让周边的邻居通知扑空的那户居民，居委会干部已来登记过信息，有时间去居委会办理？这样不就可以节省很多时间与成本吗？听笔者这样问，带笔者入户的两个干部不约而同地都笑了，她们说这是不可能的，居民哪有那么听话，要是那么听话就轻松多了。居委会电话通知居民到居委会来登记信息的效果很差，居民根本不理会，邻居也不会代居委会传话。

基层干部在入户的过程中可能会遇到三类居民：一是积极配合型，这类居民比较欢迎居委会干部入户，热情开门迎接入户，还会端茶倒水让座，他们多是对居委会比较认同、和居委会干部熟识或孤独寂寞的独居老人等；二是消极抵抗型，这类居民表现为不愿意让居委会干部进家门，但又觉得政府的任务必须配合，便隔门回话或半开着门在门口回话，也有人老是不在家、不接电话；三是公开反抗型，这类居民对居委会不满，拒绝开门。基层干部入户可能会遇到后两种不配合的居民，他们认为居民不配合的原因要么是居民个体性格所致，要么是一些诉求未有满足而对政府不满所致。

四

通过对以上三组入户过程的对比，笔者发现，有经验的干部和无经验的干部入户效果是不同的。有经验的干部一般在短暂的三五分钟时间内，除了完成正式任务的"规定动作"外，还会利用机会了解居民的家庭全员信息，并创造一个对居民嘘寒问暖和拉家常的非正式互动关系。在这个过程中，居民也会利用机会主动向居委会干部咨询一些政策、请求帮助、反映问题抑或纯粹表达情绪等。在秦皇岛和上海调研时，笔者看到居委会干部入户的情形也是如此，干部会陪独居老人聊会儿天或主动关心其身体健康状况。一些老人家里的灯泡坏了或电脑有点什么问题，就会利用这次机会请求居委会干部帮个小忙，也有一些居民可能就物业服务不满等问题向居委会干部反映。

　　因此，居委会干部入户走访，对于社区干部而言是一项重要的制度化的干群联系机制。除了完成人口信息采集的任务外，这种干群联系机制的内在机理为：干部入户既是主动深入群众的过程，也是问题发现和居民需求表达的过程，还是干群之间非正式互动和形成人情交换关系的过程，更是自上而下的政策输入和自下而上的矛盾排查化解相对接的过程。有经验的居委会干部会利用入户的机会，结合自身掌握的政策资源和良好的服务优势，通过帮助居民解决一些问题或争取福利等，获得居民的认同，从而和居民熟识起来。取得居民的信任，下次就好办事了。

稳定与流变：城市社区的治理结构

一、铁打的营盘，流水的兵

我国城市社区居委会在法律上虽然是居民自治组织，但笔者在全国多个城市调研发现，除了上海市提倡居委会干部属地化来源外，绝大部分社区居委会干部都不是本社区居民，而且居委会干部的流动比较频繁，在不同社区之间调动。在笔者调研过的南京、上海、佛山、黄冈、杭州和秦皇岛等城市中，杭州市社区居委会干部流动得最为频繁，平均干满一届就要调动一次，最长不超过两届。和村庄的熟人社会不同，城市社区是陌生人社会和以核心家庭为单位的原子化社会，开放性和流动性程度较高。面对这样的城市社会，国家是如何进入社会并实现社会控制和社会秩序的？

从微观来看，对社区干部而言，他们到一个陌生的新社区，半年适应，半年摸索，刚要做点事情就要调走了。在重心下移、职能进社区的治理背景下，社区的行政任务不断增加，流动的社区干部面对陌生而原子化的社区，是如何完成各种行政任务的？笔者在各大城市调研发现了一个共同特征，即社区治理形成了"流动的社区干部＋稳定的居民骨干"的组织结构。正所谓"铁打的营盘，流水的兵"，相对稳定的居民骨干群体就像那铁打的营盘，流动的社区干部就像那流水的兵。稳定的居民骨干群体主要为社区内的居民积极分子，如优秀党员和楼组长等。尽管各地在社区"两委"以下的居民组织设置的名称不同，但是组织结构和功能相同，社区治理的中坚力量，起到连接社区干部和普通居民的桥梁作用。

杭州市上城区在社区党委下面根据党员的数量设立了若干党支部，另有党支部书记、党小组长，在居委下面还设置了居民大组长（片区长）、小组长（楼栋长）和楼道长的层级治理网络以及退休自管小组长等职务。笔者在上海市黄浦区调研时发现，那里的社区在"两委"下还设立了居民委员会和民情气象站等居民组织。不管称谓如何不同，相同的是这些职位都由一批比较热心社区公共事务和支持社区"两委"工作的居民积极分子来担任，他们成为流动的干部治理社区时可以依靠的中坚力量，从而被称为"居民骨干"。

这些居民骨干群体的主要特征为：人员长期相对稳定，一人身兼多重职位，多为有钱、有闲、有能力而负担不重的低龄老年人。社区楼组长往往不是由居民选举产生的，而是由社区干部发掘和动员产生的。由于没有补贴和报酬，这些属于纯义务的志愿性岗位。社区干部坦言，一般社区大小组长和楼组长不会轻易变动更换，除非是其年龄过大力不从心或从本社区搬走了等情形，才会考虑选拔更换人选。所以这批社区骨干大部分都会从上任伊始干到做不了的时候。不管社区干部如何频繁流动，这批居民骨干仍保持了相对稳定，扎根于流动的居民社会中。此外，几乎每个社区居民骨干都是身兼多职，如楼组长还兼任退休自管小组长、治安巡逻员、护河员等。

二、消极治理的底线功能

在社区治理的过程中有两套组织网络：一是前节讲述的社区居民骨干群体网络；另一是社区"两委"干部形成的网格化管理网络。"两委"成员除了负责自己分管的条线工作外，还要担任专职网格员负责一个网格（大约三四百户）。杭州市上城区要求每一个网格员每个月要入户联系走访至少30户居民，这是笔者之前提倡的要加强干群联系的制度化机制的有益探索。比较来看，社区干部通过居民骨干群体，可以间接联系群众和掌握居民的动态信息，而通过网格化管理和制度化的入户走访，社区干部能够亲自联系群众和发现居民信息。

流变的社区干部+稳定的居民骨干共同组成的社区治理结构，在现阶段可以实现的功能主要有三个方面。一是信息发现功能，即在变动不居的动态社会中，及时、准确而全面地掌握居民信息。积极分子身为社区居民的一员，就生活在居民当中，对于周围居民的信息以及人员变动情况能够最及时地感知并上报给社区。二是提供便民利民的服务功能。对于刚退休的低龄老人而言，他们既有钱、有闲、有能力、有体力，又有退休后继续发挥余热和自我实现的需求，因而愿意成为社区积极分子或志愿者，为居民和社区提供一些力所能及的便民利民服务，如关爱社区高龄或独居孤寡老人、治安巡逻等。三是行政任务执行的功能。由于行政化，社区成为行政科层体系的最末端，承接的行政任务不断增加。而在后单位制时代，社区干部的体制性权力和资源弱化，为完成应接不暇的行政任务，就需要动员居民参与，以释放自上而下的行政压力。很多行政任务，如需要凑人数或需要居民骨干先带头支持，社区干部都得靠积累的与居民之间的人情、面子等非正式资源来完成。

对于流动的社区干部而言，他们的一项很重要的工作就是发掘和发展积极分子或居民骨干。作为对社区工作支持的回报，社区干部平日对积极分子会多加关爱，有什么好处也会首先想到他们，在他们需要帮忙或服务时及时地回应，从而维系全方位的情感、面子和利益等交互关系，保障社区骨干和积极分子的再生产。由流动的社区干部＋稳定的居民骨干构成的社区组织结构，在城市变动不居的动态社会下能发挥的功能是维系消极治理的底线秩序。之所以称其为"消极治理秩序"，是因为这套治理组织无法解决当下城市社区面临的公共秩序难题，具体而言就是个体私利的膨胀、无义务感公民和无公德个体的崛起，使得社区日常生活小事中个体机会主义行为难以制约。如各地城市社区都普遍面临居民高空抛物、不文明养宠物、偷倒垃圾、楼道堆积等公共秩序难题无法克服，这些本来是居民自己的事，现在反而成了居委会的事、政府的事，就是因为之前政府帮做了，居民形成了依赖。比如楼道堆积物，社区干部去帮清理，有居民拿着菜刀出来威胁居委会干部不让清理。

三、积极分子的内卷化

社区干部对居民骨干的一次动员是有效的，居民骨干和积极分子愿意做和能做的主要是发现信息和提供服务（做好事），但是居民骨干联系群众和动员群众的二次动员功能较弱。高空抛物、不文明养宠物、偷倒垃圾或楼道堆积等公共秩序难题，治理起来是要得罪人的。居民骨干和积极分子愿意做好人好事，但是不愿意做得罪人的事。城市社区的治理特征是面向大多数人的日常生活小事治理，无法依靠行政强制或市场交易来实现，而需要依靠群众动员来实现日常生活正义秩序。但是现在不管是干群关系还是居民关系，遵循的都是一种不得罪人的逻辑。在对52个社区的居民满意度考核的硬指标下，社区干部也不敢得罪居民，更何况是本来就是社区居民的积极分子。社区公共性和政治性的弱化，使得个体机会主义的行为得不到约束，从而形成了当下基层治理的基本困境。

在没有突破基层治理公共秩序困境的前提下，民政部大力推动发展志愿者、社会组织和专业社工，只会导致社区服务越来越精细化和小众化，以至于社区服务、社区志愿者及积极分子的内卷化。正如同HCM社区书记所言："有了社会组织，社区还是那么忙。"社会组织无法提供社区真正需要的服务，只能提供一些锦上添花的便民利民服务，开展一些无关痛痒的居民活动。社会组织能做的，社区居委会都能做，而且能做得更好，正如清波街道LCJ社区书记所说："社会组织花10万能提供的服务或开展的活动，社区居委会花1万就能做，而且办得更出色。"

现在城市社区治理的痛点在于如何实现居民动员和重建社区公共性，以实现公共治理秩序。

在20世纪90年代，居委会干部都还由一些退休的妇女担任，她们工资不高，工作也不多，但那个时候居委会干部还有一定权力，遇到"钉子户"和不服管教的居民，居委会干部比较硬气，不怕得罪居民。上羊市街社区的老书记樊阿姨说她那个时候当社区书记，遇到在楼道乱堆积的居民，如果劝说之后居民仍不清理，可以直接派人拉走，对方若反抗，则叫派出所社区民警过来协助。而现在社区干部比较怕得罪居民，居民因为楼道堆积、高空抛物、不文明养宠物的行为被投诉后，社区干部只好上门劝说，对方不听也只好作罢。过去社区干部不怕得罪居民，与当时的制度环境有关，当时存在对敢于"唱黑脸"的居委会干部的支持与保护机制。

错位与补位：居民委员制度的探索

一、主体错位：社工年轻化与留守老人的不匹配

自2000年启动社区建设以来，社区管辖的范围和承担的职能都在扩大，社区管理也不断地职业化、行政化和正规化，相应地社区干部也不断地向年轻化、知识化和专业化方向发展。中华人民共和国成立后，我国居委会干部随着城市管理体制改革也大致经历了4次变化：（1）中华人民共和国成立初期的转型期，居委会的政治属性强，居委会干部的担任往往需要政府动员，大多由家庭妇女担任，被称为"老居干"；（2）单位制时期的居委会干部，一般是由退休的中老年妇女担任；（3）单位制逐渐解体后的转型期，居委会干部从行政招聘、国企下岗职工分流人员或街道体制改革分流人员等中产生；（4）社区建设时期，居委会干部转型为社区工作者（正式社工），向年轻化、知识化和专业化方向转变，由社区建设初期的一代社工开始向二代社工转变，"80后"和"90后"是二代社工的主力。

新商品房小区的居住结构以中青年群体为主，社工的年轻化尚能与治理对象相匹配，年轻的社工能够开展一些受年轻人欢迎的社区活动。但是绝大部分老城区的社区以老旧小区为主，

老旧小区的特征是人口的老龄化程度较高，老年人群体多。中青年群体的工作、社会交往、休闲娱乐等重心不在社区，对社区的需求度较低，因而社区参与度也较低。于是，社区工作的重点对象就是退休的老年人以及特殊的弱势群体。这时作为治理主体的社区年轻社工就会与作为治理对象的留守老人形成不匹配的矛盾。这种矛盾体现在：年轻社工和老年人之间有代沟，难以了解居民所思所想，难以和居民打成一片。社区举办的活动，居民不需要，居民真正需要的，社工又不了解。活动走不到居民心里去，因此参与的人数较少。社工和居民之间，特别是和老人之间总有隔阂，干群关系比较疏远。那么，在社区纠纷调解等工作中，年轻的社工去做居民的工作，居民就有可能不买账。双方不好沟通，矛盾难以化解。

　　对于年轻社工而言，每年组织唱歌、跳舞、量血压等活动，没什么新意。上级对社区活动又有创新方面的考核，社区想组织开展一些高雅的活动，如举办绘画班、电子琴班，但即使在全楼贴通知、免费授课，报名参加的人也寥寥无几，只好作罢。对于社区老人而言，可能只要唱唱歌、跳跳舞就满足了，其他的不喜欢或没特别需求。十五奎巷社区的李奶奶自1995年退休后就开始担任楼组长，她亲身经历了社区近20年的变化，对社区干部的变化也感同身受："以前的居委会，大都是退休的大妈担任居委会干部，社会经验丰富，蛮灵光，有工作能力。还是年龄大的居委会干部实在，能和社区老人聊知心话，关系比较密切。现在的社工都是小年轻，通过考试上来的，学历也高。对于搞活动，比较活跃。但是小年轻们，不想多管闲事。对居民的态度是'你不来找我，我也不去问你'，干群关系疏远了。"上羊市街社区的樊阿姨也说："年轻社工，家里都有小孩，社区工资又低，天天在外忙的话，家里也有怨言。"

二、补位：居民委员制的补充

针对社工的年轻化、外来化和流动化可能带来的主体错位和社区悬浮，杭州市上城区开启了居民委员制度的探索，在全区内选了3个社区作为试点。紫阳街道上羊市街社区是中华人民共和国第一个社区，也是居民委员试点社区之一，下面就以上羊市街社区居民委员制的运行为例试做分析。

上羊市街社区居民有3400多户，8900多人，外加流动人口2000多人，分为袁井巷606网格、金狮苑607网格和云雀苑608网格等三大网格。其中，金狮苑网格规模最大，下辖29幢楼，108个单元。袁井巷网格下辖38个单元，云雀苑网格下辖30多个单元。三大网格又具体细化分为8个小网格，每个小网格有400来户，每个社工负责一个小网格，每个社工每个月要走访网格内至少30户居民。

2014年11月居民委员试点工作开始推行，上羊市街社区从三大网格中各选一名居民委员。居民委员的条件为本社区常住居民、热心社区公共事务、有时间、在社区有一定威望，符合条件的人都可以报名参加竞选，有自荐和他荐两种方式。居民委员竞选候选人，由社区召开100多个大小组长会议后民主选举产生。金狮苑网格有3人报名，通过公开发表演讲，最终由单大叔当选。居委会老主任樊阿姨（1994—2004年在任）当选袁井巷网格的居民委员。云雀苑网格当选的居民委员也是一名比较有威望的老居民骨干。居民委员属于兼职制，每月有1860元的基本工资和100元的津贴，由于当选者都是退休居民，不需要缴纳五险一金。居民委员需要轮流上班，每天至少有一人坐班，坐班时间为上午8：30到下午4：30。居民委员主要负责的是细小琐碎的居民日常事务：收集居民意见、处理一些居民纠纷调解、带动社区居民、协助社区工作等。上羊市街社区的3名居民委员分别是1948年、1951年和1958年出生的，年龄在58到68岁之间，都属于负担不重而有钱有闲以及有一定威望的低龄老人。

樊阿姨早在2009年就牵头在袁井巷自发组织成立邻里值班室，当时主要是把一些退休的居民骨干发动起来发挥余热做一些力所能及的事情，比如雨天帮助一些双职工家庭收收衣服，成立"430"课堂，小孩放学了帮忙看孩子等。由于值班室的运行效果较好，就在另外两个网格也推广了，现在上羊市街社区有3个邻里值班室。居民委员制实施后，社区层面就由3个居民委员组建总邻里值班室，每天有人轮流值班，每个居民委员总负责自己网格的邻里值班室工作。在居民委员带领下，上羊市街社区内部初步形成比较健全的居民自组织网络，每个大网格有1名居民委员和2名大组长，每幢楼选1名小组长，每个楼道单元选1名楼道长。由于金狮苑大网格规模较大，就在大网格下分了4个小网格（片区），分别选了一名片区长。其中2名大组长同时兼任片区长，一般负责任务重、难度大和比较分散的片区，另外的片区长再从楼道长和小组长里选。金狮苑辖内总共29幢楼，

31名小组长，因为3、4幢楼各有8个单元，规模较大，就各选了2名小组长。由此，上羊市街社区内部形成了居民委员—大组长—片区长—小组长—楼道长相衔接的居民自组织网络。

3个邻里值班室分别由3个居民委员负责统筹安排，可以根据自己网格的实际情况灵活调整。金狮苑的邻里值班室由单大叔负责动员安排，31个小组长每天1人轮流值班，值班时间为上午8:30到11:30。由于邻里值班室就在网格居民区内，距离居民生活区较近，特别是对于年龄较大的老人来说是一项很好的福利，有什么事情或意见到邻里值班室反映，值班人员能处理的当场处理，不能处理的就记录在值班日记中，向上反馈给居民委员，居民委员处理不了再反馈给社区。在邻里值班室值班，政府有象征性的补贴，值班每天每人补贴10元。经过这么多年，大小组长换得很少，除非生病或高龄，否则尽量不变动。

三、非正式治理：居民委员的功能

有人会问，一般被选上来的居民委员往往都是之前的居民骨干、积极分子或志愿者，既然没有实施居民委员制度之前，这些人就是社区居民骨干或积极分子，已经在社区居民工作中发挥作用，那么要不要居民委员制度有什么区别呢？其实，有没有居民委员这个体制性的身份，在做居民工作时还是有很大不同的。这和湖北省秭归县推行的幸福村落自治制度的逻辑实质上是一样的。秭归县在行政村下通过规模适度、产业趋同、利益相关、地缘相近等几大原则重新划分村落（相当于合村并组前的生产队），在村落一级设置村落理事会，由村民选举产生村落理事长和理事，实行村落自治。一般当选村落理事长的，往往是村落中比较热心、公道、有威望的人。但是有没有村落理事长和理事的身份，对于他们参与村落公共事务的心态的影响是不一样的，体制性的身份和村民民主选举，是其权力合法性的来源。

在成为居民委员前，社区居民骨干或志愿者只愿意做一些信息发现上报和服务居民的工作，而对于调解邻里纠纷、规制破坏公共秩序的居民行为等工作是不愿参加的，因为怕得罪人。此时居民骨干是以私的身份去做居民的工作，是一种私对私的逻辑，居民不会愿意因公损私。但是居民委员的体制性身份是居民选举产生的，有了这个身份，既获得了自上而下的行政性权威赋权，也获得自下而上的社会性权威赋权，就具有了公的合法性身份。在调解邻里纠纷和管理破坏公共秩序的居民行为时，居民委员就不再是以个体私的身份去面对居民，这个时候就转变为公对私的逻辑。万一再遇到居民的质疑，居民委员就可以理直气壮地说："我是大家选的居民委员，有权力管你。"

另外，虽然居民委员所代表的"公"相对于国家的"大公"而言是"小公"，但在居民眼里，社区干部代表的是国家或政府的立场，可以视为"大公"，因此社区干部有可能和居民站在对立面。而在居民眼里，居民委员本身就是居民群体中的一员，和居民是站在同一立场的，是自己人关系，因而很多居民事务由居民委员去做工作，比较好沟通，易于化解矛盾。而且，居民委员制有一定的物质报酬激励，约2000元/月。对于退休的低龄老人而言，他们有钱、有闲、有能力、有体力，家庭负担不重，担任居民委员职务，不仅可以有一份不错的物质报酬补贴，还可以发挥余热，老有所为，在社区居民中获得一定声望，以自我实现。居民委员单大叔说："分管片区的居民都知道我是居民委员，平日帮他们办了什么事，居民都会记着。过年过节的，经常会有居民把家里煮的东西或土特产什么的，送一点给我吃。礼物虽轻，但表示居民想着我的好，心理感觉很温暖很幸福。"

那么，有了合法性身份后，面对社区一些不讲公德、破坏公共秩序的居民行为，居民委员就不怕得罪居民了？单大叔说："一开始心里也有顾虑，怕得罪居民。心里没底，怕说了之后，居民反抗，事情不好收场。但是后来上去讲多了，有经验了，知道要讲究策略。居民都要面子，毕竟指出他的缺点和错误，确实不好接受，但是在保全他面子的情况下，去和他讲道理，居民也都有羞耻感，一般不会犯二次错误。"比如遇到高空抛物、阳台花盆脱落、不文明养宠物等行为，遭到居民投诉，居民委员一般会和邻里值班室的小组长一起上门去劝说。这些事情是各城市社区治理的痛点，单大叔认为对于这种事，关键要有人去制止、劝说和教育。当然在这个过程中，也会遇到很大的委屈，有居民不理解，甚至将火气撒在自己身上，但是后来给他讲道理，指出他的错误，他也能理解。单大叔说："刚开始不敢说，现在有经验了，敢说了。"

现在城市社区最头疼的就是对这些无公德、破坏公共秩序的日常生活"小事"的治理。潘维教授对这些日常生活"小事"

的特征有过精彩的概述：涉及跨部门的法律交叉事务、法律规定模糊、法律空白或法律执行不经济地带。因此，对这些"小事"的治理，依靠专业化、法律化的行政官僚体系是无法应对的，专业化分工的行政官僚体制的优势在于办大事。对于社区居民日常生活的"小事""琐事"，部门化的行政官僚体制不但缺乏治理能力，而且治理成本过高，相反社区共同体和居民自治是最廉价的治理机制。共同体内部遵循的是正式规则的柔性治理或非正式治理，上羊市街社区以居民委员制带动的居民自组织网络，实际上就形成了一套非正式治理体制，补充了社区居委会半行政化治理。此外，这里还需要注意防止居民委员完全的正规化，例如应该将居民委员的工资制改为误工补贴。

如何真正激活居民自组织网络，破解居民动员的困境，是居民委员制度下一步工作的重点。

四、讨论

如何评价居民委员制止没有公德或破坏公共秩序的居民行为的工作？居民委员对居民日常生活"小事"治理的意义是不言而喻的。但是调研小组在对其可能具有的延伸功能存在争议，在此提出讨论。笔者认为，居民委员对于破坏公共秩序的"小事"的治理，相当于公德的实践，具有教育意义，久而久之能产生示范效应，树立社会正气，带动公共规则的执行。但是王德福博士认为，由于社区居民之间的陌生化和原子化关系，每个居民都相当于是一座孤岛，使得每个事件的发生都是孤立的，因而居民委员对"小事"的治理，难以产生示范效应和扩散效应。事件之间的孤立性和不确定性，加上城市社区人口的流动性特征，注定了无公德的机会主义行为重复发生，这就是城市社区治理的特征，也是其不得不面对的常态。居民委员制探索的意义仅限于一个个地"拔钉子"，出现一个拔一个，但永远都拔不完，似乎也不会变少。

上述两种意见之间的争议焦点为："拔钉子"的行为有无累积性和扩散性，就像水滴石穿的渗透性那样，逐渐能够培育社区公共性和居民的主体责任感？这里面涉及对城市社区性质的判断：相对陌生化、原子化、流动化、开放化的城市社区内部，能否生成信息和舆论传播机制？技术的变革，如微信或网络居民论坛等社交技术的发展，能不能实现社区信息和舆论的传播，或者改变社区居民之间的社会关联？无公德的机会主义行为是社会转型期的阶段现象，还是城市社区固有的特征？这些都值得进一步思考和探讨。

复合型治理：
居委会行政、自治、服务功能的融合

一

杭州市上城区被纳入全国社区建设第三批改革试验区（2015—2018年），改革的主题内容为"三级联动、三社联动、三位一体"，即区、街道和社区三级联动，社区、社工和社会组织三社联动，社区党委、居委会和公共服务站三位一体。这次改革的重点是社区居委会去行政化，将居民自治做实，打造居民议事协商平台，公共服务站作为政府行政职能的延伸，将从社区居委会剥离，建立"议行分离、居站分设、一站多居"模式，即将公共服务站放在街道和社区的中间层次，一个公共服务站辐射若干居委会。上城区下辖6个街道、54个社区，湖滨街道和清波街道是这次改革的两个试点街道，其中清波街道在街道层面采取的是大部制改革，推行"五部一中心改革"。清波街道比较小，下辖只有5个社区，社区改革采取的是成立2个公共服务站，每个公共服务站服务2或3个居委会。本来改革试验区应在2016年进行中期验收，但由于杭州9月初将举办G20峰会，迎接G20峰会成为这半年来的中心工作，社区改革工作就暂时搁置。

杭州市早在2009年就在社区推行了"三位一体"工作机制，当时在社区增设公共服务站承接政府下沉到社区的行政事务，但是当时社区党委、居委会和公共服务站采取"合署办公、交叉任职"的模式，实际上是"三块牌子、一班人马"。社区书记、主任一肩挑的，公共服务站站长由社区书记兼任，副站长由居委会副主任兼任；社区书记、主任分设的，社区书记兼任公共服务站站长、居委会主任兼任副站长。但是，行政职能的下沉，和《中华人民共和国城市居民委员会组织法》中规定的居委会是群众自治组织的性质相矛盾，也常常遭到社区干部的"抵制"。而杭州市2009年推行的社区"三位一体"改革，是比较有智慧的，行政职能进社区是通过下达到公共服务站实现的，而非直接下达到居委会，这在法律上名正言顺。2009年之后，社区承接的行政任务越来越多，工作量越来越大，也越来越忙。社区疲于应付行政任务，无暇顾及为居民服务的居民自治工作，因此"社区减负"的呼声越来越高。这也是杭州市时隔6年再次推行社区改革的背景，只不过这次"三位一体"改革将"合署办公、交叉任职"变为"议行分离、居站分设、一站多居"，将公共服务站的行政职能从居委会中剥离出来，试图彻底实现居民自治的目标。

清波街道LCJ社区下辖户籍人口1800多户，常住人口3881人，1560户，外来人口500多人，其中有300多户因拆迁安置在别的社区，但户籍不愿意迁走。LCJ社区规模较小，是清波街道的五星级示范社区，也是各种改革试点社区。这次社区"三位一体"改革是将社区党委、居委会和公共服务站分开，目前人员已经分开，原计划按照"4+4+7"的方式进行人员配备，即社区党委4人、居委会4人、公共服务站7人，但由于LCJ社区规模较小，实际按照"3+3+6"模式配备。经过对社区职责清单的梳理，九大条线的常规工作职能已经分开。LCJ社区干部表示，写在纸上的常规工作好分，但非常规工作特别是政治任务怎么分？谁来承担？比如这次杭州为迎接G20峰会而开展的小区外立面整治、"三改一拆"、消防安全隐患和煤气瓶排查、空置房和人口信息登记排查等工作都不在权责清单上，应该由居委会还是由公共服务站承担？写在权责清单上能分解的都是好做的活，不好做而难分解的活都不在清单上。

二

7月21日，在由区民政局牵头组织、有6个街道分管民政的副主任参加的座谈会上，与会人员集中探讨了社区行政与自治的关系。目前全国各大城市社区改革创新都聚焦于社区居委会去行政化，让居委会回归自治的法律规定。较早实行的改革有深圳市罗湖区推行的"议行分设、居站分离、一居一站"模式，南京市秦淮区改革推行的行政服务外包社会组织的蓝旗模式，以及南京市玄武区锁金街道的在街道成立社工服务中心、将行政职能上收到街道的尝试，但是实践中这几种模式都已经宣告失败。杭州2009年的"三位一体"工作机制改革，虽然也成立了公共服务站，但是与深圳的"居站分离"模式不同，采取的是"合署办公、交叉任职"，实际上是比较有智慧的做法。但是现在杭州新一轮的改革，也在步深圳和南京等地的后尘，即采取

"居站分离"的模式，试图将行政职能彻底从居委会中剥离出来，只不过稍微不同的是杭州打算采取"一站多居"模式，将公共服务站放在街道和社区中间的层次上。

全国各大城市推出的社区去行政化改革创新令人眼花缭乱，实质上是相同的，目的都是为了给社区居委会减负，将行政职能彻底从居委会中剥离出来，以回归居民自治组织的法律定性及居民自治的功能。实现的方式一般都是新成立一个组织来专门承接自上而下转移的行政事务，因为事还是那些事，活还是那些活，并没有因为居委会去行政化而减少，任务总要人去做。不同地方政府改革创新的地方只是新成立组织的名称、性质以及置放的层级不同罢了。关于名称，有的称为"社区工作站"，有的称为"公共服务站"，有的称为"社工服务站"等；关于层级，有的上收到街道，有的放在社区，有的放在街道和社区的中间层；关于组织性质，大部分都将新成立的组织规定为街道的派出机构，承接政府交办事项，南京的蓝旗模式和胭脂巷社区改革等比较大胆的改革，则将行政服务外包给注册为民办非企业性质的社会组织。这些令人眼花缭乱的自上而下的改革到了社区一线工作者那里，不免陡生很多困惑。

下面就对这些困惑进行简单的汇总：

（1）社区一线工作者抱怨社区行政化严重、社区承接的行政任务太多，以至于无暇为居民服务，问题主要在两个方面。一是形式主义、文牍主义的行政工作越来越多，和居民的关系越来越疏远，特别是各种达标升级、台账考核工作，每个部门来检查，都需要牌子上墙、制度上墙，材料台账厚如山。社工疲于应付各种迎检考核工作，为此经常需要做假台账。一个在社区担任多年书记主任，后通过考试晋升到街道的优秀社工说："以前的居委会规模较小，只有500多户，我当时做居委会主任，兼卫生主任，因为和居民互动多，感情好，居民商铺'门前三包'都做得很干净。有时间，我还经常看一些人民调解和群众动员的书籍，以提高理论水平和工作能力。现在忙得做假台账都来不及，哪还有时间去看书啊？"南京市玄武区社区减负改革，取消了对社区的很多达标升级和材料台账检查考核事项，改革成效显著，社区干部明显感觉轻松了很多，也清闲了很多，因此有更多时间去和居民接触，为居民服务了。二是专业行政职能部门任务下沉到社区，如消防安全、安全生产、食药监、气象宣传等，社区干部抱怨最多的是这些工作本属于专业执法职能部门，社区可以协助部门工作，但现在变成了部门来考核社区，而社工既缺乏专业技术，又没有执法权，社区还要签订安全责任书，出了事要承担责任。此外，社区干部抱怨较多的还有社区盖章问题。

（2）居委会去行政化，即将行政服务职能从居委会剥离出来后，居委会要做什么？居委会在社区会不会被边缘化？居委会回归居民自治的功能，居民自治又要做什么？居民自治的内容是什么？改革后的居委会只有三四人，又如何开展居民自治工作？

（3）居委会行政和自治的事务能分得清吗？哪些属于行政工作，哪些又属于自治工作？遇到模糊不清的工作事项，居委会和公共服务站怎么协调分配，会不会相互扯皮？

(4)行政服务职能能否外包给社会组织？社会组织可以退出，出了事谁来承担责任？

(5)很多行政任务的执行和居民利益对立，使得社区居委会和居民之间产生紧张关系，如"三改一拆"、外立面整治工作。还有一类工作是政府本来向社区输入资源为民办好事，通过行政指令的方式下达社区，但政府赋予的不一定是居民需要的，居民反而认为政府是在作秀，结果就是政府花了钱还要挨骂。如小区平改坡工程、庭院改造工程，政府想要美化环境，将花园种得美观，而居民的需求是"给我们搞两张凳子坐坐，不需要你搞多名贵的花"。

对此，社区干部也感到茫然。小区整治后，规范出店经营秩序、清理乱摆乱放行为，小区环境确实变整洁变美了，但是小区居民真的需要这些吗？上海市徐汇区 GX 小区的居民想在街心花园搭建几套简易的桌椅，将街心花园改造为活动广场，供居民休闲娱乐用，天气好的时候有上百居民聚集在那打牌、跳舞、聊天、晒太阳，但是有关部门认为居民需求不够"高大上"，不符合项目标准。调研的另一个小区，政府投资很多钱修建了漂亮的居民活动室和谈心室，但由于室内较封闭，而且规定只能打乒乓球或打纸牌等，不准打小麻将，因此居民利用得少。一些老人反而自发用破布破木板，在小区里搭建简易草棚，又捡来一些破旧的桌椅放在里面用来打麻将聊天，但这些建筑被判为违建，城管多次下来执法，遭到居民的抵制。

三

为什么各地的社区减负和居委会改革都以失败告终？表面上热闹的社区改革，最终无法改变社区任务越来越多和越来越忙的现实。杭州市在2006年便已走在全国前列，提出社区行政化和社区减负的问题，并建立了社区准入制，但是依然无法阻止职能部门纷纷进社区的大潮。2014年杭州市再次推行社区减负，清理社区职能，最终结果却只是清理掉一堆牌子，实际职能一项都未真正减掉。职能部门的理由就是："我们的任务并未下达给社区，只是下达给街道，是街道再转给社区的，就不关我们的事。"街道作为政府的派出机构，承接行政任务是名正言顺的。而街道接到行政任务后，只是将任务转向下传达给社区来落实完成，社区的人财物都掌握在街道，并没有否决权。

从制度主义的研究路径出发，在国家与社会关系的理论框架下，自然会得出社区行政化是一种"制度性侵权"的结论。"资源短缺说"和"制度供给不足说"是解释"制度性侵权"原因的两大学说。"资源短缺说"认为社区掌握的自主资源非常微弱且有限，而街道作为政府的代表，掌握了比社区多得多的资源，社区的人财物都是由街道掌控的，因此在街居关系的谈判中，街道就处于支配地位，指导与被指导的街居关系转变为实践中的领导与被领导的上下级关系。"制度供给不足说"认为法律虽然赋予了居委会居民自治组织的法律地位，规定了街道和居委会的指导与被指导关系，但是并没有具体规定可行的行政干预社区的制裁性措施和手段，所以即使社区被侵权，也无法律救济途径以维权。

目前，政界被学界理论所"绑架"，认可行政过度干预导致的"制度性侵权"判断，所以全国各地社区治理改革的重点都是社区去行政化，让居委会回归自治的法律本位。尽管实践的逻辑宣告了改革的破产，但是地方政府为了改革创新出政绩，依旧乐此不疲地如此改革，甚至出现社区越改革越忙的怪圈。这是一种从制度到实践的制度主义思维，希望以文本制度来改造鲜活的实践；或者说这是一种从理论到经验的理论主义思维，希望以外来的理论来改造经验，让经验来适应理论，最终的结果就不免削足适履。当然，理论是认识世界的武器，具有指导经验的功能，但前提是理论来源于实践，是对纷繁复杂现象的一般化提炼，是对现实经验的解释。理论源于实践经验，最终也要回到经验中接受实践的检验。当社区去行政化和居民自治的理论在用于社区改革实践时无法收到预期的效果，无法有效地指导我国社区治理实践，就说明有可能理论本身不符合我国实际。

四

我们需要从实践的逻辑出发，重新认识和辨析社区行政化和居民自治等相关问题。不妨在心里多打几个问号：什么是社区行政化？社区行政化都是不合理的吗？社区居委会应否承担部分行政职能？社区行政和居民自治必然是相互冲突而构成此消彼长的结构性紧张关系的吗？社区行政和居民自治具体是什么关系？社区居委会干部抱怨的行政事务太多是什么意思？社区居委会干部在抱怨行政事务太多时是想彻底剥离行政职能吗？只有将行政职能从居委会中彻底剥离出来，才算是社区去行政化吗？当下城市社区治理的痛点是什么，治理的症结在哪里？我国城市社区在国家治理体系中应该扮演的角色和发挥的功能是什么？这些都涉及对社区居委会的性质、定位和功能的认识与判断。只有把这些问题想清楚弄明白，才能找到社区治理改革的有效路径，才能真正进行有效的制度改革创新，否则将陷入制度改革的内卷化，即不断用制度来修补制度，制度和实践成为"两张皮"，产生制度的空转，基层组织和制度越来越庞杂，而效率却越来越低。

在社区行政化的过程中，街居关系发生了很大的变化。在单位制时期，居委会的工作主要为环境卫生、灭四害、计划生育、群防群治和纠纷调解等居民事务。一些填表格、报材料类行政事务的具体工作是由街道来做的，居委会只是协助街道，当时街道在各居委会都有驻居委会指导员。因为居委会干部都是些退休的中老年妇女，对于很多行政事务可以推脱说："我没有文化，做不了。"而在单位制逐渐解体后，很多"单位人"变为"社会人"，城市社会如何组织起来实现社会秩序，是后单位制时期国家政权建设面临的新形势。20世纪90年代中后期，民政部开始推行社区建设探索试点，当时大致形成了三种模式：以上海为代表的"两级政府、三级管理"的行政主导模式；以沈阳为代表的社区自治模式；以武汉为代表的混合治理模式。2000年社区建设开始在全国铺开，后单位制时期的社区和居委会也都发生了变化:(1)社区管辖的范围和人口规模增加,当时的社区一般由若干居委会合并而成,大都为万人社区;(2)社区职能不断增加,行政服务类职能(社会福利类、社会保障类等)先下沉进社区,随后行政管理类职能也下沉到社区;(3)居委会干部向社区工作者转变,相较于居委会干部,社工逐渐走向职业化和正规化管理,从一代社工开始就提倡向年轻化、专业化和知识化方向发展。

不管是上海的行政主导模式、沈阳的社区自治模式,还是武汉的混合治理模式,在实践中社区行政化都出现了趋同性结果。因此,这才有了社区建设的第二轮改革——社区去行政化和居民自治回归。社区建设启动后,随着社区的正规化和行政化发展,行政任务直接由街道作为二传手下达到社区,社区不再是协助街道的角色,而似乎变成了行政任务执行的主力军,街道和职能部门变成了考核监督机构。一个客观的因素就是社区的治理能力强,所以现在什么任务都下达给社区来做。从2000年到2014年担任过7个社区一把手的沈书记回忆了社区发展的历程:"2001年杭州市社区建设全面铺开,2003年非典疫情的防控隔离工作下放到社区,治理效果好,让政府感觉到社区的能量很大,如若不是放到社区,非典工作做得不会有这么好。杭州市委书记黄国平此后开始亲自抓社区工作。2009年杭州市社区'三位一体'工作机制改革后,行政职能任务可以名正言顺地通过公共服务站下达到社区,社区行政任务进一步扩增。"

LCJ社区书记也说:"市区交代的行政任务,社区至少能完成80%,而交给职能部门,则推进不下去。比如液化气瓶使用情况的排查，消防部门排查了两个月没有进展，后来下放给社区来排查，用了两个星期就统计完了，而且信息和数据基本准确。"这足以看出社区作为治理的工具，很好用。LCJ社区书记进而说："社区'两委'干部是最廉价的劳动力，行政事务到社区，能够减少大量财政开支。同样的事务若交给行政职能部门或社会组织来做，需要花费更多的钱。"此言不虚。这就需要我们去思考，既然活不会减少，那么问题的关键就在于这些活怎么分配才最合理。

五

在进一步回答该问题之前，我们需要进一步辨析如下几个重要议题。

1. 冗余行政和基础行政

社区干部抱怨行政任务占据精力过多，其中有很大一部分是形式主义和文牍主义的行政工作，可称之为冗余行政，而另外一部分必要的行政职能和行政任务，可称之为基础行政。这个在前文中已有分析，不再赘述。

2. 行政任务的分类：行政服务和行政管理

政学两界对社区行政化问题没有做区分。下达到社区的行政任务，大致可以分为行政服务和行政管理（包括执法类）两大类。关于社区行政化的抱怨主要指向的是冗余行政和行政管理类职能的下沉，而非行政服务类工作。作为社区一线工作者，他们希望的只是去除冗余行政，减轻社区的工作量和提高社工的待遇，而非彻底剥离居委会的行政职能。当下各大城市推行的社区去行政化，试图将行政职能和行政身份都从居委会剥离，并不是社区居委会干部所需要的，这样只会导致居委会在社区的边缘化。在后单位制时期，社区居委会拥有的治理资源是非常稀薄的，不管是经济资本还是社会资本。而居委会的行政身份和行政服务职能，恰恰为居委会干部在与居民交往互动中积累非正式资源提供了可能。

有一位社区书记打了一个形象的比喻，她说行政服务就是居委会的脚，而推行"居站分离"改革就相当于是砍掉了居委会的脚。因为"居站分离"后，将行政服务职能从居委会剥离，改由公共服务站承担，居委会就缺少了入户以及与居民交往互动的机会。过去居委会正是通过"夏送凉、冬送暖"以及帮扶救助等服务，和居民建立起亲密的互动关系。也正是和居民有了亲密的情感关系，社区才上得了门、入得了户，很多行政任务、纠纷调解和综治信访等事务才能做好。因此可以说，居委会借行政服务而积累的非正式治理资源，是行政管理职能得以执行的基础。而"居站分离"后，由公共服务站承担行政服务工作，居委会再承担行政管理工作就无异于失去了双脚。

3. 居委会的政治属性与行政服务外包社会组织的风险

中华人民共和国成立后，居委会自其诞生之日起，就担当起对旧社会下城市基层的改造和成立真正属于人民群众自己的组织的政治任务。居委会作为我国社区唯一法定的权威性群众组织，有别于普通的社会组织，属于国家政权建设的部分，具有政治属性，不具有可退出性，要承担政治责任。我国独特的体制形成的行政和政治合一性，使得政治性和政治任务可以打破科层体制分工的边界和约束，实现权力的集中和部门的协作。自上而下的政治任务与压力通过科层官僚体制层层向下传导，渗漏到最末端的居委会时，政治任务与压力相对都比较小了，但是居委会又具有一定的政治属性，所以居委会，特别是社区正职干部会承担一定的政治压力与政治责任。

普通的社会组织没有政治属性，其优势在于提供专业化服务。公共服务大致可以分为不可外包的基础行政服务和可以外包的延伸行政服务（非政府本职工作）。社区居委会承担的民政福利、社会保障等行政服务工作属于基础行政服务，所以将行政服务外包社会组织，以试图实现居委会回归自治和"小政府、大社会"理论预期的做法，比较荒诞。行政服务外包社会组织的做法无非有两种结果：（1）只是换了两个人而已，如本来由居委会这批人来做，换成另外称作"社会组织"的一帮人来做；（2）政府和社会组织变成合作关系（合同关系），而市场契约关系的法则为合得来就合作、合不来就分手退出，社会组织和政府之间是平等的民事主体关系，可以不听政府的。问题在于，基础行政服务是要考核政府、问责政府的，考核在政府、责任在政府，政府却无法控制社会组织，出了问题或事故谁来承担？社会组织可以拍拍屁股走人，政府是不可退出的。因此，基础行政领域，不管是行政服务，还是行政管理，还是应由政府自己的人来实施、控制和监管。

4.社区承接行政管理职能的合理性：梯度式城市基层治理体系

社区冗余行政是需要改革去除的，行政服务类职能是社区居委会需要保留的。另外一个棘手的问题就是社区居委会是否应该承担行政管理类职能，社区居委会干部对此类职能的抱怨也最多。行政管理类职能可以分为两大类：一是专业职能部门的行政任务，如消防安全、食品药品安全、安全生产、城管等工作；二是不属于特定职能部门的突发性事件、中心工作等政治任务，如为迎接G20峰会而进行的外立面整治工程、非典疫情防控、登革热疫情防控等，具有阶段性、突发性、运动性和无明确的法律依据等特征。

针对第一类行政管理职能转移到社区，社区居委会承担的主要是基础信息排查和过滤的职责，上级部门对社区的考核和问责，也仅限于后者有无尽到基础性义务，如果尽到了可以免责。以消防安全为例，社区承担的责任为向辖区商户发放消防安全责任告知书，和商户签订《消防安全责任书》并及时发现和上报存在消防安全隐患的情况，而这些消防安全隐患是较容易识别的，如有无私拉乱拉电线、有无配备和及时更新灭火器、有无过多使用煤气瓶、电表有无隐患、群租房等。只要尽到通知、发现和上报的义务，即使发生消防事故，社区也是可以免责的。而被问责的情形一般都是存在消防隐患，社区没有及时发现和上报。

在前面章节，笔者分析了城市社会的梯度式治理体系，其中社区负责的是大量基础信息的排查与筛选过滤功能，以及问题的发现与上报。而社区干部有自保的逻辑，且行政压力和政治责任到最后也比较小。如SWK社区的仁书记说："因为社区书记和街道签订了《消防安全责任书》，出了重大事故我是要负责任的。为了自己，社区要尽量学会免责。在进行社区消防排查时，为了免责，将有安全隐患的都上报给街道领导。有一处存在重大安全隐患，需要整改资金3万，向上报给街道领导，街道领导也不敢不批。因为如果真的发生安全事故，社区及时发现并上报要求整改，街道未整改，那社区就没有什么责任了。"

而针对第二类行政管理工作，如小区外立面整治（拆除居民家的保笼、晒衣架、花架，空调移机，粉刷外墙），由于没有明确的法律依据，公安、城管、消防等专业职能部门连居民家的门都进不去，无法入户去做工作。靠他们去做工作，居民首先就会问，你们凭什么动私人财产，拿出法律依据来。而这些只有靠社区居委会入户做居民的工作，居委会干部坦言，幸亏是和群众的感情好才做得下来，即依赖居委会平时为居民办事积攒的群众基础。即使这样，还是有少部分居民不理解不配合，但是在政治任务的压力下，社区干部只能一次次反复上门，有的一户要上门七八次才做通工作。社区居委会干部没有强制权，只有靠嘴讲感情来去做工作，遇到蛮横的居民，还要做到打不还手、骂不还口。柳翠井巷社区位于秋石高架沿线的中山苑小区要进行外立面整治，一户妇女不愿意整治，冬天寒风中抱着孩子坐在窗台上，又对入户做工作的社区干部拳打脚踢，社区干部只能不还手任其发泄。这些行政管理工作，正如很多社区干部所说，都不是靠讲道理和讲法律能解决的，而是要依靠社区干部和居民的情感等非正式关系资源，去做具有强制性的工作。这实质上就是群众路线与群众动员，其不依靠直接的行政强制和市场交易，而是通过改变居民的动机结构实现思想动员，是行政强制和市场交易之外的社会动员方式。

5. 复合型治理：居委会的行政服务、管理和居民自治功能的融合

通过以上的分析得知，在社区治理实践中，行政服务和行政管理类职能由社区居委会来承担具有合理性。一方面，居委会要为政府分忧，协助政府完成行政任务；另一方面，作为居民的代言人，居委会又要与居民的需求和利益无缝对接。因此，社区治理的样态就是一种复合型治理，不仅仅是居民自治的单一向度，还糅合了行政服务、行政管理和居民自治等多维度功能，因为我国居委会作为法定唯一的权威性群众自治组织，内在地包含了国家政权建设的功能。正是这种糅合了行政服务、行政管理和居民自治等多功能的复合型治理体制，构成了我国体制的优势。

这表现为政治和经济的双重逻辑。一是政治逻辑，居委会的政治属性和政治责任使得城市社区能和国家立场保持一致，实现国家对社会进行现代化改造和建设的宏伟目标。二是经济逻辑，柳翠井巷社区书记说："社区干部是最廉价的劳动力。行政任务下到社区，能减少大量财政开支。同样的事情，交给社会组织和行政职能部门去做，要花费更多的钱。"其内在的机制可以用威廉姆斯提出的"资产专用性"来解释，即不管是行政服务还是行政管理，除了政治逻辑（风险和责任的分配）的特性外，都还具有资产专用性特征。行政服务和行政管理工作都属于严格意义上的公共产品，具有很强的公共性，由市场机制来供给

可能会失灵。行政职能部门的工作若不下达给社区居委会，而是由政府购买服务或培育社会组织来承接，即使不考虑政治因素，在经济效率上也不及社区居委会高，因为这些行政任务具有较强的资产专用性，重复利用率低，易导致高昂的沉没成本。而由社区来承担基础性行政任务的话，则是"上面千条线，下面一根针"，不同部门的工作都是由社区来负责，社区干部的利用率就较高。

下一个问题就是行政和自治的关系：行政和自治会不会产生冲突？前面笔者已经分析了行政服务和行政管理的关系，行政服务是行政管理的基础。相应地，行政服务也是居民自治的基础。具体的理由为：（1）城市治理的开放性和系统性较强，社区自治的依附性和弱自主性，决定了居民自治对社区居委会行政身份的依赖，居委会的体制身份有助于纵向上连接政府、横向上连接辖区单位，还有助于整合各方资源来帮助解决居民事务和回应居民需求；（2）居民自治作为一种社会治理，机制在于社会信任和动员式治理，而居委会通过行政服务与居民建立的情感和信任关系，是群众动员的关键资源、居民自治的依托。

行政和自治是有可能产生冲突的，这主要体现在行政管理和居民自治的关系。在现阶段，有些行政任务和居民需求可能会产生冲突，其中有两类行政和自治的冲突需要辨别。一类是行政管理和居民自治的结构性紧张关系，这主要体现在国家政权建设对城市社会的现代性改造和建设，有可能和居民的短期利益相冲突，这类冲突是长期与短期、整体与局部、集体与个人之间的矛盾。另一类是具体的行政管理方式与居民自治的冲突，这集中体现在国家资源向社区输入和使用采取行政指令性分配方式与居民真实需求脱钩，政府花了钱还要挨骂，社区居委会干部夹在其中为难，又不得不执行行政命令，如小区平改坡工程、庭院改造工程等。此类冲突并不是社区居委会行政与自治之间的固有矛盾，不过是国家资源如何进社区以及公共品如何供给的问题。行政与自治之间的冲突，通过改变资源分配和使用的方式完全可以避免，如将"行政主导型"的资源分配方式转变为"社会赋权型"的资源分配方式，即以居民自主权来激活社区自治权，从而将居民的真实需求和国家资源的输入无缝对接。

而行政和自治的结构性紧张关系，则是短期内无法改变的，这是我们在认识社区居委会的性质时必须接受的现实，或许等到国家政权建设和现代化建设完成后，这种结构性紧张关系会消失。因此，在社会转型期，居委会就需要在行政和自治之间寻找平衡点。LCJ社区主任说："从自治角度，社工在一个社区工作的时间越长越好，因为和居民就会越来越熟和越来越亲密，就会站在居民的立场上（办事），群众基础好和居民满意度高；而从行政角度，社工在一个社区工作的时间越短越好，因为会站在政府立场，行政执行力和政策执行力强。"他以自己切身的工作体会作为例子："（我）在一个社区工作四五年，和居民建立了亲密关系，不自觉地情感就会发生变化，就会偏向居民立场，对居民的情感投入过多，但领导那边就不好交代了。现在社工干完一届就要换一个社区，最多不超过两届。但是换一个新社区，半年适应，半年摸索，刚要做点事情就又要走了。对社区没有认同感和感情了,群众基础就比较差。"

六

总的来说,关于社区去行政化和居民自治的关系,社区去行政化改革的重点不在于"居站分离"和将行政职能从居委会中剥离,而在于去除冗余行政和改革公共品供给方式。糅合了行政服务、行政管理和居民自治等多功能的复合型治理是我国城市基层治理体制的优势。行政和自治的结构性紧张关系在国家现代化建设完成前将长期存在,社区治理需要在行政和自治之间寻找平衡点,实现动态平衡。

城市社区微更新、居民自治与制度化民主治理转型

一

随着大城市中心城区开发与建设接近尾声，城市管理与服务将成为城市政府工作的重心。在以经济发展与城市建设为中心工作时，民生与社会治理事务往往退居二线，以保持社会稳定为底线。以上海市为代表的大城市中心城区已基本开发完毕，社区治理与民生服务工作开始提上日程，为此也展开了新一轮的社区治理与民生服务创新比赛。上海市旧住房综合改造三年行动计划（2015—2017），是上海市政府对民生服务工作重视的体现。但是此三年行动计划在实践中注重的是"拆"和"建"，民生服务并未与社区治理工作有机结合。而且，由于各区政府竞争任务完成进度，单方面自上而下供给服务，忽视了居民的需求与主体性参与。虽然政府投入了巨资帮助居民改善居住生活环境，但是居民往往还不满意，在改造施工时以及后期出现很多扯皮的情况。在居民眼里，这是基层政府为完成上级任务的考核政绩，而非自己的事。

为有效应对社区微更新中产生的矛盾与问题，上海市"美

丽家园"新三年行动计划（2018—2020），由只注重"拆"和"建"转变为"拆、建、管、治"并重，试图将社区空间改造与社会治理结合起来，将社区更新设计与社区营造结合起来，注重社区规划设计师与居民的参与。对于社区大型公共议题，如住宅小区综合治理改造，原来只是张贴公告即可，现在则是由规划设计师与居民共同参与小区空间改造与设计：规划设计师从专业的角度设计小区空间改造方案，然后由居委会组织召集党员、居民代表与楼栋长等开听证会，由规划设计师在会上向居民解释说明设计方案，并征询居民的意见。正如虹梅街道郑主任所说，宁可前期进度慢些，后期施工与维护都会方便顺利些。

案例：

2018年虹梅街道列入"美丽家园"新三年行动计划的有5个住宅小区，共2500万元项目资金，其中最大的一个小区为700万元。虹梅街道钦北居委会下辖的虹梅小区是列入计划的5个小区之一，规划设计师设计的改造方案在征询居民意见时局部未获得认可，而做出修改。虹梅小区只有一个供出入的大门，设计师在改造方案中，为方便居民出行而增设一个门，却被居民否决了。居民认为增加一个门的话，虽可能方便出行，但是要大大增加治理与维护成本，多一个门就要多聘请保安和多交物业费，即使不设置保安而采用刷卡门禁，后期的维护也需要成本，而向居民收费达成集体行动本身就是一件很困难的事。加上虹梅小区不大，一个门出入可能带来的不便利是居民可以忍受的。最后，在小区的设计改造方案中就放弃了增设一个门的打算。

二

居民自治的核心在于居民的公共参与，而利益相关性决定了居民参与动力的强弱。社区更新改造，是住宅小区的大型公共议题，与居民的利益紧密相关。因此，居民有较强的动力表达内生需求，参与到小区更新改造方案的设计过程中，并监督项目施工质量。此外，老旧住宅小区改造的资金虽是由政府财政一次性投入，后期的管养与使用维护则需要依靠全体业主。政府除了注重对社区硬件环境的改善外，还需要加强对社区软件环境的建设，包括组织建设与治理能力的提升。社区微更新改造作为一种国家资源输入的方式，为经济资本与社会资本双重稀薄的社区治理转型提供了契机。

在新时代的社会背景下，城市居民的民主权利意识在增强，也更加注重生活品质，城市政府也由以经济发展为中心开始转向经济发展与城市管理服务并重，强调精细化治理。在"美丽家园"三年行动计划的运作中，上级政府引导将社区空间改造与社区治理结合起来，因此改造过程不需要一味地赶进度，而可以通过法定的民主参与程序，将国家资源的供给与居民的公共需求有效匹配。这也可以是导入规则与激活制度化民主治理的社区建设过程。虹梅街道蒲书记是一位学者型官员，他的诸多思考与治理实践，能够给新时代的社区建设提供启发。

蒲书记认为，社区治理要学会利用好法定的民主征询程序与社区治理骨干群体，包括党员、居民代表、楼栋长、业主委员会、业主代表等。在社区治理中最为关键的三条组织线为：社区党组织—党员—群众、居委会—居民代表/楼栋长—居民、业委会—业主代表—业主。这三条线的人员有很多重合，党员、居民代表、楼栋长与业委会委员等群体往往构成社区治理的积极分子。实际上，法定的民主程序与治理制度都已经存在，关键的是如何使得制度能够有效运转起来。

三

在过去的社区建设过程中，民主选举与民主决策往往只停留于"制度上墙"，并未在实践中执行。社区居委会委员由居民代表选举产生，居民代表或楼栋长一般由社区居委会干部动员或委任。上海市早在世纪初便尝试推行居委会直选制，后来也逐渐提高比例。笔者调研的虹梅街道，2018年居委会换届100%实行直选制，比以往任何一届选举都要规范，居民代表的选举也采取直选制。居民代表与居委会换届选举的时候，不允许拎着流动票箱上门，而是全部集中在投票点，并且全程录像。居民代表的选举，每一栋都需要楼栋居民出来集中选举。虹梅街道郑主任反映："走最完整的程序，做最充分的民主。"因此，这种规范化的选举程序，使得造假或操作的空间大大压缩。通过真实有效的民主选举程序而被选上的居委会委员与居民代表，首先具有形式合法性，特别是居民代表或楼栋长，具有了获得居民认可的合法性身份。同时，这也能倒逼居委会干部或居民代表主动联系群众，及时回应居民的需求，否则居民都不认识自己，下届换届选举时就面临选不上的风险。

上海市在实行居委会直选的同时，还要求居委会人员的属地化。居委会在我国宪法规定中为群众性自治组织，居委会成员得是该社区的居民便为题中之义。然而，在实践中，由于居委会组织的职业化，需要坐班，全国大部分城市的居委会委员一般都是先由政府公开招聘为社工，等到居委会换届选举时再通过法定程序选举担任。大部分居委会委员都不是本社区的居民，因此广受诟病。上海市实行选聘分离制，即由政府先公开招聘社工，招聘的时候倾向于招收本街道社区的居民，然后再通过居委会换届，选举为居委会委员。如果政府招聘的社工不是本社区居民，则只作为坐班的社工，无法选举为居委会委员。被居民选举为居委会委员的非社工人员，则不用坐班，并有权参与居委会会议以及社区主要事务的相关决策等。而如果是本社区居民的社工，换届选举时又未能成功被居民选举为委员的，则只能做社工，或者面临被政府解聘的风险。因此，这也会倒逼居委会干部在平时经常联系群众，回应居民的需求。

同时，在社区日常治理中，政府也注意防止社区参与人群的固化，形成具有排斥性的选择性参与。过去社区居委会干部为了完成上级任务，需要动员一批积极分子参与，两者之间形成了广泛的利益、情感与面子的交换互惠关系，使得每次社区活动或相关公共议题决策都是相对固定的那几个人，从而导致少数积极分子群体的固化以及他们与沉默的大多数之间的断裂。而现在从选举阶段，就采用完全开放的方式产生居民代表，这有利于打破可能形成的相对封闭的社区治理积极分子圈子，从而保持社区治理骨干群体的开放与循环流动。加之，在涉及社区居民面临的公共性议题时，根据公共议题的性质与内容，充分利用相关的法定民主征询程序，由居民相关的利益群体讨论协商做出决策，使得公共决策公开化和透明化，这将大大提升社区治理的效能与满意度。因此，在新时代的形势下，中央对民生与治理的重视，城市政府对社区建设的资源输入，民众对生活品质与民主权利的追求，共同为社区建设的制度化民主治理转型提供了契机。

第四部分 物业管理

"红色物业"与直管房小区物业管理

一、社区概况：历史演变

葛光社区是武汉市一个单位改制社区，不同于新商品房社区。2002年炭黑居委会和葛光居委会合并成立葛光社区。彼时炭黑居委会下辖288户，为原炭黑厂的职工家属小区；葛光居委会下辖920户，为原葛化集团的职工家属小区。2002年炭黑厂被葛化集团兼并后解体。在炭黑厂转制与被兼并以前，炭黑厂行政科和炭黑居委会是两块牌子一套班子，工作人员都由炭黑厂的职工担任，炭黑居委会主要对接的是街道办事处等政府部门，负责计划生育、离婚、纠纷调解、环境卫生等事宜。炭黑厂有自己的单位食堂、幼儿园、医务所、职工宿舍等公共服务设施。单位改制后，这些福利与公共服务由单位转变为由政府或市场来供给。

2009年底，葛光社区又和象鼻山社区合并为葛光社区。在此轮社区合并重组中，关山街道原42个社区合并为27个社区。目前，葛光社区下辖1524户、5234人，其中葛光小区920户、常住人口3200人、流动人口600人，宇峰家园5栋楼216户，蜡台山五村还建楼100户，已拆迁未还建的288户（户口还在葛光社区，人户分离）。葛光小区是葛光社区最大的居民区，居民主要由原炭黑厂职工、葛化集团关山基地职工与8%的新居民（通过市场交易买进的）构成。原炭黑厂被葛化集团兼并后，职工宿舍以及厂房等被拆迁，土地用于开发建设新商品房与商厦等，被拆迁的炭黑厂职工的还建房即安置在葛光小区。

社区"两委"办公室与居民活动室均设置在葛光小区内。2000年全国推行社区建设运动后，武汉市推行了完善社区建设的"883计划"，在社区居委会下面成立社区服务站，由政府聘任的社区专干组成，负责承接行政事务。2002年葛光社区成立时，社区组织成员结构为：社区"两委"人员7人、低保专干1人、社保专干1人。社区组织成员都是由原来炭黑居委会（或企业行政科）人员转过来的，如现在葛光社区的书记在2002年炭黑厂转制下岗后，便由原来炭黑厂行政科职工应聘为社区低保专干。自2002年以来，高峰期葛光社区工作人员有16人。2009年葛光社区和象鼻山社区合并时，经过减员增效和人员分流，葛光社区保留12人。因葛光社区规模较小，取消了社区居委会副主任职位设置。

二、房屋性质：直管房与商品房

葛光小区总共有18栋居民楼，其中1、2栋是1994年建的，3、4栋是1996年建的，5、6、7栋是1998年建的，8到18栋是2003年建的。葛光小区的房屋先后经历两次买断的过程，第一次是职工买断房屋60%的产权，第二次则是买断100%的产权。葛光小区是典型的原单位直管房，经历住房制度改革后同样拥有"两证"（国有土地使用证与房屋所有权证），可以自由入市交易。从法律产权性质上，住房制度改革后的直管房和商品房性质是一样的，都可以自由入市交易。

然而，直管房和商品房在服务管理上却有很大的差异，主要体现在两个方面。其一，服务对象不同。直管房的服务管理是面向特定人群，即原单位职工，指向性强；而商品房的居民则都是通过市场交易的方式自由买进的，无特定性和指向性。其二，产权结构不同。商品房的业主拥有的产权结构为完整的建筑物区分所有权，包括专有权、共有权与成员权。而直管房的业主拥有的产权结构则是残缺的建筑物区分所有权，主要包括专有权和成员权，即业主只拥有室内专有面积，无公摊面积。从法律产权界定上，葛光小区内部的道路、绿化、休闲游乐设施等公共空间的产权及其使用收益归原葛化集团公司所有，而居民对这部分公共空间却是事实上的占有与使用者。原葛化集团公司口头上答应小区内公共部位产权归居民，但是没有签署正式的协议，使得小区内的公共部位的产权模糊化，容易产生争议与扯皮。

葛化集团公司也于2014年转制，单位职工以6300元/年 × 工龄的方式买断住房物业。葛光小区的单位职工与房屋产权都已转制，与原葛化集团公司脱钩了。然而，武汉市国企改制大部分是不彻底的，虽然原单位已经转制或解体，但还会遗存一个机构负责管理原单位资产以及退休职工事务等。葛光小区的物业服务管理在改制前由葛化集团房管科下属的物业公司提供，在转制后至今也依旧由原集团公司的物业公司负责。直管房产权的模糊化与主体的多元性，以及服务主体的特殊性，加剧了直管房小区治理的复杂性。

三、社区治理组织：三驾马车

1. 物业公司

我国住宅小区物业服务管理实行政府指导价与市场自由定价相结合，单位直管房、单位住房制度改革房等老旧小区实行政府指导价，每个小区的物业服务价格具体根据房屋结构（砖混、框架）、层高（多层、小高层）以及有无电梯来确定。葛光小区属于老旧小区，居民又主要是原单位职工，因此物业服务定价只有0.25元/平方米，带有福利性质。尽管如此，物业公司的收缴率只有10%左右，自2014年集团公司改制以来物业费总共才收到7万元。葛光小区的物业公司是原葛化集团房管科下属的物业公司，物业公司的管理人员也是原单位的职工，由原集团公司发放工资。居民不愿意缴纳物业费的原因为：一是在改制前的小区物业管理是由单位提供的，改制后虽然物业费很低，但是原单位职工尚未养成花钱买服务的意识，以及原单位职工下岗后产生了相对剥夺感，不愿意缴纳物业费给原单位的物业公司；二是原单位的物业公司管理人员是普通的集团公司职工，而非专业的物业服务管理人员，提供的物业服务质量无法让居民满意，因此葛光小区的物业公司一直处于亏损状态，主要靠小区公共收益（小区公共道路停车费、摆摊招租费、广告费等）

和原集团公司贴补维持运营；三是社区很多居民事务由居委会解决，居委会获得居民的广泛认同，"有事找居委会"成为老旧小区居民的习惯，相较之下物业公司在居民眼中就没做多少事。

2. 业委会

早在2004年，葛化集团公司就指定了几个小区居民（职工）组建葛光小区业委会，但由于业委会的成立未经过街道办事处和区房管局物业管理科备案，未实际履职，也未获得认可。葛光小区首届正规业委会是2012年底由街道和社区居委会牵头筹备成立的，2013年备案，共7名成员，业委会主任、副主任各1名，委员5名，当时定的是五年一换届。2018年8月小区第二届业委会刚换届结束。葛光小区业委会的刘主任是原葛化集团的职工，2006年到居安物业公司工作，担任物业公司项目经理，从事物业服务业已12年，对于住宅小区物业管理工作相当专业，加上之前因维护小区公共利益，牵头带领居民上访，与时任武汉市市长对话，因此在小区居民中有一定影响力，并被推选为业委会主任。

3. 居委会

社区居委会作为人民群众的自治性组织与国家政权建设的最基层组织，兼具政治性与社会性的双重特征。社区党总支（或社区党委）与社区居委会共同构成了城市治理体系中最关键的社区组织，其中社区党总支书记和社区居委会主任在实践中大都是一肩挑的两块牌子一班人马，因此都被称为"社区工作人员"，在处理社区事务上"分工不分家"。社区居委会、业委会与物业公司被学界喻为社区治理的"三驾马车"，治理的效果仰赖"三驾马车"各自的运行以及配合协调能力。当前，业委会履行业主自治的能力不足是社区有效治理的短板，而住宅小区业委会成立比例偏低以及物业管理矛盾突出，成为全国各城市基层治理的痛点。

四、社区治理创新：三方联动与"红色物业"

1. 三方联动

武汉市为破解城市居民对业委会与物业管理不满的难题，先后创新性地推出社区三方联动建设和"红色物业"工程，并将指导业委会筹备成立与换届的责任由区房管局物管科（"条条"）转移至街道办事处与社区居委会（"块块"），要求符合法定条件的小区实现业委会成立100%全覆盖。这将带来社区居委会治理动力与治理责任的变化。虽然社区居委会对业委会的成立与运行具有指导与监督的权力与责任，但在以"条条"（区物管科）管理为主的情形下，街道和社区居委会只是起协助与配合的作用。实践中，街道与社区居委会对筹备成立与指导监督业委会，以及协调业主、业委会与物业公司之间的矛盾一般是较为消极的。然而，随着以属地责任为主转变为以"块块"（街道与社区）管理为主，街道与社区居委会对业委会成立、运行与换届的指导与监督就从协助和配合转变为主体责任。由此，街道和社区居委会对指导监督业委会，以及协调业主、业委会与物业公司之间的矛盾将由消极转向积极态度与行动。

由于社区居委会、业委会与物业公司"三驾马车"之间是平行的关系，居委会对业委会与物业公司的指导、监督与协调功能，缺乏硬约束的手段与资源，实践中往往需要靠个人魅力与私人化的感情关系润滑，交易成本相对较高。武汉市推行的社区三方联动机制建设，具体是指社区居委会、业委会与物业公司三方之间交叉任职，定期召开三方联动会议商讨社区治理的大事与难题。一般而言，社区书记（主任）被聘为物业公司的义务质量总监，物业公司项目经理兼任社区居委会副主任，有条件的社区居委会主任或委员通过民主程序被推选为业委会主任或委员。这就将原来依靠私交维系的三方互动机制，转变为建立制度化的沟通协商机制，以实现三方联动治理，从而大大降低了组织间的交易成本，使社区"三驾马车"的运行机制更加通畅。当然，有了制度化的三方联动机制，并不意味着所有的社区居委会、业委会与物业公司一定就能实现有效的联动治理。良好的社区治理秩序并非依靠简单的制度决定论，但有效的制度供给仍为普遍性的善治提供了条件与可能性。

2."红色物业"

以政治任务的方式在全市所有符合法定条件的住宅小区成立业委会，并推动建设制度化的三方联动机制，使得社区联动治理获得了组织与制度基础。社区居委会（党总支或党委）、物业公司与业委会"三驾马车"虽然是平行的关系，但并非西方多中心秩序与理论下的去中心化互动关系，其中社区居委会（党总支或党委）发挥马车头的作用。但由于社区居委会（党总支或党委）掌握的资源稀少，这个马车头的动员效果往往与社区书记（主任）的个人能力与责任心有选择性亲和关系。继社区三方联动建设后，武汉市又推出了打造"红色物业"工程，除了对老旧小区的物业服务兜底接管外，还创造性地回应了社区治理的难题，即对社区居委会（党总支或党委）的赋权增能建设。"红色物业"工程要求所有符合条件的物业公司也都成立党支部。这样，社区居委会对物业公司的协调难题将通过党组织实现有效的动员，实质上提升了社区居委会的治理能力。

五、社区治理绩效：案例呈现

通过社区三方联动机制的建设，以及"红色物业"工程的推进，实现社区联动协同治理，有益于提升基层治理的效能。这主要体现在两个方面。其一，政治任务的推进。政治任务一般是社区治理的中心工作，采取运动式治理的方式，需要动员各方力量参与共同完成，而有序的三方联动能够形成治理合力，高效地执行推进政治任务。武汉市此前争创全国文明城市，连续四届12年均未成功，而在2015年开始推行社区三方联动建设后，于2017年成功创建全国文明城市。其二，社区日常事务的治理。三方联动治理能够相对有效地回应居民的公共需求，同时有助于社区公共品的供给与居民内生需求有效衔接。

在葛光小区，社区居委会、业委会与物业公司通过三方联动机制，共同处理了小区居民的大事，简要举例如下：

（1）小区停车位改造。小区建设得早，配套的停车位少，而近几年小区居民的汽车数量呈井喷式增长，停车矛盾突出。有很多业主因为停车问题到物业公司去闹，物业公司为缓和停车冲突，提出将小区部分绿化改造为停车位的方案，但涉及的主体多，事情复杂，不仅要征询全体业主同意，还要经过有关政府部门审批。因此，物业公司便将提出的方案拿出来与社区居委会和业委会商议，经过三方沟通协商形成了初步方案，即将部分绿植砍掉后改为铺设绿化砖，既不影响小区绿化面积，又能增加150个停车位，大大缓解停车矛盾。社区三方联动达成初步方案后，再组织征询全体业主投票决定，经过全体业主大会2/3以上同意方可生效，同时还要经过绿化主管部门的审批同意。对于绿化改停车位的态度，业主中也有分化，一半有车的业主一般都是同意的，另外一半无车的业主，则又存在一楼业主和二楼以上业主的态度分化，持反对意见的主要是一楼无车的业主。绿化改停车位方案经过全体业主大会2/3以上同意后便生效，但在具体施工的时候还可能遇到"钉子户"闹事或阻拦施工，治理"钉子户"或做居民思想工作，同样需要社区居委会、业委会与物业公司三方力量共同参与治理。停车位改造工程的资金来源于三个方面：一是政府下拨到每个社区的惠民资金；二是申请政府的项目资金；三是原葛化集团资助的60万元。

（2）葛光小区水管改造与水箱更换，以及惠民资金的分配使用等也都是通过社区三方联动来实现的，社区居委会或业委会先进行民意摸底调查，了解群众需求，再拟订方案处理。

（3）葛光小区的公共收益金问题。业委会自2012年成立至今，未有一分钱的公共收益。前面提到的葛光小区直管房的性质与公共部位产权的模糊化特征，也使得小区公共部位产权的收益具有模糊性。业委会刘主任说他由于被推选为业委会主任，既然原葛化集团公司口头答应了将小区道路、绿化等公共空间归居民，那么他就要维护全体业主的利益，向公司争取一定的公共收益。关于小区公共收益金如何分配的问题，他向社区居委会主任提了建议，然后召集物业公司（葛化集团公司）开三方联动会议协商。刘主任初步提出的方案为：（1）部分小区公共收益用于补贴物业公司经营提供物业服务使用；（2）提取部分用于业委会办公经费，1000元/月，1.2万元/年；（3）物业费适度涨价，其中提取0.1元/平方米归业委会，用于小区公共部位1000元以上的维修开支。关于小区公共收益金的管理，由于业委会无独立的对公账户，有两种方案备选，要么由物业公司代管，要么由社区居委会代管。这些方案都将在接下来的三方联动会议上进行商定。

利益密集型小区的业委会选举

一、个案概况

佛山市M商住区分为住宅区和商业区。住宅区共有3066户，用地面积22万平方米，建筑面积44万平方米，绿化面积11.8万平方米。住宅区分4期和4个片区，共有56座楼、74个大堂，有的座楼有2个大堂。商业区共有商铺343户，商业面积10.8万平方米，其中商业步行街263个商铺，占6万平方米。M住宅小区及共有汽车位3118个，摩托车位1580个，其中供出租经营但属于全体业主共有的阳光车位143个，分布在一、二、四区，摩托车位38个。另外，位于四区北门的80个露天车位有产权争议，全体业主授权业委会打官司，一审和二审判决业委会败诉，产权归属开发商而非业主所有。

M小区的住房维修金有6000多万元，目前累积利息有500多万元，每座楼和每一户业主都有一个独立账户。小区的公共部位收益主要有两部分：一是143个阳光车位出租的收益，每个车位400元/月，每年收入686400元；二是电梯广告位出租费的收益，每年的收入在10万元左右。公共部位的收益管理采取酬金制的方式，委托物业公司经营管理，阳光车位出租收益物业公司和全体业主的分成比例为1.5∶8.5，电梯广告位出租收益的分成比例为1：9。业主共有的公共部位的收益每年大概在六七十万元，具体为85%的车位费583440元、广告位出租费10万元和银行利息。M小区属于利益密集型的高档商品房小区，住房维修金和公共部位收益金都相当可观。但是一年六七十万元的公共收益金是在2012年9月16日成立业主委员会后才实现的，在此之前小区处于被弃管的状态。

二、业委会的成立

M小区2012年9月16日选举出首届业主委员会13人。业主委员会发起成立是在2012年四五月份，以良哥为首的十几个热心业主到当地区建设局上访，要求政府协助成立业主委员会。M小区自2005年业主开始入住，到2008年最后一期入住，入住率已经符合业委会成立条件，但直至2012年都尚未成立。之后在街道办、居委会的指导帮助下，开始筹备成立业主委员会，现叙述成立的过程。

根据法律规定，业主委员会选举筹备组的成员由房屋主管部门、街道、居委会、建设单位和业主代表共同组成，其中业主代表的数量不低于一半，居委会担任筹备组组长。佛山市S街道办事处、居委会按照有关规定，结合M小区区域大、居民多等实际情况，提出了关于"小区筹备组业主参与人数为12人，按适当的比例分配，实行分区选举；各区按照本区名额自主选举本区筹备组成员"的意见。M小区分为4个选区，每个选区选出3名筹备组人员。按照街道办、居委会、业主代表拟订的三级制方案，每个选区内部各座楼先选出楼长，各选区再从楼长中选举产生区长，然后在区长的组织下由业主选举出本区筹备组成员。

而四区业主在实践中创造性地用组建临时工作小组的委员制方式来替代区长制，以集体智慧进行决策。具体操作如下：从本区楼长和热心居民中推举挑选临时工作小组人员7人，其中小组长（区长）1名，副小组长3名；小组组员从楼长中挑选3人，会议记录员2人，负责整理会议记录和有关文书起草收集（从组员中挑选兼任）。以上人员通过召开有70%以上的楼长参加的楼长会议进行集体讨论，并由60%以上的楼长推举产生。

四区临时工作小组职责有：（1）在街道办、居委会指导下开展工作，向各楼座业主代表小组做工作指导，在本区范围内做好成立业主委员会的宣传和发动工作及选举业委会各项具体工作；（2）派代表参与小区成立业主委员会的各项工作；（3）起草本区选举筹备组成员的办法并提交楼长会议讨论；（4）对本区参选筹备组成员的自荐人进行资格审查；（5）具体组织和落实本区选举筹备组成员的各项工作；（6）待筹备组组成后，协助筹备组做好一切筹备工作；（7）工作小组作为筹备组的集体参谋，以集体智慧，配合筹备组尽快贯彻落实好有关业主委员会的筹备工作，同时预防万一出现的某些问题和干扰；由楼长负责组织本楼座的热心业主（居民）参加业委会选举的各项具体工作。其中，具体工作为：

①楼座业主代表人数为7~9人，设组长1名（由楼长兼任），副组长2名（自荐或推举产生），热心业主代表5~7人，可减轻

楼长工作和责任（避免楼长单独行动，以楼座集体行动为好）。

②职责是在区工作小组指导下，开展有关业委会选举的具体工作，比如宣传动员自荐，推选候选人，派发资料，选票到户，收集选票，派发回收委托书，引导、指引业主投票给代表业主讲真话、办实事、素质好的候选人（集中票源投大家公认的候选人）加入业委会工作等。

下一个问题就是居民参与竞选楼长、区长以及业委会筹备组成员的积极性。

仍以四区为例。四区的英姐平时是个热心的业主，她负责召集通知本座楼的业主到大堂开会选举楼长，她居住在四区10座，该楼栋一梯三户14层，一楼未住人，共有39户。晚上英姐召集大家下楼到大堂选举楼长的时候，有业主在旁边说："英姐，你那么热心，负责召集开会，就推选你来当楼长。"英姐被推选为楼长后，还参加了四区业委会筹备组成员的竞选。四区有3个名额，有七八个人报名竞选，竞选还是比较激烈的，英姐最终落选。在各选区选出筹备组成员后，业委会筹备组便正式组建，下面就开始业委会候选人的征集（自荐或他荐）。如果候选人过多的话，业委会筹备组就先对所有候选人进行资格审查，之后组织所有楼长（业主代表）开会初步筛选，候选人发表竞选演说，最后筛选了18名候选人。由于业委会成员定为13人，需要召开业主大会，从18名候选人中选出13名正式成员。

2012年9月16日业主大会投票选举业委会成员，街道主管部门、直联单位和居委会干部派了部分工作人员协助入户收集选票，但主要还是通过各座楼的楼长来做工作。英姐也参加了业委会成员竞选，成功当选。业委会选举产生后，还要到区建设局备案，但是业委会迟迟无法刻公章和正常开展工作，因为选举过程中发生了一个小插曲，导致建设局不给备案。二区候选人老肖夫妻俩平时在小区非常热心，但是在投票过程中，小区内有人悄悄传小纸条（在三区传得最盛），上面写着有几个号不要选，老肖就是被谣传的号之一。在业主之间传播的谣言说，老肖平时那么热心，必定是有所图，和物业公司有关系云云。最后他落选了。落选后老肖到区建设局上访，状告业委会选举有问题，所以建设局一直不批。良哥、英姐等五六个人到建设局去询问才得知这件事，因此业委会直到2015年1月5日建设局才备案，并在拿到回执后得以正式运作。

三、业委会的运行

业主大会在2012年9月16日投票选举首届业主委员会的同时，一并审议通过了《业主大会议事规则》和《管理规约》，首届业主委员会成立后即按照《议事规则》和《管理规约》中的职责来运行。M小区首届业主委员会的组织架构为主任1名、副主任2名、主任助理1名、委员9名，候补委员5名，另外聘请会计和出纳各1名，其中会计由业委会委员英姐兼任，350元/月，出纳为梅姨担任，300元/月。梅姨退休前做了37年的会计工作，比较专业。至此，小区业主自治的组织网络已经建立起来，在业委会之下，还有4名区长、57名楼长和若干积极分子志愿者。除了业委会成员每月有象征性的津贴和通讯补贴外，区长、楼长都是没有报酬的，区长、楼长需要做的工作也不多，主要是上传下达，特别是需要召集业主大会表决的事项，一般都由楼长传达。

业委会成立后做的具体工作有：

（1）在《议事规则》和《管理规约》的指导下，制定和完善相关管理制度，如财务管理制度等。

（2）公共部位收益管理，即关于小区阳光车位和电梯广告委托物业公司管理的协议，经由业主大会表决通过后即行管理从而产生集体收益，即前文提到的这两项一年有六七十万元的公共收益。2013年至2015年三年扣除支出后，公共产权的收益累积有100多万元，而在成立业委会前公共产权则处于被弃管状态。

（3）关于露天停车场产权和开发商之间产生权属争议，业主委员会经过业主大会的授权，代表全体业主起诉至人民法院，一审和二审判决败诉。

（4）和物业公司争夺物业管理用房和办公室。业委会刚成立时没有合适的办公用房，在一区的一座楼下办公不方便，而小区建设配备的物业管理用房全部给物业公司无偿使用。业委会经过多次和物业公司协商博弈，从物业公司管理处争取到了两间办公室（一间业委会主任办公室、一间会计出纳办公室），还有一处大会议室由业委会和物业公司共用。

（5）2013年8月组织业主大会表决是否续聘现物业公司，表决通过后代表全体业主与现物业公司签订《物业管理服务合同》，合同期限3年。

（6）2015年1月开始协助物业公司关于调整物业管理服务费

用征询全体业主意见的工作，经过几个月的曲折工作，最终促成住宅区物业费从1.38元/平方米上涨到1.68元/平方米。

（7）两次动用维修基金修电梯，物业公司向业主委员会提出申请，业委会开会集体表决通过后，还要组织相关楼座的业主表决，由于M小区的住房维修金每座楼和每个业主都有单独账户，所以像修电梯的事务只涉及该座楼的业主利益，就只需要动用该座楼的住房维修金，也就只需要利益相关的业主的表决通过即可，而不像需全体业主表决通过那么困难和成本高昂。

（8）其他业委会的日常工作。

业委会任期为三年一届，小区首届业委会成员中有律师、大学教授、法院法官、企业家、传媒工作者、培训师等，13名业委会成员中有9名都是在职的，4名是退休的老同志。阿汤和阿陈为业委会副主任，且都是在职人员，两人在担任了副主任几个月后，由于工作太忙，不愿意当副主任了，只做委员。他俩推举另外两名委员担任副主任，但是他们也不愿当。在业委会会议上，最后英姐和平哥自荐担任副主任，获得会议表决通过。后由于英姐的儿媳妇于2013年7月通过公开招聘在小区物业公司工作，根据小区《业主大会议事规则》第21条（业主委员会委员资格条件）的第7款，即业委会成员的近亲属不得在物业公司从事相关工作，英姐已丧失了做业委会委员的资格。所以在2014年4月，英姐提出辞职。

业委会3年期满后，2015年9月需要经过业主大会选举产生第二届业主委员会。第一届业主委员会成员13人的规模较多，不利于集体决策的达成，所以第二届业委会成员就减少至9人。

第二届业委会成员对《业主大会议事规则》部分条款做了修订。例如，在业委会成员数量和候选人数量方面，将候选人定为14个名额，当参与竞选的候选人不足14人时，全部自动变为业主大会表决的候选人，而如果参与报名的人过多，则由业委会筹备组和竞选者开会先初步筛选，通过资格审查和初步竞选后产生14个候选人，再由业主大会投票表决选出9个正式成员，其余为候补委员。首届业主委员会选出后，业委会成员内部的分工由业委会内部讨论投票决定，先选出业委会主任，然后再选2名副主任。而第二届业委会选出后，则是先选出3个票数最高的，然后再从3个中推选出1名主任和2名副主任。

首届业委会成立时就有成员想解聘物业公司，但是业委会内部意见存在分歧。部分委员认为现在的物业服务企业虽然是开发商旗下的物业公司，但是服务质量还不错，即使可以更换为更便宜的物业公司，服务也不一定好，有可能越搞越糟，不如跟现物业公司处好关系，毕竟业委会的存在不是为了和物业公司对抗，而是协助和督促物业公司更好地服务。2013年8月业委会召开业主大会，表决是否续聘现物业公司，结果获得通过，业委会代表全体业主与现物业公司签订3年合同。但是业委会内部也不团结，存在分裂。到第二届业委会选举时，入户发选票和收集选票的工作开始有一定报酬，做成功一张有效选票为5元，楼长、居委会、物业公司都可以去做，少部分楼栋是楼长亲自做的，大部分都外包给物业公司了。第二届业委会选举时，前任业委会主任老欧得票率为第8，勉强进入业委会班子。但是在业委会内部推选时，他又被推选为主任，良哥、物业公司和居委会等几方都对选举结果不满意。后听说良哥撇开老欧，组织开会"逼迫"其余8名成员签字，并在小区每一个楼座大堂都张贴大字报"炮轰"老欧，强烈要求更换业委会主任，署名栏处8名委员都签了名。

后重新选举40多岁的老张为业委会主任。老张为某公司的总经理，在当选业委会主任前就经常在小区做好事，当选业委会主任后，组织业委会和物业公司一起举办中秋晚会和春节联欢晚会等，物业公司出资5000元，业委会使用公共收益金2万元。老张还组织募捐活动，为小区老年人发放福利，每人10斤油和30斤米，居委会、物业公司和他各捐1万元，其他老板捐若干元。之前，老欧担任业委会主任时，和物业公司的关系相对紧张。物业公司对老欧不满，主要源于以下三方面的原因：(1)在日常的物业管理活动中，物业公司有时需要业委会盖章、申请使用业主公共收益金或住房维修金，但老欧和物业公司的认识有分歧，盖章不情愿或不及时，双方合作不愉快，物业管理不畅；(2)物业公司提出物业费涨价，请求业委会协助做好业主的征询工作，老欧向物业公司索贿六七万元（这是在小区流传的流言蜚语，没有确凿证据），物业公司认为此人较贪；(3)对于物业费涨价的工作，老欧并不积极，此项工作2014年底就开始了，但是直到2015年4月才最终取得结果，这是因为其中发生了一个插曲。

由于现在物业费完全放开由市场定价，政府不再出具政府指导价，所以物业公司收费是否涨价以及涨多少都需要与全体业主协商。在物业公司收费涨价前，要请审计单位对物业公司的账目进行审计，表明物业公司按照现行的物业价格是亏本的，方能向业主征询涨价事宜。当时聘请的审计单位，是由会计梅姨直接找的她徒弟所在的会计师事务所，没有第三人在场。她当时以为审计比较简单只要半天就能完成，谈的价格是7500元。但是在审计时发现工作量较大，审计了两天才完成，所以该会计师事务所就提出价格要翻倍，即1.5万元。这些钱是用业主的公共收益金来支付，需要业委会负责人签字，但由于没有第三人在场，这引起了业委会主任老欧和主管此事的波叔的怀疑，二人相互推诿都不愿意签字。梅姨感到很委屈，物业公司也很不满，因为审计未完成，物业费涨价的事就只能拖着，最后物业公司为了尽快完结，分担了另外的50%了事。审计的结果表示，物业公司按照1.38元/平方米的价格确实是亏本的，但是亏损不多，所以最后协议只提高到1.68元/平方米。

第二届业委会主任改换后，现在业委会和物业公司的关系更近些。良哥和物业公司的关系现在很好，经常到物业公司管理处喝茶，有些业主甚至猜测他是物业公司打入业委会的卧底，因为他虽不担任业委会职务，但是业委会的大小事他都主动积极参加，还经常发表意见。2015年12月19日，第二届业委会关于各项经费的讨论稿内容为：(1)通讯补贴：主任、副主任每人200元/月，委员每人100元/月；(2)会议、公差补贴：会议200元/次，出公差200元/天，会议补贴包括委员、区长、楼长等层级的各种会议；(3)工作补贴：主任每人400元/月，副主任每人300元/月，委员200元/月；(4)出纳、会计工资：每人1000元/月；(5)召开业主大会的各种上门活动劳务补贴：5元/户；(6)费用报销权限：主任权限1万元以下，超过1万元(包括1万元）应交由业委会会议（需过半委员通过）讨论通过方能开支。

英姐在首届业委会时辞去了业委会委员的职务，但还可以做出纳，工资350元/月。英姐当时觉得干的事情繁杂琐碎并且工资偏低，提出800元/月才愿意干。第二届业委会成立后开会讨论调整工作经费，将会计和出纳的工资上涨到1000元/月。当时业委会委员华叔请假缺席，从澳洲回来后看到会计和出纳的工资比业委会委员的补贴高很多，很不满，就提出要降工资。英姐得知要降工资后，有点不高兴。她虽然是专职出纳，但不仅仅做出纳的工作，还涉及业委会的很多琐碎的工作，如每年阳光车位招租以及更改银行账户名称或收支业务等，业委会主任都是交给她来跑腿，她相当于业委会主任的文秘。一次，业委会主任打电话给英姐让其去办事，由于要降工资，她就故意找借口不去试图和主任博弈。最后各项经费还是按照业委会集体讨论的标准来施行。

四、业主自治的功能评估

如何认识业委会和业主自治？主流关于业委会的研究集中于两大范式：维权-抗争范式和公民社会范式。学界既有的研究都将关注的重点放在发起业委会维权事件上，如与开发商或物业公司之间的产权纠纷。对业委会的认识存在价值评估和功能评估两个视角，前者着重的是考察业委会的运行对实现基层民主和公民社会价值的评价，而后者则注重的是业委会组织对于维护业主公共利益和小区内生秩序的功能评估。主流的维权 - 抗争范式和公民社会范式，都是从价值评估的视角去认识业委会的运行实践，最终将业委会维权提升到政治意义的高度。带着很强的价值预期去裁剪经验，容易脱离实践自身的逻辑，而掉入理论幻想的陷阱。本文通过对 M 小区业委会成立和运行过程的深度考察，发现业委会组织的运行实质上存在维权和日常治理两个阶段。

业委会的维权功能只是其功能中的一小部分，却获得了学界 90% 以上的注意力。而且业委会维权实质上大多数是与开发商或物业公司（车位归属或占用道路的停车位以及楼梯广告位的公共收益权属等）的产权利益博弈。一般通过司法诉讼的方式从法律上对产权归属清晰界定后，小区业主与开发商、物业公司等外在利益主体的产权利益边界就清晰了，也就可以进入关于物业管理秩序的日常治理了。即使业主维权，和开发商或物业公司之间的矛盾，本质上也还是民事领域的利益或财产权之争，而没有所谓的市民社会的发育之类的政治意涵。M 小区业委会的成立和发展，也经历了从维权向日常治理的过渡，业委会成立后着手做的几件维权大事，分别为对阳光车位和电梯广告位的招租等公共部位收益的接管、关于露天停车场产权纠纷与开发商打官司、就是否续聘开发商旗下的物业公司而召开业主大会等。但是在小区内所有空间的产权利益边界清晰后，业委会的工作就主要是关于良好物业管理秩序达成的琐碎的日常治理了。

以业主大会和业主委员会为代表的业主自治要发挥的功能

主要有三：一是形成业主共同体内部的内生秩序，包括约束个体业主违规行为、调节业主之间利益关系和纠纷等；二是业主大会和业委员会组织行为的合理化，包括公正、廉洁、负责和达成集体行动的能力；三是对外代表全体业主抵御开发商、物业公司或政府等外部力量的侵权行为等。学界既有研究都将关注的焦点集中在第三个方面，即业主对外维权方面，而忽视了前两个层面的研究，但其实这两个层面才是业主自治有效运转的基础和根本。

五、业主自治的机制分析

1. 治理主体：负担不重的老人

佛山市统一印制的《业主大会议事规则》范本中关于业主委员会委员资格条件的条款相较于住建部制定的《业主大会和业主委员会指导规则》，根据实务经验增加了更接地气的新内容，M小区的《议事规则》直接将其借鉴过来。如关于业主委员会的条件，《业主大会议事规则》在第19条增加了3个条款：按时交纳住宅专项维修资金和物业服务费用，无损害公共利益行为；本人及其近亲属未在为本物业管理区域提供物业服务的企业及其下属单位任职；优先考虑本小区楼长、区长、离退休人士。

这几条新增规则也是从实务经验中总结出来的，各地业委会选举中经常参加派性斗争的或激烈竞选的人，是多年不交物业费或拖欠物业费的，或者是与现任物业公司有矛盾，想通过竞选业委会从而解聘物业公司，又或者是在物业公司上班等有经营性利益关联的。而优先考虑小区楼长、区长和离退休人士，则是将业主自治主体定位为小区有钱、有闲、有能力的负担不重的老人。社区的中青年群体因为都在职，上有老下有小，肩负着较重的家庭责任和工作责任，属于负担较重的人。业委会细小琐碎的工作需要投入大量时间，而职务主要是志愿性工作，没有工资，只有较低的工作补贴。所以，对于负担较重的中青年群体而言，在没有足够优厚的利益激励机制的前提下，他们没有参与业主自治的动力。负担不重的老年人就不同了，他们退休后有体面的退休金和医疗保障，也不用带孙辈，退休前都是政府或企事业单位内的精英，可谓是有钱、有闲、有能力、有体力，特别是刚退休的五六十岁的低龄老年人，从岗位上退休到七八十岁活动不便前，还有一二十年的好时光，期间无事可做就会空虚寂寞老得快。所以，对于负担不重的老年人而言，不需要强利益激励机制，在有适当的工作补贴不至于个人亏损的前提下，就能通过动员机制来激发其治理动力，而业委会正是他们可以发挥余热的地方。

2. 利益结构、派性斗争和业委会选举

每次在老旧小区和中高档商品房小区调研，笔者都会发现业委会选举和治理分别呈现的是两个截然不同的生态。老旧小区成立业委会一般比较困难，没有人愿意担任业委会成员，业委会选举不激烈，甚至需要街道和居委会多次动员积极分子来担任业委会的候选人，选举才能进行。业委会选举成立后的运转也常常处于瘫痪或半瘫痪状态，其对社区居委会的依赖性比较高。但是中高档商品房小区的业委会选举往往竞争比较激烈，选举的过程常伴随着拉帮结派以及谣言、大字报、拉横幅等人身攻击和威胁的景象。业委会选举成立后，也常常存在内部分派和不团结等分裂行为。

两种业委会选举景象差异的根本原因在于小区利益结构的不同。很多老旧小区的住房维修金较少，甚至没有住房维修金，公共部位的收益也较少。同时，这些小区的房屋建设年代较早，房屋各种设施设备老化，跑冒滴漏等公共维修问题具有反复性和长期性特征，而且小区物业收费价格较低，物业公司在老旧小区一般很难盈利，所以合同到期后弃管的情况比较常见。因而，老旧小区属于"利益稀薄型"小区。但是中高档商品房小区则不同，不仅有较为充足的住房维修金及利息，往往还有停车位、电梯广告位或物业出租等公共收益金。对于物业公司而言，除了有较高的物业服务费外，还可以从停车位和电梯广告位等委托管理收费来补贴，有足够的盈利空间。因此，可以将中高档商品房小区称为"利益密集型"小区。

商品房小区的利益结构性质，也对业委会选举的竞争激烈度有重要影响。商品房小区利益结构的性质属于一种地租经济和利息经济，小区利益的生成主要是依附于业主共有的土地产权和空间产权，和业主自治主体的个体市场经营能力无关。作为自治组织的业委会的功能主要是对公共利益的管理和分配，这意味着业委会掌握了一定的利益分配权，有权力就会存在权力寻租空间，关键要看对业委会权力约束和监督的有效性，从而保证业委会组织行为的合理化。然而，业委会作为业主自治组织，属于私法自治领域，对业委会行为合理性的监督主要来源于自下而上的业主的监督。问题是商品房小区是一个相对陌生化的社会，业主之间的社会关联度很弱，呈现为原子化的状态。业主与业委会成员之间存在信息阻隔和信息不对称的难题，业主个体的政治效能感很差，而且大多数负担比较重的业主并不关心小区的公共事务和公共利益，只求自家的直接利益不受损害即可，主体意识不足。因此，分散的业主个体无法有效监督业委会的行为。

一般而言，中高档商品房小区利益较为密集，业委会竞选参与人数较多，竞争性选举也较为激烈。从竞选动机来划分，竞选者有5种类型：

（1）谋利型。此类业主参与业委会竞选的动机主要是获取小区内生的显性和隐性利益。有的小区业主自身就是从事物业服务行业的，可以通过竞选进入业委会后，解聘现有的物业公司，引进和自己有关联的物业公司，L小区业委会的选举过程很典型：几个在物业公司上班的业主，为了竞争物业管理市场，换届时竞选业委会，选举过程中在小区内以张贴大字报、漫画图像的方式谩骂、讽刺和攻击现任业委会成员；业委会选举投票结束后，反对派感觉得票不高，便组织黑灰势力冲击开票和唱票现场，并约谈相关业委会成员以潜在暴力威慑，试图迫使业委会成员知难而退，组建临时业委会；业委会选举结果出来后，为了推翻选举结果，他们在小区内拉横幅征求业主签名反对，并以侵犯知情权的名义将业委会起诉至人民法院，还查阅历年小区账目等，前后风波历经2年；几个闹事的反对派经法院查明，都是拖欠物业费者，理由是对物业公司的服务不满等。由于小区的公共收益金和住房维修金都比较多，业主担任业委会成员后拥有很大的自主权，可以利用职务之便贪占支出比较灵活的公共收益金，而住房维修金的使用程序现在限制较多，不易动用。还有的利益获取相对比较隐蔽，不是直接贪占集体资金，而是利用业委会的权力来寻租或获取交易利益，如物业公司上调物业费或动用维修金等办理很多事项需要业委会盖章，业委会成员可以故意刁难物业公司，借此向物业公司索要好处，或者小区内很多公共事务的代理，如审计、律师的聘请或各种采购，业委会成员可以发包给熟人等。

（2）志愿型。此类主要是负担不重的业主，特别是刚退休的低龄老年人，有钱、有闲、有能力发挥余热，同时可以追求自我实现的价值，一般是比较热心公务和比较清闲的社区积极分子。

（3）尝鲜型。此类主要是对业委会工作不了解的业主，抱着好奇和尝鲜的心态来试试和凑热闹。假若当选后发现业委会的日常工作是非常细小琐碎的，负担较重的人就没有足够的时间和悠闲的心态来做这些低偿而琐碎的日常工作，往往尝了鲜、知道是啥滋味后，就因为忙不过来而不干了。

（4）动员型。此类主要是小区内的精英，能力强而有公心和威望，自己虽没有志愿参选的动机，但是被其他业主推荐或被居委会、物业公司等看重，经过动员，受到业主或组织的信任和重视而参与业委会的竞选，负责业委会的日常运转工作。如L小区业委会的卢副主任，从第二届业委会换届选举时，物业公司就打电话动员他参选，之后成为唯一连任3届的业委会成员。

（5）泄愤型。此类主要是和物业公司有矛盾的业主，因为对物业公司强烈不满，为了达到将物业公司赶走以泄愤的目的而筹备组建或竞选业委会，他们上台后的第一件事就是要炒物业公司的鱿鱼。业主和物业公司的私人矛盾，常常见于物业公司对业主的违规行为进行管理而得罪了业主。如笔者在秦皇岛调研时，业主违建、毁绿种菜或违规改种花草等，物业公司前去规劝无果，进而上报给相关职能部门下来执法，因此业主一方怀恨在心。或是家里遭到入户盗窃、电动车被偷、汽车被刮花，或是春节期间有小孩在院子里放炮把自家车玻璃炸碎等，业主找物业公司索赔未果，因而对物业公司的服务和态度不满等。

业委会的社会基础是一个相对流动的陌生人社会，缺乏社区记忆和社会分层，也就是说，业委会权力的运行缺乏文化和社会基础。业委会选举的特征为：(1)业主之间彼此不熟悉，一座楼内部业主之间住七八年都不能全认识，更别说跨楼座的业主了；(2)业主与选举精英之间的信息不对称，小区内缺乏内生的社会性权威，无法形成大家所公认的公共精英，对于选举精英的竞选动机和个人禀赋能力等不了解；(3)选举精英的权威和动员能力较弱，认识的业主有限，能够动员的业主范围有限。正是业主与业主、业主与精英、精英与精英之间信息的不对称，信息传递的隔膜状态，以及原子化的低度社会关联，使得精英个体的动员能力有限，所以在业委会选举过程中常常出现拉帮结派的组团式选举，即精英间通过联合和能量集中来扩大对普通业主的动员能力，最后通过力量的分化和重组，往往会形成两派对立的派性斗争。陌生人社会的性质，为激烈的竞争性选举提供了谣言或黑金的社会土壤。

同时，也正是由于陌生的原子化社会，难以形成小区的社会认同与生长出社会道德和舆论，也就无法约束谋利型业委会干部的生产。热心、公正且廉洁的志愿型和动员型干部，属于业主眼中的好人干部，但是志愿型精英和动员型精英在日常公共事务治理或业委会选举中因得不到分散业主的支持——"不关我事"常常是原子化社区居民的口头禅，而在与谋利型或泄愤型干部斗争时处于孤立无援的状态。在没有传统文化网络作为基础的小区，受到谩骂或威胁的志愿型干部就会想"反正又不是我一个人的事，操那么多心干什么"，从而退出业委会，那么谋利型或泄愤型的精英就有可能得逞，造成劣币驱逐良币的社会后果。小区物业管理容易因为业委会和物业公司的特殊关系陷入瘫痪无序状态，这将导致物业服务不到位或集体利益受损，进而引发业主不满。这样一来，在业委会换届或物业服务合同到期时，业主就有可能重新选举业委会和选聘新的物业公司。但问题是业主虽然可以淘汰掉不好的业委会干部，但却无法保证选举出负责任又有公心的干部，业主个体的政治效能感很低，会进一步加剧政治冷漠的心态。

3. 业主自治的两种类型：集体资源的视角

依据集体资源和内生利益的多寡，可以将城市住宅区的业主自治分为两种治理类型，即利益稀薄型小区的业主自治和利益密集型小区的业主自治。集体资源的多寡不同，导致业主自治的机制不同，动员型业主自治和分配型业主自治因而呈现出截然不同的治理行为和后果，对此，相应的治理建议也应不同。

4. 行政嵌入与制度约束：业主自治的困境及其超越

缺乏社区记忆和社会分层的陌生原子化小区，无法单独依靠社会形成内生秩序。无法通过社会性力量有效约束业委会权力的运行时，有效的制度约束就是合适的规范手段。如M小区治理创新的经验，业主自治的组织网络，委员制与集体决策机制（其功能为决策的合法性、内在相互监督、执行力度，建立陌生人社会的信任），业主委员会委员的资格认定和资格终止条件（可以最大限度地将谋利型或泄愤型竞选者排斥在外）。同时，还需要加强行政嵌入，但行政力量的介入不是直接干预业主决策，而是监督业主自治规则和制度的履行，特别是业委会的规范运行。

业主自治：从维权走向治理

一

当前学界主流对业主和业委会的研究集中于维权-抗争范式，这种以事件为切入点、关注业主与外部的对抗关系（物业公司、开发商和政府）的权利视角有三点不足：一是以孤立的维权事件来分析业主与外部的关系，缺乏整体的视野，只会得出片面的对抗关系；二是将业主视为铁板一块的整体，而忽视业主内部的分化；三是集中关注的是非常规性维权事件，而忽视了业主自治的常规性治理。围绕着小区物业管理，业主、业委会和物业公司之间不是简单的权利义务关系，而是一种利益协调的整体关系。

建筑物区分所有权包括专有权、共有权和成员权三部分，基于共有权和成员权而形成共同体的全体业主，基于少数服从多数的民主原则而行使对共同体内部公共事务的管理。业主大会是共同体的意志表达、形成和决策机构，民主选举产生的业主委员会则按照全体业主的授权和委托，执行集体意志和进行日常管理，对全体业主负责，并受到业主自下而上的民主监督。这是理论上的民主制度设置，但是业主共同体在自治实践中面临双重困境：一是业主无法有效监督业委会的行为；二是业委会也无力监督业主对公约的履行和规制少数业主违反业主公约的机会主义行为。下面分别进行详细分析。

二

笔者在杭州上城区调研时采访了春江花月小区的徐大叔，他在担任业委会换届筹备组成员时，思考的两个问题很有学术探讨价值：业主自治为何采取业主大会制而不采取业主代表制？业委会和全体业主的关系是代表关系还是代理关系？城市新建商品房小区业主的特点为规模大、陌生化和原子化，业主之间信息不对称并且缺乏社会关联，通过业主大会可以民主选举产生业主委员会，但是一旦选出后普通业主就失去了对业委会的民主监督效能，对于不满意的业委会成员，只能通过下次换届选举时将其换掉，但却无法保障选出贤能之士。这种情况多次往复，业主也就丧失了政治效能感和对业委会的信心。在佛山禅城区调研时，一个30多岁的东北大姐坦言："起初成立业委会时，他们的竞选宣言讲得很好，当选后发现就不是那样了，和物业公司穿一条裤子了。后来换届选举时把他们换掉了，但新选上来的业委会没有什么改进，选来选去都一样，起不了什么作用。"

关于业主委员会制度，目前尚没有出台专门的法律，相关规定主要见于《物业管理条例》和住建部的部门规章《业主大会和业主委员会指导章程》（以下简称《章程》），《章程》只规定了业主大会为全体业主的最高权力机构，而没有对业主代表大会是否可以替代作为全体业主的最高权力机构做出规定。各小区在筹备成立业主委员会前，一般都要先拟订《业主公约》和《业主大会和业主委员会议事规则》（以下简称《议事规则》），并获得全体业主按照"双过半"原则表决通过后，再根据小区《议事规则》选举产生业主委员会。实践中，全国各地住建部门都会依据《章程》制定《议事规则》的范本，只有业主大会形式的范本，而无业主代表大会形式的范本供参考。在地方的制度探索中，有的小区就采取业主代表大会制度替代业主大会制度。

不管是集体决策的效率，还是对业主委员会的监督，业主代表大会制都要优于业主大会制。不管是《中华人民共和国村民委员会组织法》还是《中华人民共和国城市居民委员会组织法》，都规定了村民大会或村民代表大会、居民大会或居民代表大会为两种可选择的权力形式，为何在业主自治中不能采取业主代表大会制这种方式呢？地方政府对业主代表大会制的制度改革及创新探索是合法的吗？业主代表大会制能否适用于业主自治共同体？徐大叔认为这可能是国家将业主自治视作基层民主的试验田。这是一种可能性，另外一种可能性和业主自治的性质有关。业主自治是基于财产权形成的法律关系，类似于股份制企业中的股东大会和董事会的关系，股东代表大会不能代替股东大会，在涉及企业重大决策时股东代表不能剥夺其他股东的表决权和知情权。现代企业的内部治理结构算不算是民主自治呢？若算，是不是可以将之延伸到公民政治领域？对企业治理结构的研究集中于经济效率的目标，我想应该不会从此延伸到市民社会。

三

在业主大会制和一人一票的民主选举制下，一方面无法保障选举出贤能的业委会成员，另一方面普通业主无法有效监督业委会的行为。那么如何来制衡和约束业委会的行为呢？春江花月社区的徐大叔通过业委会人员规模和班子成员数量的设定以实现业委会组织内部分权制衡的做法具有很大的启发。《章程》里规定业委会成员数量需为奇数，可以为5到11人，对主任和副主任的数量没有具体规定。不同的小区可以根据实际需要，在《章程》范围内灵活选择。业委会成员的数量设置为5、7、9还是11人，主任和副主任领导层设置为三人班子还是五人班子，这里面都暗含着大学问，下面就以春江花月小区为例来说明。

春江花月小区规模较大，分为7个苑，有2192户，独立建设为一个行政社区（春江社区），确权票数为2153票。2004年小区第一期交付使用，2006年成立首届业委会，2016年第三届业委会刚成功换届。首届业委会成立时，春江社区行政建制和社区居委会尚未成立，虽然《条例》和《章程》规定，区县房管部门和街道要牵头组织业委会成立筹备工作，但是辖区内小区数量众多，区县房管部门和街道无力亲自组织，主要的工作就交由物业公司来代理。业委会选举产生后，会对是否续聘前期物业公司组织全体业主表决，而物业公司在以后的日常管理中动用住房维修金等诸多事项都需要业委会签字配合，因此物业公司作为利益相关主体，在代理组织业委会成立筹备事宜时，于业委会候选人推荐上就可能会物色能和物业公司一条心的业主人选。

在这个过程中,物业公司和业委会成员之间就有潜在的利益交易和利益获取风险,如物业公司可以给业委会成员提成或通过其他形式的贿赂,达成利益合谋,侵占全体业主的公共收益金(如停车费、电梯广告位费、物业出租费等经营性收入)。春江花月小区的开发商为某知名房地产公司,前期物业也是开发商旗下的,首届业委会的筹备成立时居委会尚未建立,因此筹备工作由物业公司牵头。首届业委会和物业公司之间形成了较好的"朋友关系",业委会一届任期规定为5年,业委会换届时,首届业委会成员集体实现了连任。第一和第二届业委会成员规模为7人,主任1名和副主任2名,即三人班子。在很多业主看来,前面两次业委会选举是非公开透明规范的选举,是在物业公司的操纵下完成的。两届业委会治理小区10年,小区的集体经营性收入账目从未公开,小区经营10来年,集体经营性收入账户只有100多万元,集体资产流失严重。除此之外,物业服务的质量还在下降,绿化养护标准降低,道路、路灯等基础设施破损维修不及时,楼道、大厅卫生差等。

2015年底第二届业委会到期换届选举时,业委会筹备组继续将上届业委会成员作为候选人,遭到小区600多名业主反对,业主们到区政府联名上访后,政府暂停了业委会换届工作。2016年2月第二届业委会正式解散,解散前第二届业委会成员7人中真正在负责工作的只有2人。2016年3月24日,社区居委会重新牵头组织业委会换届筹备组的招募工作,有24名业主报名竞选筹备组成员,后选举产生7名业主进入筹备组,另外社区书记和居委会副主任也为筹备组成员，社区书记担任筹备组组长。徐大叔成为筹备组成员，在筹备期间提出对业委会成员规模和组织结构做出修改，将业委会成员的数量从7人增加到11人，变过去的三人班子为五人班子。

筹备组成立后正式贴出公告征集业委会候选人，可以自荐，也可以他荐。有22名业主报名参加竞选。考虑到报名人数较多，如果直接由业主大会选举，可能由于选票的分散而导致选举排名靠前的候选人无法达到"双过半"的法律要求而选举失败，进而要重新组织选举，如此一来选举成本便会过高。所以，在业主大会投票选举前会先进行一轮初选，从22个参选者中选出15名正式候选人。公开初选采取业主自愿参与选举的方式，业主在指定的时间和地点，凭借房产证和身份证领取选票，共计发放356张选票。2016年4月26日，初选候选人举行见面交流会，一个竞选人此前被其他业主拍到偷摘小区果树上的果子，并传到小区微信群里，尽管该竞选人解释自己并没有摘果子，只是动作相似，但为了避嫌，还是退出了竞选，初选竞选者人数变为21名。2016年5月10日，筹备组租借娃哈哈的大会场进行公开初选，21名竞选者每人现场进行5分钟的竞选演讲，300多名业主参加投票选举，正式有效投票287票，产生了15名正式候选人。正式候选人选举产生后，每位候选人的信息被制作成KT版进行公示20天，共花费500元，由筹备组先行垫付。

20天公示期满后，11位业委会成员正式经由业主大会投票选举产生。由于要入户发选票，工作量大，筹备组聘请第三方来完成，每发放一张有效选票需付报酬20元，总共花了3万元。

6月28日选举结果正式开箱，总共回收选票1500多张，其中500张为同意大多数人意见选票。在正式选举前制定议事规则时，第三方提出要提前定好多数票怎么加的规则。法律上要求选举产生的业委会成员必须都要"双过半"，存在选举排名前11位的候选人有可能达不到"双过半"，而导致选举失败的风险。因此，第三方建议可以将多数票集中添加在前11位候选人身上。最后的开票结果为前面11人都达到了"双过半"，成为正式业委会成员，但是由于多数票都加给了前11名，导致后面的几位候选人无法达到"双过半"，业委会就没有了候补委员。2016年6月29日，业委会选举结果张贴公告公示，公示7天后，7月6日第三届业委会正式成立。7月7日晚第三届业委会举行第一次业委会会议，选举产生1名主任和4名副主任，业委会主任主持全面工作，4名副主任各分管文化宣传、绿化环境、安全保障和财务综合工作。第三届业委会完成了大换血，11人组织中没有一个是前任业委会成员。

四

为什么将业委会规模从7人变为11人、三人班子变为五人班子？

业委会的规模从7人扩大为11人的原因有3点。（1）扩大业委会的规模，可以分散业委会的权力，尤其是可以弱化业委会主任的权力，起到业委会组织内部的分权与相互制衡的作用。（2）业委会规模扩大，人员增加，有利于在人员流失时保持业委会工作的可持续性和稳定性。有很多尝鲜型竞选者，他们不知道业委会的具体工作，一旦选上工作一两个月后发现业委会的工作是志愿性的，没有工资报酬，而且工作很烦琐，花费时间和精力，又常常得不到业主的理解，就陆续辞去业委会的职务。另外，也有其他原因导致业委会成员流失的，如要出国、生病或者搬到其他小区居住等情形。如果流失一两个人，问题还不大，而如果流失得多了，有三四个或以上的过半成员流失，业委会规模缩减为7人，业委会就要启动重新选举程序。（3）一人一票的民主选举是有缺陷的，鉴于物业管理具有较高的专业性和技术性特点，具备相应专业技能的业主从事业委会工作较为合适，而仅仅靠选举则无法保障贤能之士当选。将业委会规模扩大为11人，增加了业主当选的机会，在11人业委会选出后，再从中选拔比较有能力及有专业技术的人担任领导层，就相当于在初次民选的基础上，增加了二次选拔的环节，进一步选贤任能，从而提高业委会的治理能力。

而将业委会组织内的三人班子扩大为五人班子，则是在业委会实现分权制衡的同时，提高集体决议的效率和执行力。11人的业委会组织，领导层若为三人班子，首先在业务上就不好分工，其次如果业委会内部出现派性，即使领导层能达成一致意见，也有可能遭遇反对派的否决，陷入否决政治的漩涡，那就什么事都干不成。而如果为五人班子的话，不仅班子内部能达成一致意见，在业委会会议上还容易形成多数意见，有利于集体决议的达成和执行，提高业委会治理的效率。此外，考虑设置业委会候补委员制度，有利于有效及时递补业委会成员的流失，维持业委会的稳定性。春江花月小区2016年业委会换届选举，因为担心业委会成员扩大到11人时选票分散而可能无法达到"双过半"，便将500张多数票集中加在前11名候选人上，导致后面4名候选人的票数未达到"双过半"要求，无法成为业委会候补委员。但由于选举投票前的议事规则已通过，就无法再更改，他们现在只好考虑向区住建部门提出申请来变通，以增补业委会候补委员，这成为这届业委会选举的遗憾。

五

除了前面讲到的业委会内部的分权制衡外，还可以通过一些制度设置来实现对业委会的监督。首先，按照公开、公平、公正的原则来规范业委会选举，对业委会候选人的资质进行认定，并公示业委会候选人的个人信息，接受业主的公开监督，这种外部压力有助于业委会成员自律自觉。其次，推行事务和财务公开制度，特别是财务账目收支要及时向业主披露，南京市雨花台区翠竹园社区业委会这点做得比较好，每个季度会将小区的财务收支报表打印出来，每户业主发放一份。再次，简化议事规则。小区重大事项也经过全体业主表决同意，遵循"双过半"的原则，但涉及对业委会行为的监督等事项时，可以简化议事规则，如探索实行弹劾制，不必遵循"双过半"原则。过于烦琐的程序，是官僚主义的弊病，业主共同体是非科层的扁平化自治组织，自治要充分而灵活。

最后，加强行政监督。奥尔森在《集体行动的逻辑》一书中提出了在公共事务上群体规模和集体行动的关系，即群体规模越大，在公共品供给上就越难以克服"搭便车"或机会主义行为，从而就越难以达成集体行动。业主共同体对业委会进行监督，以促使其对全体业主负责，增益对共同事务的管理，这本身也可以视为共同体内部的一项公共品供给。在业主群体规模较大时，就会面临"搭便车"的难题，表现为社会参与度较低（即不积极、不觉悟和不信任。其中不积极型符合"搭便车"的理性行动者，其社会参与的成本和收益不成比例，不愿意掺和小区公共事务，持无所谓态度；不觉悟，则是指没有认识到社区参与和自己的利益息息相关，民主意识尚未觉醒；不信任，则是指业主认为参与的目的都是为了自己的私利，不相信有公心志愿奉献的业主，在身边看到的私心和贪心较重的业委会多了，觉得选谁都一样）。在社区公共事务的业主参与度较低的自治现实情境下，共同体内部自下而上的监督存在结构性困境，财务公开以及业委会的自律等需要业委会成员的自觉，在巨额利益面前这份自觉就是比较脆弱的，因此加强自上而下的外部行政监督十分必要（事实上业主自治并不排斥行政监督，排斥的只是对业主意志的行政干预）。行政监督的主要内容为援引行政强制力保障业主自治规则的执行和制度落实。如需要按照"双过半"原则通过的小区重大事项，采取向政府报备制；非需要按照"双过半"原则通过的事项，则可以采取费用支出额度核定原则，区住建部门可以制定统一制度，规定财务支出超过一定额度，就需要到政府报备，从而间接加强对业委会行为的监督。

六

业主自治的第二重困境是业委会对业主行为的管理，监督个体遵守业主公约。物业管理本质上是业主团体内部的公共事务，在物业管理的过程中先后存在两次不同性质的契约：一次是社会契约，即业主之间基于协调共同体内部的权利义务关系而达成的业主公约；其次才是市场契约，即业主一致同意委托物业公司对小区物业进行管理，全体业主与物业公司签订物业服务合同。两者之间属于市场契约关系，因此物业公司按照双方签订的物业服务合同以及业主公约提供物业服务和维持小区综合秩序。这不仅涉及对物的管理，还涉及对人的行为管理，其中物业公司对业主行为的管理来源于业主公约和全体业主的赋权。对于物业公司而言，物业管理中最困难的就是对人的管理或说对业主行为的管理。

业委会和物业公司的关系，既不是伙伴关系，也不是对抗关系，而是合同治理关系，既要合作，又要制约，保持适当的距离。业委会和物业公司距离过于亲密，就可能形成利益合谋，或侵占业主的集体资产，或放松对物业公司的监督，无视物业服务质量的降低等，从而侵犯全体业主的集体利益。但同时，业委会和物业公司之间也不是维权 – 抗争范式或权利视角下的对抗关系，物业公司不具有价值预设意义上天然的强势地位。春江花月小区第三届业委会主任徐大叔说，业委会不要和物业公司陷入对抗状态，不能为情绪所左右，这是业委会的警戒线。

因为一旦和物业公司陷入对抗状态，物业公司突然撤退，最终吃苦吃亏的还是全体业主。

物业服务作为一种特殊形式的商品，在物业服务合同中难以详尽规定，属于不完备契约，而且物业服务标准和效果难以量化，具有模糊性，因而会发生合同双方在合同执行的过程中来回多次协商博弈。物业公司在嵌入小区社会后，与众多分散的业主之间形成一对多的关系，单个的业主无法监督物业公司的行为，物业公司也无法制约业主个体的行为。因此，对物业公司而言最困难的就是对业主行为的管理，具体而言有以下表现：业主无故不交纳物业费；业主不遵守业主公约或违背相关法律，并且物业公司前去管理不听，反而记恨物业公司，因此拒交物业费；其他利益受到影响的业主也对物业公司不满，认为物业公司不作为和服务不到位，因此也拒交物业费。业主和物业公司容易陷入对立而不信任的恶性循环中。

所以，在物业管理过程中，就需要发挥业委会的牵头、组织与整合作用。业委会应代表业主的整体利益，整合全体业主的公共意志，监督保证物业公司对物业服务合同内容的落实。一方面，业委会要协助物业公司对业主行为进行管理，弥补物业公司的短板。另一方面，业委会要代表全体业主监督物业公司的机会主义行为，细化和落实物业服务合同，使其提供良好的物业服务和营造小区宜居的生活环境，从而维护全体业主的利益。业委会协助物业公司对业主行为进行管理是业主自治的关键，共同体是群众日常生活小事最廉价的治理机制。

七

如何激活业主自治？业委会主任徐大叔提出的治理思路笔者很赞同，可以概括为两点。

一是发动群众、进行业主动员。首先重新拟定切合小区实际需要的业主公约，征求全体业主签字同意，相当于真正签订社会契约，并规定不履约的惩罚措施。其次发动群众治理不遵守公约的业主行为。春江花月小区共有77个楼栋，已经选了77个楼长，组建小区治理微信群，如果遇到不遵守业主公约、物业公司劝说不住的业主，报告给业委会，业委会把信息发到小区治理微信群，并发动多个业主积极分子上门去劝说制止和教育。业委会还要协助物业公司收取物业费，对于不交物业费的业主，先入户了解业主不交物业费的缘由再分类治理。

根据笔者调查的经验，不交物业费的业主大致有3种类型：（1）有理型。不交物业费主要是因为物业公司提供的物业服务确实有瑕疵；（2）无知型。不交物业费往往也是由于对物业服务不满意，但具体原因为汽车被剐、家里被盗、宠物狗狂吠扰民、楼上楼下漏水纠纷未调解好等，实为对物业服务的范围和性质认识不清，错把作为市场主体的物业公司视为全能型物业；（3）无理型或刁蛮型。无故拖欠物业费，或因为违反业主公约的行为被物业公司制止而怀恨在心，或因房屋质量与开发商的矛盾无法解决而迁怒于物业公司。物业公司对于不交纳物业费的业主，只有先动之以情、晓之以理地做解释工作，不听的话合法的救济途径只有起诉至人民法院，但是起诉至法院只会恶化与业主的关系，加剧物业公司和业主的对立和不信任，而且诉讼成本较高。而如果业委会能够发动群众，先了解业主不交费的缘由，针对有理型的业主督促物业公司改善物业服务，从而提高业主的满意度；针对无知型和无理型的业主则加强对业主的宣传和教育，同时动员群众治理少数不遵守业主公约的不文明行为，维护小区良好的公共秩序，这样一来，小区业主都能自觉爱护小区环境卫生，物业公司的物业服务成本就能降低，物业价格也就不用提高，业主最终得实惠。

二是向政府借力。业主共同体的自治依靠的是社会动员，对于不遵守自治公约和公共秩序的业主，依靠群众动员形成的说服教育和社会舆论，形成社会强制，但不具备法律上的强制效力。对于不要颜面或不怕社会舆论的少数"钉子户"，社会强制可能失效，还有可能引发自治危机，这个时候就需要向政府借力，向行政强制力求援来帮助共同体自治规则的执行和落实。体制和制度设置需要与业主自治进行相应的配套和治理衔接，特别是要建立相关职能部门与小区业主自治的有效衔接机制。业主自治，并不意味着政府责任的推卸，行政管理和业主自治要有机衔接，才能有效地发挥共同体自治的廉价治理机制的功能。

业委会主任联谊会：
业主自治能力的培训场

一、社会背景

耀江居委会归属于上海市黄浦区半淞园街道管辖，有2906户，约9500人，下辖9个居民小区，全部是商品房小区，其中最大的耀江花园小区有906户，最小的精文苑小区有153户。半淞园街道总共有92个居民小区，其中有42个老旧小区和50个商品房小区，耀江居委会下辖的9个商品房小区，占据了街道总商品房小区的近1/5。这9个商品房小区分别成立了9个业委会，其中耀江花园小区采取酬金制的物业管理方式，精文苑小区物业公司解体后由业委会自管试行一年，其余7个小区都是采取包干制的方式聘请物业公司管理。物业费最高的是耀江花园小区，为2.5元/平方米，最低的是金中苑小区，为0.8元/平方米，目前金中苑小区物业公司正在向业主征询提价，从0.8元/平方米上涨到1.25元/平方米。

现在物业服务企业主要有三类：一是房管所转制而来的物业企业，很多小的物业企业都是由当时房管所人员下海创办的；

二是房地产开发商设立的物业公司，现在新的商品房小区的首家物业公司往往是开发商自己的物业公司，物业公司和开发商之间的关系被称为"父子关系"；三是以提供物业服务为内容的市场独立型物业服务企业，耀江花园小区现在聘请的物业公司就是此类，为国家一级资质。由于物业服务市场尚不规范，企业存在大量机会主义行为，如不作为、服务不到位或者侵犯业主合法的公共收益权益等。

而据耀江居委会林书记观察，上海市80%以上的商品房小区的业委会都处于瘫痪和半瘫痪的状态，运转不正常。业主自治的能力比较差，众多分散的业主无法组织起来和物业公司有效对接，导致业主和物业公司在服务和收费的矛盾关系中对立：物业公司收不上来物业费，唯有采取司法救济的途径，将业主起诉至法院，一般业主都会败诉，但是这会加剧业主和物业公司的关系对立；业主对物业公司服务不满，不交物业费，物业公司只好降低物业服务质量，导致小区内乱停车、清洁绿化不到位等，居民对物业服务更加不满。而居委会与物业公司和业委会是平行单位，对后两者都无有效的约束力，由此社区治理陷入困境。

二、发展历程

正是在此治理机制不顺畅的背景下，耀江居委会全书记在社区治理中有一种无力感，工作推行起来比较困难。2012年下半年，他想建立一个业委会主任的联谊会或沙龙之类的活动，以加强业委会主任彼此之间以及和居委会的沟通交流，随后在居委会党总支会议上，向党员提出了这一想法并征求意见。2013年4月25日，耀江居委会正式成立9个小区业委会主任的联谊会制度，每个小区派1名业委会主任和1名副主任共2名成员为联谊会的成员，其中最大的耀江花园居委会有3名成员，还有一个小区的副主任迁移出小区尚未增补，所以业委会主任联谊会总共有18名业委会主任参加。耀江居委会业委会主任联谊会制度自草创至今，已经运行两年多，大致经历了3个发展阶段。

（1）第一阶段：搭建平台，抱团取暖，相互认识、交流和熟悉

耀江居委会的规模比较大，下辖的9个小区之间处于彼此孤立的状态，业委会作为业主自治组织，纵向没有直接的主管部门，横向缺乏联系各业委会的平台，都是孤军奋战。联谊会起初刚成立时，并没有引起业委会主任的重视。有的认为这只是一个供业委会主任发发牢骚和抱怨的平台，因为每一个业委会在和业主以及物业公司打交道的过程中不免受到很多委屈：做着不拿薪水的义务工作，还得不到业主的理解；业委会内部不团结很难达成共识；在和物业公司交涉时比较无力等等。这些是很多小区业委会运行时遭遇的共性问题。联谊会刚成立时也没有明显的议题，因此还有些业委会主任就觉得联谊会不过是居委会在政绩驱动下的花架子，花时间开会不值，所以起初开例会时，常常有人迟到或请假，出席率并不高。

全书记为促成业委会主任联谊会平台的搭建和持续运行费了很多脑筋、花了很大工夫。2013年初步搭建起联谊会的组织架构、制定月例会制度和通过业委会主任联谊会的章程，由于

刚开始业委会主任之间彼此尚不熟识，且都是业委会主任身份，谁来当会长或副会长都不合适，最后就由驰骋大厦的业委会主任小杨（原耀江居委会主任）来担任会长，大家都没有意见，两名副会长暂时没选。居委会的一名党总支委员兼任业委会联谊会的秘书长，居委会分管物业和环境卫生的居委委员兼任业委会联谊会的工作人员。居委会书记在联谊会中不担任职务，暂时负责联谊会会议的召集和主持。

业委会主任联谊会制定了月例会制度，每月25日晚上7点为业委会主任联谊会的会期。在关于例会日期的选择上，全书记也做了周密考虑：业委会主任中有相当部分是在职人员，白天要上班，为了保证出席率，只能定在晚上开例会；而选择在每月25日，是为了避免与国家重要节假日冲突，国家重要节假日在25日的非常少，这样就能最大限度地保证例会不被耽搁。一个小小的例会日期选择，也有大大的学问。

通过和业委会主任处好私人关系，全书记费了很大心思来保证业委会主任联谊会的运行。其中有一个典型的故事：耀江花园是9个小区中规模最大的，其业委会主任是否出席联谊会将至关重要，全书记为了和耀江花园的业委会主任小裴处好关系，让自己当小学老师的女儿免费为小裴还在上小学的儿子辅导功课，由此全书记和小裴开始称兄道弟，通过人情关系让他尽量避开每月25日外出和参加例会。全书记现在和业委会主任都是相互称兄道弟，对他们的夫人也都是喊嫂子，而非阿姨之类的泛称，目的是使私人关系更加密切。

此外，全书记还绞尽脑汁地想办法组织业委会主任家属参加联谊会，他将之称为"业嫂联谊会"（大部分业委会主任都是男性）。业委会成员工作是不拿薪酬的，事情杂而难做，得不到业主的理解，甚至会有业主半夜一两点钟去敲门，业委会主任的家属经常抱怨。能得到家属对业委会工作的认可和支持，对于业委会主任而言相当重要。因此，全书记想办法组织"业嫂联谊会"，目的就是通过私人人情关系来润滑居委会和业委会两个平行组织之间的关系。

（2）第二阶段：提升平台，学习研讨，起到的主要是学习和培训功能

相较于老旧小区无人愿意担任业委会成员，在中高档商品房小区，由于居住人群的层次较高，以及有巨额住房维修金和公共部位的收益等利益流量，所以竞选业委会的业主较多。但是竞选成功的业委会成员没有接受任何培训指导，也没有任何当业委会干部的经验，而物业管理知识的专业化程度相对较高，业委会成员对于在实践中如何做好业委会工作以及如何分别与业主和物业公司打交道都不甚清楚。而且，业委会工作是非脱产干部，属于志愿型义务劳动，对业主公共事务的管理完全出于公心，并无制度化的约束机制。有两个小区的业委会主任说："我们是斗争上来的，上来后并不知道怎么做，弄不好业主还会骂你，半夜一两点钟都会来敲你的门。"

通过2013年的摸索和成员之间的关系深化，2014年业委会主任联谊会逐步完善了组织架构，由18名业委会主任推选产生2名联谊会副会长，分别是耀江花园业委会主任小裴和精文苑业委会主任阿秋，由此业委会主任联谊会的组织架构为1名会长、

2名副会长和1名秘书长。在每月25日召开例会前，每月15日先由居委会书记、联谊会会长、副会长和秘书长集体商讨例会的议题。在2013年刚成立联谊会时，每次开例会前，都需要由居委会干部先提前通知各业委会主任开会，怕他们忘记，而运行至今他们来开会已经成为习惯，并且出席率很高。每次的联谊会例会对他们也开始有吸引力，这和联谊会的议题设置对业委会主任的培训分不开。联谊会自成立以来的发展走向，也可从每月例会会议内容中看出，由于联谊会每次例会都做了详细的会议纪要，现将每次会议主旨摘要如下。

2013年

4月25日，耀江居民区业委会主任联谊会成立。

5月25日，会议议程为各小区情况通报和讨论通过《联谊会章程》。

6月25日，耀江花园业委会主任小裴主讲"我是怎样当好业委会主任的"。

7月25日，金中苑业委会副主任阿福讲述小区100多户由于世博会市政府统一安装假阳台导致墙体渗水问题，以及耀江花园小区内乱停车难题。

8月25日，各小区通过交流，发现都面临群租、高空抛物等共性难题，淞园业委会主任阿盛介绍本小区通过安装16个监控探头，专门监视高空抛物，解决了高空抛物问题的经验，引起了其他各小区的兴趣，会长表示组织大家去观摩。

9月25日，业委会主任联谊会迎来新成员，欣安基小区新当选的业委会正副主任阿华和阿英加入联谊会，至此9个小区的业委会成员全部成为会员。

10月25日，在参观淞园小区安装监控探头之后，由于各小区的经济状况不一，集中讨论摄像头的资金、质量等问题，并讨论物业费和物业服务质量之间的关系。

11月25日，响应居委会书记"奋战60天，创建平安小区"的号召，重点讨论业委会如何加强小区的平安建设。

12月25日，秘书长阿德对联谊会成立以来的工作做小结，并提议参考陈毅市长对工人文化宫要"成为工人的学校"的思路，把联谊会办成业委会主任的学校的理念，将草拟的2014年的工作计划向大家作说明，得到大家的认可。

2014年

1月25日，联谊会秘书长阿德主讲正确处理三对关系，即业委会和业主之间的关系、业委会成员之间的关系以及业委会和物业公司之间的关系。

2月25日，耀江花园业委会主任小裴主讲。

3月25日，精文苑业委会主任阿秋主讲物业管理相关法规知识。

4月25日，业委会主任联谊会成立一周年，邀请黄浦区房管局洪局长和朱科长、街道主任、副主任、城管科丁科长、房管办潘主任以及黄浦区政协的几个委员参会。

5月25日，邀请黄浦区卫生局卫生监管所徐所长主讲安全饮水和加强水箱清洗监管。

6月25日，邀请街道派出所副所长主讲反恐与小区平安建设。

7月25日，邀请街道城管科丁科长主讲业主委员会工作的各种法律规则。

8月25日，邀请金律师主讲业委会的法律定位。

10月25日，邀请黄浦区发改委副主任主讲，倡导低碳社区。

11月25日，邀请中国认证中心上海分中心副主任主讲低碳节能。

12月25日，邀请街道房管办潘主任与大家互动，探讨业主与物业服务企业的管理难题。

2015年

1月25日，9个小区业委会中均成立党的工作小组。

4月25日，大家推举产生2名新的副会长，由新当选的小裴副会长主持会议，总结联谊会成立两周年的经验，街道领导出席。

5月25日，全书记提议在联谊会平台上成立跨小区的综合协调小组，得到大家的积极响应，金中苑业委会副主任阿福当选综合协调小组组长。

6月25日，综合协调小组组长通报了小组工作会议情况。

7月25日，由发改委引荐的光伏生产企业到联谊会推广光伏发电节能情况，但条件未达到，不过可以调研考虑使用节能水泵和电瓶车充电装置等。

（3）第三阶段：综合治理，在逐步推进小区物业管理问题等顽症上见成效

经过前期抱团取暖和学习培训两个阶段后，各小区业委会主任对于业委会的定位、职责和功能有了清晰的认识，并在相互交流治理经验的过程中提升了自治的能力。业委会联谊会到目前为止经历的三个阶段的划分，并不是成立之初的有意识规划，而是在实践中以问题为导向逐步探索自然形成的。

在组织机制上，依托业委会主任联谊会平台，2015年1月23日在9个小区业委会下成立"党的工作小组"，协助和监督各业委会的工作。2015年5月，依托业委会主任联谊会平台，成立由7个业委会主任组成的跨小区的综合协调小组，给予各小区业委会工作的开展以支持，并共同解决跨小区的治理难题。在业委会主任联谊会平台成立后，业委会的自治能力得到培训和提高，这从各小区业委会切实化解面临的治理顽疾可资证明。具体有耀江花园业委会治理小区地面乱停车案例，金中苑小区安装摄像头治理高空抛物难题，精文苑、金中苑和越纪公寓成立弄管会设立治安岗亭、治理弄堂乱停车案例，精文苑小区业委

会试行物业自管案例，白玉兰小区业委会违规改造绿地划车位被举报纠纷案，综合协调小组协调小区业委会主任被物业公司经理打伤一案等，下面就以案例的形式进行详述。

三、治理成效及典型案例

案例1：耀江花园治理地面停车难题

耀江花园2004年建成交付业主使用，总共分两期建设，一期的业主大多是中老年人，而二期则主要以年轻人为主，现在小区维修基金总共有1300多万元。当时的物业公司是由开发商引进的香港G物业公司，为了学习国外的物业管理的先进模式，小区物业公司管理采取业委会主导的酬金制，当时的物业费为2.5元/平方米。2007年，为了和开发商打官司，小区组建成立业委会。居民不满的缘起是耀江花园大门边上有一个业主开饭店，而墙体在小区内部，烟囱油烟和噪音对3号楼的居民影响很大。

起初有几十个业主聚集到区政府反映情况，请求关闭饭店，但是开发商和开饭店的业主主张此处在规划时就用于开饭店。一些业主因为此事开始相互熟识，于是成立业委会，和开发商打官司，维护业主权益。业委会成员13人，耀江花园总共9幢楼，每幢楼选1个业委会成员，还有1个开发商代表。当时的业委会主任是在职的，管事较少，主要是副主任阿岩负责。

但是，业委会内部不团结，意见不统一，不积极负责，物业公司也不作为，没有受到有效监督，导致小区内门禁虚设、地面无序停车等问题。

2012年业委会换届选举，小裴当选业委会主任，阿岩当选副主任。后来成员中有2人工作调走、1人辞职不干，业委会由13人变成10人。2013年增补3名业委会成员，但2014年阿岩等3名成员和小裴意见不合辞职不干了，现在业委会还只有10人，尚未增补。据现业委会副主任老王说，以阿岩为首的一二十个业主成为反对派，建有微信群，经常反对业委会的决议。对于中高档商品房小区而言，物业管理面临的两大困境为：一是业委会内部不团结，容易出现分裂或派性斗争；二是业委会和物业公司之间关系对立。耀江花园同样面临这两大困扰。

2012年业委会改选后，把原G物业公司解聘，并于2013年引进深圳S物业公司，签订1年合同，到期可以续聘。S物业公司自2013年起连续3年为耀江花园服务，到年底合同又到期，全体业主就要不要续聘S物业公司以及物业费涨价进行投票（投票已经结束，15天后开票）。S物业公司具备国家一级资质，聘请的保安都是年轻人，从深圳直接招聘，公司包吃包住，方能够留住人，但是要支付更高的成本。上海本地的物业公司聘请的保安一般都是本地的中老年人，他们都有社保，家在本地，不需要包吃包住，拿的是最低工资，流动性比较强。所以S物业公司保安的开支相较于本地物业公司就多出二三十万元。

由于采取酬金制，S物业公司的固定利润为30万元/年，而保安、保洁和管理人员等一切开支都是要从物业费中支出，相当于剩余索取权由业委会支配，物业公司管理的积极性就没有那么高。同时，业委会和物业公司之间的相处也并不那么顺利，S物业公司在耀江花园不到3年的时间里已经换了3个项目经理。经过改选和重组后的业委会10人中，有4个是在职的，6个是退休的，现在班子相对比较团结，但也受到反对派的监督。业委会成员是不拿工资报酬的，出了错又要担责任，现在业委会成员做事前尽量先到房管办咨询流程，按照规章制度来办事，"情愿不做，不能出错"。

每月9日晚上召开业委会例会，全体业委会成员都要参加。2014年开始，新一届业委会每周二上午增设和物业公司的联席会议，参会成员为业委会主任、副主任，物业公司的项目经理、保洁主管和保安主管等，一起就小区物业管理情况沟通。2014年在业委会的倡议下还成立了业主自治委员会，成员有四五十人，主要是楼组长、党员、志愿者等业主积极分子，有重大事项时会召开业主自治委员会进行通报和商议。同时在业主自治委员会中设置一个5人组成的执行委员会，协助业委会执行小区重要疑难问题的解决。在居委会的倡议下，各小区在2015年1月23日成立党的工作小组，耀江花园党的工作小组组长兼任执委会的组长。执委会和党的工作小组成员都是业主，列席业委会的月例会，有发言权，无投票表决权，协助和监督业委会的工作。

对于物业费、停车费以及公共部位的收益，业委会无法在银行单独开设账户，一般是存放在物业公司的银行账户中。2万元以下的开支业委会可以做主；2万元以上的要经过业主大会同意，并到街道房管办备案；5万元以上的要经过街道审价；50万元以上的要公开招投标。每一笔开支都要经过业委会主任签字，两个副主任盖章。2014年8月，业委会、物业公司与中国建设银行合作，邀请银行作为第三方对物业支出审核。为了减少物业管理人员的支出，2015年减少1名出纳，由物业公司客服兼任。但怕出现财务问题，2016年业委会决定增加1名专职出纳，并聘请会计事务所代理记账，出席业委会的例会，每季度出一次财务报表，张贴公示在每个楼栋，费用为2500元/月。业委会副主任认为这也是业委会自我保护意识的体现。

由于前期物业公司和业委会不作为，停车费收缴率低，更导致小区地面乱停车，不仅堵塞了消防工程通道，还对居民出行带来困难，居民因此怨言很大。小区地下车库的车位是业主购买的，一个车位价格一般在15万元到30万元之间，每月交纳管理费100元。但是地下车库无法满足业主的需求，还有接近200辆车子需要停在地面道路上，停车费为300元/月，而且外来的车辆也有很多停到小区里面，超过半小时5元，过夜也才10元。耀江花园虽是高档商品房小区，但乱停车问题拉低了小区的档次。

2014年3月，业委会牵头联合居委会和物业公司决定治理小区停车难题。经过书面召开业主大会决定，小区地面一律不准停车，为解决近200辆车主无处停车的问题，业委会和居委会通过街道协调旁边的世博园（世博园3号门有很大的停车场，平时停车的人较少）。经过协调，耀江花园的业主将车辆停在世博园，免费试停1个月，过后依然按照300元/月的标准收费。停车场没有灯，由业委会负责安装工程灯。小区地面不准业主长期停车，只有临时停车位，半小时内免费，超过半小时收取10元，而过夜则收取70元，临时停车收费价目表到物价局、房管办和派出所等政府部门备案，并张贴在小区门口。

虽然业主可以将车辆停在世博园，但是毕竟世博园距离小区尚有一段距离，不如停在小区家门口方便。起初很多车主并不同意将车子停在世博园，业委会发动业主志愿者5人1组每天早、中、晚都在小区值班，不准车主停在小区路面上。对于强势的业主，由业务会五六名成员上门做工作，业委会副主任老王说："他们硬，我们就更硬，没有斗争，肯定弄不好。"对于非常强势的业主，上门做工作做不通，就给他的车上锁，开锁要收100元，而且停多长时间还要收取多少临时停车费。大部分业主都是"看人学样"，业委会这样治理过几个强势的业主，能起到杀鸡儆猴的作用。刚整治的几个月矛盾很大，经常有业主来吵，说临时停车费过高，还常有业主打110报案，但由于业委会制定的价目表已经到物价局和派出所备案，得到了政府部门的支持。经过几个月的磨合期，现在业主也都自觉地将车子停到世博园，外来车辆的车主对临时停车收费规则也有了认识，停车比较谨慎，所以现在耀江花园小区路面基本上看不到车辆，业主也可以在小区花园里晨跑锻炼了，业委会得到了广大业主的认可。

业委会组织起来后，在回应业主需求的过程中提高了自治能力，获得了业主的合法性认同。同时，业主向业委会反映的诉求也开始增多。如业主向业委会副主任老王反映有保安收取佣金；有业主开车压坏绿化带；装修垃圾被随意倾倒而物业公司不管等。业委会收到业主的投诉后，向物业公司进行核实，明晰责任。业委会自治能力提高后，回应业主公共管理需求的能力也提高了，下面以装修建筑垃圾为例。清理装修垃圾不在物业公司提供的保洁服务范围内，无公德的业主随意将装修装潢垃圾倾倒在公共空间，保洁或保安人员即使知道也不会指正，否则就要得罪业主，最后的清理还是要由全体业主买单。小区64扇门和电梯因年久发生损耗，加上使用不注意维护，常发生故障，多有业主反映。业委会决定2016年增设4个内保，2幢楼1个保安，专门负责看管楼道垃圾、装修建筑垃圾以及电梯的养护等，实行包保制后，再考虑修电梯事宜。

业委会组织起来后，对于少数无公德的业主不遵守《业主管理规约》的行为，也敢于劝阻管理了。如有一个业主开车把绿化带轧坏了，保安前去劝阻管理，该业主就对保安凶，大声嚷嚷说："你是我们业主雇来的，还敢来管我？"对于这位强势的业主，物业公司向业委会反应后，业委会组织了3名成员和执委会的1名成员，共4人，晚上9：40去敲门做该户业主的工作。户主的态度还行，而户主的老婆哇啦哇啦地嚷嚷："停车不方便，你们还不让我停车了？"业委会成员劝说道："不是不让你停车，草坪是我们全体业主的，轧坏了还要重新铺草坪，花的都是大家的钱。"说到这里，她开始为自己找台阶下："别人不开，我也不开了。"业委会主任："没有别人开，就只有你从草坪上压过去，探头里都可以看到。"在业委会和执委会成员集体轮番做工作的情况下，无理的业主只好遵从规范。

案例2：金中苑业委会治理高空抛物和小区群租问题

金中苑小区1998年建成，现有400多户，现在的业委会是2011年改选成立的。2010年上海举办世博会，市政府为了美观和城市形象，统一对临街小区房屋外立面进行改造。金中苑小区外墙由U型墙体砖砌成，雨水可以顺着墙壁下流和蒸发，但是政府在不顾业主的反对下，强制将房屋外墙磨平并粉刷统一颜色，还在墙上统一用铁窗安装假阳台。当时很多业主反对房屋外貌改造，为了美观改造墙体结构，就有可能导致雨水渗透到墙体无法蒸发，从而导致房屋内部霉变，影响居民生活。而当时的业委会跟着政府走，没有积极维护广大业主的权益，导致很多业主的不满。

城市商品房属于业主的私人财产，政府在未经业主许可的情况下强制对房屋外貌改造，有可能危及业主的生活，实属一种侵权。但是业主到区政府反映情况，没有被受理。很多业主从世博会事件后，开始认识到业委会对于小区利益维护的重要性，由于对当时业委会不满，很多业主联合要求召开业主大会，重新改选业委会。笔者访谈的现任业委会副主任阿福就是2012年改选上来的。金中苑小区房屋外貌改造后墙体渗水问题从最初的10户已经发展到现在的100多户，居民的怨言很大，物业公司不解决墙体渗水问题，业主就以不交物业费和停车费来发泄。

2013年6月30日，金中苑小区物业服务企业合同到期撤出后，业委会公告业主，将重新选聘新的物业公司——M物业公司。由于小区业委会无法在银行单独开设账户处置停车费等公共收益，便将结余的20万元公共收益金存在新引进的M物业公司的账户中。业委会提出了公共收益金使用的限制条件，如每一笔开支要经过业委会审核签字或者将银行账户密码告知，由业委会来管理，但物业公司拒不配合。而且M物业公司服务不到位引起业主不满，物业公司也收不上来物业费，经协商，业委会和M物业公司提前解除物业服务合同，M物业公司仅服务了10个月就撤离。但是M物业公司未经业委会同意，将结余的20万元公共收益金用于抵扣业主拖欠的物业费，而不再积极履行催缴的责任，致使交了物业费的业主的利益受损。

2015年4月，M物业公司撤离后，业委会重新引进了一家新的物业公司，并服务至今。业委会和现在的物业公司关系处理得较为融洽，双方相互配合解决了小区治理中的几件大事。2015年5月11日前后，业委会公告治理业主投诉较多的群租难题，有的两室一厅或三室一厅住有10人以上，而按照市房管局规定，每个房间住人不得超过2人，于是业委会选了4户问题特别突出的来治理。业委会联合居委会和物业公司共同上门，反复做业主的思想工作，有3户答应整改，有1户坚决不改正，最后居委会和业委会向上联系街道房管办，作为典型案例来强制执法。前后历经3个月，小区比较突出的群租问题被解决，治理效果较好，居民比较满意。

小区高空抛物导致伤人的现象时有发生，往往因找不到责任主体而没有解决办法，居民怨言很大，物业公司也无力监管。金中苑小区业委会在业委会主任联谊会例会上，听到淞园小区业委会通过安装摄像监控设施解决了高空抛物难题，在随联谊会会长组织观摩后，也开始着手准备在本小区安装摄像监控设施。但是金中苑是个老旧商品房小区，小区维修资金和公共部位收益金不多，囊中羞涩，安装监控设施还需要征得绝大多数业主的同意。业委会依靠党员、楼组长和志愿者等积极分子的宣传和发动，最后业主通过了安装摄像监控设施的提议。2015年6月，金中苑小区业委会与物业公司合作，花了15万元，在小区安置48个摄像头来监视高空抛物，资金使用的是小区公共部位的收益金，来自小区内停车费、广告位出租费等，在全体业主和物业公司之间实行五五分成。小区安装摄像监控后，不仅有效解决了高空抛物难题，还有效预防车辆刮蹭以及防盗等问题。

金中苑小区的物业费是9个小区中最低的，目前物业公司正在向业主征询调价，从0.8元/平方米涨到1.25元/平方米，需要向每家每户发放征询表，上面注明物业公司的成本和收益，并将物业公司的账目定期公开，接受业主查账。同时，业委会也协助物业公司做好调价征询工作，并协助物业公司向拖欠物业费或停车费的业主履行催缴的义务。在业委会副主任阿福看来，业主不交纳物业费的主要有两类，因一点理由拒交物业费和毫不讲理的。但是现在对于业主不交纳物业费，只有物业公司起诉至法院申请强制执行一条救济途径。

金中苑小区内无地下停车库，地面停车位只有40多个，车费为300元/月，而小区登记的车辆有80多辆。小区停车不是按照先来先占的原则，而是按照登记顺序分配固定车位，每个车位都已经标号，已经形成惯例。没有固定车位的业主很不满，觉得同是小区业主，但自己为什么无权停车？小区的一个业主数次向业委会提议要改变停车位的分配规则，应该采取先来先占的分配原则。按照法律规定，业主提议修改停车位分配规则，应该经由20%的业主复议，然后开启业主大会投票表决，这对于该业主而言基本上不可能完成。而且副主任阿福对他说，即使按照先来先占的原则，小区的停车位估计也轮不到他来用，因为小区的老人多，在家没事就会提前帮子女占好车位，这样一来他下班回来车位也就都被占了。小区业主停车的刚性需求确实是一大难题，金中苑业委会正在想办法协调街道，在不影响交通出行的前提下，看能否把小区周边的公共道路空间合理开发，供小区居民临时停车，缓解居民停车的难题。由于是市政道路，所以需要街道出面协调统筹。

案例3：业委会主任联谊会综合协调小组的治理功能

2015年在联谊会平台下,建立由7人组成的跨小区的综合治理小组,融合小区与小区之间的刚性边界,实现业委会工作力量的叠加,在物业管理中实现了合力。综合协调小组成立后确实在实践中能发挥一定的治理功能,有几个具体案例可以体现:

2015年8月,在居委会党总支的倡导下,金中苑、精文苑和越纪公寓三个小区成立弄管会,增设治安岗亭,解决公共弄堂无序停车难题。

2015年,一个小区的业委会主任和物业公司项目经理交涉时被打,业委会主任找居委会全书记协调,全书记建议找综合协调小组求援。综合协调小组3名成员出面去协调,最后该物业公司项目经理以赔礼道歉来解决。

2015年,雾晓和驰骋小区发生邻里纠纷,小区业委会无法化解,业委会主任主动寻求综合协调小组的支援。

2014年,鉴于停车位紧张,白玉兰小区业委会想移动一些绿化带,拓宽道路,为业主多划几个车位。由于业委会不懂相关法律法规,未经政府审批,被业主举报,城管下来执法,对业委会下达行政罚款5万元。白玉兰小区业委会主任向业委会主任联谊会以及综合协调小组求救,在居委会书记、金律师以及联谊会共同与街道、城管沟通、斡旋之下,最后让白玉兰小区业委会负责恢复原状,免交行政罚款。可见,业委会成员在物业管理法律法规知识不足的情况下，就有可能好心办坏事。后在联谊会例会上，街道房管办潘主任受邀主讲业委会工作的法律规则，专门讲到像白玉兰小区那样毁绿划停车位的案例，指出避免违法的办法为，需要召开业主大会表决通过，并报请上级主管部门和街道审批后方能实施，否则就会好心办坏事。

案例4：精文苑小区试行业委会自管

精文苑小区建成于1998年，有3幢楼，总共只有153户，现小区固定停车位60多个，共有80多辆车。最初小区汽车不多，车位够用，就逐渐形成标号的固定车位惯例，停车费300元/月，后来买车的车主虽然也是业主，但只能将停在小区外。精文苑小区从1998年至2014年一直是H物业公司管理。H物业公司是房管所转制人员下海办的小私企，旗下只有几个物业小区。虽然H物业在精文苑小区不亏不赚，但是在另外几个小区收不上来物业费，都是亏本。所以2014年底在精文苑的物业服务合同临到期前，H物业公司宣布公司解体，告知业主重新选聘新的物业公司。

物业公司公告后，业主选举产生业主委员会，试图重新选聘新的物业公司。但由于精文苑小区规模太小，物业费又比较便宜，没有寻到新的物业公司，就由业委会试行自管一年，看看效果如何。业委会自管后，为了能实现收支平衡，征询业主将物业费调价到

1.5元/平方米，获得通过。原H物业公司解体后，公司员工也都下岗了，业委会返聘原H物业在精文苑小区的保安和物业公司项目经理管理小区，待遇从前。精文苑小区只有一个大门，聘请了4个保安，其中一个保安大叔在精文苑做了8年，对小区非常熟悉。小区固定车位有60多辆车，他都能记得车牌号和车主，若非这60多辆车进入小区，他都会上前询问，走亲访友需要临时停车的，他会问清是哪家的客人，并告知小区车主回来后要让车位。若有车主回来后发现车位被占，找保安去协调，保安就会上门让临时车主挪车。该保安说，小区业主大多是老师、医生等群体，素质较高，一般比较好做工作。小区内的停车秩序较好，只是固定停车位无法满足需求是当下的难题。

小区里没有公共活动室，挨着门口保安亭有一块闲置空地，业委会想把那片空地利用起来，建一个小区活动室，供小区居民在里面休闲娱乐。但业委会并没有上报政府审批就擅自修建了，从法律上来说属于违建，遭到其他业主的举报。业委会当时已经投资了20多万元修建活动室，被举报后城管部门下来执法，强制拆除。据保安了解，举报的人是对业委会不满的一个业主，他门口有一个垃圾桶，他向业委会反映希望能将垃圾桶移到另外一块空地上。业委会没有同意，理由为在小区建设规划上，垃圾桶就是放在其门口的，当初选房子时业主在知道这一信息时仍选择了那个位置，就应该容忍垃圾桶设置产生的外部性；其次，将垃圾桶移到他处，其他业主肯定会不满，这些业主在选房子时没有垃圾桶，现在多了垃圾桶，额外遭遇外部性是无法容忍的。

投资的20多万元都是业主的集体资金，修建活动室被举报后，业委会也心灰意冷，自管物业太累，因此过了试行期后，还是要寻找新的物业公司接管。

案例5：党的工作小组

居委会正式的党组织体制为党总支—党支部—党小组，耀江居委会在党总支下，有4个党支部和若干党小组。但是"党的工作小组"是耀江居委会的创新，是在9个物业小区内分别成立的，主要是居委会党总支为了协助和监督9个业委会的工作而成立的组织，为党组织参与业委会的工作提供一个名分或身份。9个小区分别成立党的工作小组，设有组长和副组长，他们首先是本小区的业主，有权参与业委会的例会，同时又是党员，有党的纪律约束。党的工作小组成员都是由群众基础较好的党员骨干担任的，可以协助业委会的工作，商品房小区业委会竞争一般较激烈——"打仗上来的"，工作经验并不丰富。小区实施大的工程项目，业委会做工作业主不听的，由党的工作小组去协助做工作。党的工作小组成员列席业委会的例会，有发言权和话语权，无投票表决权。居委会党总支全书记是9个党的工作小组的大组长。

居委会党总支自然希望党员来担任业委会成员，业委会主任联谊会的18名业委会主任中只有2名非党员。党总支的意愿通过民主选举程序来实现，在业委会选举过程中，居委会党总支书记发动小区300多名志愿者在小区里动员以保证党员当选业委会主任。而各小区党的工作小组成员也都是过去小区的志愿者负责人和党员骨干。在中高档商品房小区，由于居住群体的阶层和小区利益密度都不同于老旧小区，居委会在与业委会和物业公司的关系互动中容易处于边缘的位置，业委会和物业公司都有可能比较强势。

在这种背景下，如何实现居委会党总支对居委会、业委会和物业公司的领导是一个很大的挑战。耀江居委会党总支书记创新性地设立党的工作小组，目的就是通过发挥党组织的优势来对社会动员，深入到社会中去。党的工作小组到2015年1月23日才成立，是为了消除敌意。若在一开始居委会和各小区业委会尚未建立足够的信任关系时，就在业委会中成立党的工作小组，业委会会认为是居委会单向度地控制和监督业委会，并可能不配合。而在双方建立了信任关系后，再成立党的工作小组，就有协助和监督两方面的功能。

四、治理机制

中高档商品房小区居委会的行政工作以政策服务和福利分配类为主，比较容易做，治理难题在于物业管理。物业管理主要是业委会和物业公司的责任，但是绝大部分业委会内部不团结或治理能力不足，同时物业公司消极不作为，导致业主将很多物业矛盾转嫁给居委会。而居委会与物业公司以及业委会并不是行政隶属关系，很难协调物业公司或业委会来积极处理小区物业矛盾。居委会全书记2008年在耀江社区担任副书记，2009年担任居委会书记，深感工作推进的无力感，由此才想尝试推动成立业委会主任联谊会，将业委会组织起来，借业委会之力来制衡物业公司，积极作为，借力打力，形成合力。

刚开始成立业委会主任联谊会时，小区业委会主任都认为这个平台发挥不了作用，顶多供大家发发牢骚。平时各小区业委会孤军奋战，受到很多委屈和苦衷，确实需要一个发泄交流的平台。同时，上级政府也不那么支持成立业委会主任联谊会，对于小区内群租、违建等治理难题，政府房管办、城管等执法部门不会主动下来执法，所谓"民不告官不究"。涉及多个部门联合执法的难点，单个业主投诉，相关执法部门也是能拖则拖，消极行政。但是9个小区抱团成立联谊会后，组织力量增强，表达利益诉求和向政府施压的能力明显增强，政府起初也担心社会组织起来的力量。

业委会主任联谊会经过两年多的运行，逐渐从一个"发牢骚"的平台转变为一个"办事机构"。横向上，各小区业委会之间不仅相互交流物业管理中的难题，发现共性问题，还相互学习在物业管理中的先进经验和方法，提高了业委会的自治能力和回应业主合理诉求的能力。业委会主任联谊会是在社区党总支的领导下成立和运行的，社区党总支通过设立党的工作小组，发动党员、楼组长和志愿者等积极分子来协助和监督业委会的工作，社区党总支（居委会）和业委会在小区治理中能够相互协作，形成治理合力。业委会的治理能力组织起来且提高后，在对物业公司服务的监督和合作治理上更加有力，二者可以共同化解小区的外部性管理难题。纵向上，小区业委会组织联合起来后，通过社区党总支和居委会能够集中反映小区面临的共性问题，业委会主任联谊会也成为业主和政府沟通的平台，政府回应业主诉求也就更快更有力了。业委会的治理能力提高后，小区分散的找业委会办事的业主就增加了，如邻里纠纷、楼上楼下漏水等矛盾，过去业主都是找居委会，现在开始找业委会。耀江花园业委会副主任老王、金中苑小区业委会副主任阿福以及居委会全书记都在笔者访谈时提到，现在居委会和政府的部分职能延伸到业委会了。

耀江居委会成立业委会主任联谊会的制度探索，是以问题为导向的制度创新，在实践中是有生命力的，激发了社会活力。借鉴耀江的经验，半淞园街道召集辖区92个小区举行业委会主任联席会议，鼓励推广业委会主任联谊会和党的工作小组制度设置等，居委会下辖物业小区少的，可以跨居委会成立联谊会。业委会主任联谊会平台和制度不难建立，问题的关键在于制度能否有效运转起来，而不流于形式化。耀江居委会的业委会主任联谊会制度能在小区物业治理中发挥实效的机制为：一是业委会主任的学习培训机制；二是分散而孤立的业委会的再组织机制，以业委会为首的业主自治能力提高。当分散的业委会被组织起来后，就能有效地与组织化的物业公司或政府对接，交易成本大大降低，在社区内部就会表现为基层党总支、居委会、业委会和物业公司之间有机的分工协作机制，社区的治理水平就会提高。这是耀江居民区业委会主任联谊会呈现的前台经验，但不容忽视的是制度有效运转的后台权力，这也是为什么有的地方搭建了平台和制度，却没有实效的关键。

业委会主任联谊会制度有效运转的后台权力就是居委会党总支书记的治理能力与动力。基层党组织和居委会对于业主自治组织的业委会并没有制度化的控制手段，从业委会主任联谊会制度的提出和建设过程也不难看出，全书记通过个人的能力和掌握的资源，起初想方设法与各小区业委会主任建立私人化的人情关系，来保证业委会主任联谊会制度的持续运转，其中不乏种种非正式的治理策略和治理艺术。同时，全书记是区人大代表，结识区、街两级政府不同部门的官员，所以在2014年的联谊会例会上邀请了很多政府部门领导或专家，向业委会主任讲解交流物业管理相关的知识，对业委会主任进行培训，而这些关系资源都是通过全书记的私人关系动员的。之后耀江居委会还主办了《耀江小报》，一个月一期，社区约3000户，每户发一份，成本在5500元/月。《耀江小报》中有一个板块专门刊登业委会主任联谊会运作的情况通报，这些经费也都是靠全书记向政府以及驻地企业等"化缘"得来的。

耀江业委会主任联谊会制度的后台权力彰显的是当下社区基层党组织的建设能力，如何提高基层党组织的能力，从而使其在居委会、业委会和物业公司等几方关系中真正发挥领导作用，是当下城市社区建设的关键。上海市"一号课题"之后，优秀的居委会书记可以享受事业编，目的在于建立对基层干部的激励机制。

商品房小区物业管理面临的结构性矛盾

一

商品房小区物业公司与业主之间围绕物业服务和收费形成一对矛盾体。物业公司作为市场主体，以追求利润为目的，想以最低成本获取最高的利润回报；而业主作为消费者自然想以最低的价格获得最优的服务。市场竞争和价值规律调节着双方的需求，以期遵守质价相符的价值规律。合同双方存在的有限理性、信息不对称和投机行为，使得合同的执行需要成本，从而使得物业管理的矛盾成为市场固有的普遍性问题。但是本文想指出的是商品房小区物业管理面临的一个结构性矛盾，即随着新商品房小区房屋生命周期的变化和业主的更新，物业管理成本增幅高于物业价格变动速率，及其和业主房产增值和物业服务需求之间的总体性矛盾。下面以杭州市春江花月小区为例来说明。

二

春江花月小区为某知名房地产公司 C 开发的起家楼盘，一期2004年交付使用，二期2005年，三期2006年，已经是有十余年房龄的商品房小区了。该小区在当时为杭州市最高档的商品房小区，属于一代高层中的高端楼盘，业主非富即贵。小区的物业公司也是开发商自己的物业公司，至今一直未有更换过。C物业公司对每一个物业小区实行独立核算和自负盈亏的绩效管理模式，在春江花月小区的管理人员组织结构为经理、副经理、经理助理和管家。C物业公司提供管家式服务，春江花月小区分为7个苑，每个苑为一个片区，各设置一个管家负责该苑的综合事务。物管人员14个、工程部人员11个、保安54个，保洁外包188万元/年，绿化外包30万元/年。清洁和绿化都是外包给自己旗下的清洁子公司和绿化子公司，实行专业化分工经营。薪资方面，保安4500元/月、工程维修人员3800元/月、物业前台人员3500元/月（另交五险一金）。

2004年小区物业费为1.8元/平方米，2012年涨到2.2元/平方米，其中包括能耗0.6元/平方米，物业公司实际所获为1.6元/平方米。据C物业公司春江花月小区何助理反映，2015年物业亏损30万元，2016年开发商正式退出房屋保修，物业亏损更加严重。按照规定，房屋质量保修期为2年，结构性裂缝保修期为8年，电梯维保期为10年。由于春江花月小区是C公司开发的起家楼盘，相当于是一张名片，所以开发商对房屋的维保从2年延长到10年，2014年正式退出一期房的维保，2016年完全退出小区房屋维保。开发商在退出前对小区房屋进行托底式管理，而开发商彻底退出小区后，相当于给物业公司"断奶"，物业公司支付的维修成本将增加。

相较于物业服务质量而言，物业价格确实不高。春江花月小区虽然是10年前开发建设的，现在在杭州也算得上较为高档的住宅小区，属于花园式和园林式住宅区。小区里面还有一个有争议的湖心岛花园，在产权上属于市政，但是春江花月小区的住房呈扇形环绕着湖心岛分布，湖心岛花园就被封闭在小区里面，并没有开放的市政道路可以通往湖心岛花园。C物业公司经营亏损，向业主征询提高物业费，在目前这个阶段基本是不可能的，因为很多业主对物业服务质量和水准的降低感到不满意。很多业主觉得10年前刚入住小区时，物业公司提供的服务很好，小区的绿化整洁美观，而现在路面和楼道打扫不干净、部分绿化枯死不及时补苗、绿化生长杂乱不及时修剪、路灯和道路破损不及时维修、占用道路和绿化乱停车等问题层出不穷。春江花月小区的房价现在大约为3万元/平方米，和周边其他高端楼盘相比，物业没有继续增值。如今物业公司和业主的关系相对比较紧张。

C物业公司总部对分部下达的物业收缴率考核指标为95%，对分部和每一个员工都有绩效考核。C物业在春江花月小区的物业管理人员工作时间大都比较长和稳定，工作五六年以上的员工较多，和业主之间建立了相对熟悉的信任关系，每个管理员积累了一套和业主互动的工作经验。尽管现在很多业主对C物业服务质量的下降感到不满意，但是尚未到因此不交纳物业费的激烈程度，现在春江花月小区的物业费收缴率能达到99%。另外1%不交物业费的业主分为以下几种类型：(1)楼上楼下漏水、家里被盗、家庭财产有损失等事，物业公司没有及时有效解决的;(2)出国不在家的(出国回来后一般会一起补交);(3)空置房联系不到业主的;(4)处于拍卖期的房屋,因业主资产冻结,尚未有新接手的(后来新接手的业主会将欠的物业费一起补齐)。在访谈的时候,尽管有不满,但是绝大部分业主并没有更换物业公司的打算,因为 C 物业公司毕竟是已经上市的,属于大品牌。即使更换物业公司,也很难保证新的物业公司能够提供更好的服务,而且也很难以这么低的价格聘请到其他大品牌的物业公司。另外也有行业默契的限制,即除非 C 物业主动抛盘,大品牌的物业公司一般不会主动来抢夺市场,尤其是这种已经有10年房龄的小区。大品牌的物业公司争夺的是新一代高端楼盘市场。

三

面对业主的不断质疑和不满,物业公司也有很多苦衷。对于物业公司而言,新商品房小区,交付使用三四年时物业最好管理,七八年后矛盾开始显现,之后物业管理矛盾就会越来越大,进入矛盾多发期。春江花月小区现在物业公司和业主之间便正处于矛盾多发期,面临着结构性紧张关系。面对业主对物业增值、绿化、停车等物业管理的不满,物业公司在结构性条件的限制下感到很为难。

从物的方面来看:

(1)春江花月小区为一代高层,相较于二代高层,小区硬件和软件都已落伍,而更新的费用很高。如门禁系统,一户就需要5张卡；二代房的装修电梯和客户电梯是分开的，楼栋采用可视对讲的最新技术等，这些都不是一代房能比的。

（2）小区房龄达到10年，房屋各种设施设备和机能老化，相应的"跑冒滴漏"等各种维修频繁，维修成本增加。

（3）小区开发建设时停车位是按照1：0.8配备的，小区现有2192户，地下停车位1400个，地上停车位200多个，但是小区户均至少一辆、至多两三辆车，停车位缺口高达1000个以上。业主刚入住小区的头几年，汽车数量还没有这么多，停车位基本能够满足需求，不存在乱停车、抢占停车位的现象。这几年家庭汽车数量不断增长，而小区停车位却没有增长空间，业主对停车位就产生了刚性需求，因此抢占停车位、占用消防通道或绿化停车等无序现象增多，小区道路开始拥挤，拉低了高档小区的档次。

（4）关于业主反映的绿化问题，小面积的补苗，物业公司可以出钱补种，但是大面积的补种或更新，物业公司单方面负担不了。小区的绿化分为不同的等级，大的乔木树龄长，不需要更换，少数死的补种即可，但是对于名贵树木，一两棵树都要花费很多钱。处于中间等级的低矮的灌木或植被，已经达到10年树龄，寿命已尽，到了更换的阶段，一代小区这个问题开始突出。但是大面积地更换绿化树木，费用较高，不可能单方面依靠物业公司来支付，而大多数业主并不了解这个事实，或认为这是物业公司负责的事。

（5）小区的集体资产在减损，包括住房维修金和集体经营性收入两部分。春江花月小区的住房维修金有3000多万元，每年

1%的利息。动用住房维修金对于小区业主是一道紧箍咒。10年的小区尚未更换电梯，其他设施设备一般不会轻易动用。而住房维修金的利息赶不上物价膨胀的速度或货币贬值的速度，因此住房维修金的数额是在减少的，特别是随着房屋老化维修使用项目的增多，住房维修金会进一步减少。春江花月小区目前的集体经营性收入账户中只有100多万元，而小区集体经营性收入和前期业委会的管理能力也成正相关，据业委会徐主任反映，春江时代小区只有400多户，小区集体性经营收入一年高达1000多万元。

从人的方面来看：

（1）小区交付使用七八年后，入住率高、人口数量增加、小区公共设施使用频繁，很多家庭里还雇有保姆，人流量的增加也会加剧小区的自然损耗。

（2）小区业主的更新和替换频繁。因为小区住房结构和功能的过时和老化以及小区档次的下降，无法满足部分有钱的业主对居住功能和生活品位的需求，他们就开始在二代或三代高端楼盘购买新房，开始了从一代房向二代房或三代房流动的过程。部分顶层精英业主流失有以下三种可能的结果。其一，子代有钱购买二代或三代高端房后，将这里的一代房留给父母养老居住，这也是小区近几年老年人逐渐增多的原因。其二，部分业主搬离到新房居住后，就将这里的旧房卖掉，因此二手房或三手房东开始增多。物业公司何助理说，春江花月小区自2013年起房屋买卖开始频繁，二手房、三手房东增多，这也正是小区在使用七八年、物业矛盾显现后开始出现的现象。据何助理反映，新搬进的业主素质不高，如在小区遛狗不牵绳、宠物狗粪便不清理等，业主投诉多，物业公司只能上门劝说，但是效果也不明显。另外一个特殊的因素是经济形势下行，老板破产房屋拍卖的增多，尤其是2016年小区房屋拍卖的较多，上半年就有6起。其三，部分业主搬离到新房居住后，这里的旧房没有卖掉，而是用于出租，甚至用于群租。租客相较于业主而言流动性更高，对小区没有归属和认同感，对小区公共设施设备的使用更加不爱惜，在小区环境卫生和治安等方面都给物业管理增加了新的压力，提升了物业服务成本。

四

从以上两个方面来看，随着新商品房小区房龄的增加，房屋的生命周期从青壮年步入中老年阶段，小区的集体资产是在不断减损的，而小区的物业管理成本是在增长的。若小区的物业费没有同步提高，物业公司作为逐利的市场主体，只好缩减服务人员从而降低成本，带来的结果就必然是物业服务质量的下降和业主对物业服务的不满，因为业主对照的是10年前刚入住小区时的物业服务标准。可能的出路是提高物业价格，但这在已经老化的小区很难实现，因为业主更新后存在支付意愿结构问题（老年人、租客或中下层业主的增多和积聚）。由此，物业管理随着商品房小区的老旧化陷入结构性矛盾的困境中。

一旦物业公司和业主之间就物业管理问题陷入结构性矛盾而无法突围，就可能出现以下结果：

（1）物业公司抛盘弃管。这是很多中低端老旧商品房小区面临的物业管理困境，也是城市治理面临的难题，街区两级组织很担心物业公司弃管后造成小区混乱的后果，因为此类事件外部性强，一旦被媒体曝光后，政府自然要兜底。

（2）一些小型而资质低的物业公司接管。为降低成本，此类公司雇佣的一般都是老龄劳动力，物业管理非规范化经营，甚至出现侵占业主的公共收益金的情形，导致业主对物业服务更加不满。而由于小区利益密度较低和社会异质性高，业委会工作的动力不足，小区的物业管理比较混乱，且机制不顺畅，进而矛盾突出。

（3）一些大品牌的物业公司，为维护品牌声誉，一般不会随便抛盘弃管，特别是这种开发商起家的楼盘，即使亏损经营，一般也不会撤退。对于这些大品牌的物业公司，即使个别楼盘的物业经营亏损也无大碍，因为占据了新高端楼盘市场的一定份额，这一市场的高利润回报可以弥补个别楼盘的亏损。此外，对于C物业公司而言，总部对各分部实行独立核算、自负盈亏的绩效管理模式，给各分部带来很大压力，特别是已经老化的小区。为了突围，C物业公司2015年新推出生活园区的服务，试图通过扩大产业链和延伸产业范围，以多种经营来补贴物业服务的成本，效果如何要观察后再判断。

从以上分析不难看出，不管多么新、多么高档的商品房小区，都有变老旧的一天，也会逐渐加入"老旧小区"的行列。面对老旧小区的物业管理陷入的结构性困境，如何突围值得探索。在这个过程中，政府的角色和功能是什么，如何评估住房商品化改革的效果等，这些都是值得进一步研究和探讨的大问题。

五

前文指出了随着房屋生命周期的变化，小区物业管理成本不断增加与集体资产减少的矛盾。关于如何突围，笔者想提出"物业经营"的概念，来促进物业小区集体资产的保值增值。物业小区的集体资产主要包括住房维修金和公共收益金，住房维修金相当于固定资产，公共收益金相当于流动资产。住房维修金现在是由住建部门代为管理，一般是放在银行账户里，只能拿取银行利息。这就造成了巨额的住房维修金的资金沉淀问题——放在银行账户里不仅收益低，而且资金储蓄没有转化为资本。现在保险资金和养老资金都放开可以进行投资，住房维修金是否也可以放开投资呢？不过，随之而来的问题就是投资失败的风险谁来承担？业委会不具有独立法人地位，无法在银行单独开设账户，小区公共收益金一般是委托物业公司进行管理。

另外一个相关的问题是，法律上虽然规定了对于商品房小区物业管理，业主可以采取自管模式，也可以采取委托管理模式，但《物业管理条例》却是以委托管理为主规定相关主体的法律权利义务关系，并没有提及业主自管模式下的法律关系。笔者在佛山市禅城区街道调研时遇到的几个业主自管模式的小区都是微型商品房小区，都面临责任风险承担的难题。也有的规模较大的商品房小区探索业主自管模式，在业委会组织之下由全体业主入股注册成立小区自己的物业公司来管理。这种模式的风险与责任问题需要探讨：是否可行？业委会有没有物业经营的职责和功能？相应地，业委会可否拥有独立法人地位？这涉及对物业管理的性质、业委会和业主关系的理解。社区物业管理不仅仅涉及市场化的物业服务关系，实质上是一种多维治理形态，包括物业服务、业主自治、行业自律和行政监管等四方主体的合力。

老旧小区的准物业管理制度探索

一

城市社区按照有无专业化和市场化的物业管理标准，大致可以分为有物业管理的商品房小区和无物业管理的老旧小区。有物业公司管理的商品房小区，治安、卫生、绿化、车辆管理和维修等都是业主自己负责，业主可以采取外聘物业公司管理或自管模式，不需要政府操心。老旧小区的房屋产权性质比较复杂，存在无单位的房改房、单位自管房、公房、私房等不同类别。单位自管房的物业管理由本单位负责，在住房制度改革后单位自管房已经很少了。公房多是中华人民共和国成立前建设的非标准房，大都是低矮的平房，产权归属政府，由政府收房租，例如杭州市上城区公房占房屋比例的15%到20%，公房的物业管理由区房管局负责。公房和私房往往混合在一起，私房与公房一样都是中华人民共和国成立前建设的非标准房，在社会主义改造的时候未经没收而保留归个人的部分就是私房，私房的物业管理由个人负责。无单位的房改房小区的环境卫生、治安、维修和停车等问题成为我国各城市管理的难题。

上城区2008年实施老旧小区提档升级改造工程（背街小巷、

庭院、外立面等基础设施改造），对老旧小区后续的物业管理进行了探索。改造后的老旧小区，有条件封闭起来且居民愿意引入物业公司的，政府鼓励实施市场化的物业管理；无法引入物业公司或居民不愿意引入物业公司的，实施准物业管理制度。在实施准物业管理制度前，老旧小区的环境卫生、治安和维修等由社区负责，社区向居民按户收取50元/年的卫生费，提供垃圾清运和楼道保洁，治安依靠社区组织党员、居民积极分子义务巡逻，房屋"跑冒滴漏"需要公共维修由社区负责组织居民自筹资金解决。但这种方式往往难以达成集体行动，只能社区兜底，特别是小区乱停车无人管理，居民扯皮的多，小区满意度较低。上城区从2011年起正式实施的准物业管理制度，是对无单位老旧小区管理模式的探索。下面以上城区紫阳街道为例，对准物业管理模式进行描述和分析。

二

紫阳街道下辖12个社区，其中有2个高档商品房社区、2个正在拆迁的社区，其余8个为实行准物业管理的老旧社区。紫阳街道在2011年正式注册登记成立邻里服务中心，负责全街道的准物业管理工作。邻里服务中心注册登记为民办非企业单位性质（社会组织的一类），共有管理人员5名，其中中心主任是从街道下辖的社区居委会主任中选上来的，依旧属于街道社工编，1名财务人员（会计和出纳）兼前台（负责报修电话接听），3名专业人员（分别负责保安、保洁和保绿工作）。街道给邻里服务中心一定的门面房，中心收取租金作为经费来源。中心主任和2名专业人员都是原来的社区社工，由财政发放工资，2015年中心的财务人员也考上社工，继续留在中心工作，其工资也由财政负担，所以目前邻里服务中心只要负担1个人员的工资即可。

街道邻里服务中心直接归属街道城管科管辖，其业务主管部门为区住建局，由区住建局对邻里服务中心进行准物业管理绩效考核。邻里服务中心除了5名管理人员外，还有12名技术工人（电工3名、管道工4名、电控门3名、杂物2名），中心并不支付技工工资，而是和其签订计件协议，每次维修的费用由各社区准物业管理处按件支付给维修工。邻里服务中心在需要准物业管理的8个社区各设置1个准物业管理处，根据社区准物业管理面积标准，达到5万平方米配备3个工作人员，每超过3万平方米增设1个工作人员，每人的工作经费按3万元/年划拨，其中准物业管理处主任由分管城管卫生的社区副主任或副书记兼任，另外配备1~2名协管。如此，紫阳街道邻里服务中心下面就有上羊市街、十五奎巷、太庙、候潮门、凤凰、新工、北落马营和彩霞岭社区这8个准物业管理处。

社区向居民按照住房面积收取0.15元/平方米的准物业管理费，提供保安、保洁、保绿、保序和保修等"五保"服务："保安"主要是设置保安岗亭，聘请保安负责治安管理；准物业管理中的"保洁"只包括小区楼道保洁，所有老旧小区道路的保洁则是由街道统一发包给保洁公司负责，不从准物业管理费中列支；"保序"指小区内车辆停放管理，在可以实施相对封闭管理和划取停车位较多的社区，实施停车管理和收取停车费；"保绿"指对老旧小区内的绿化每年提供打农药、锄草等简单的保绿服务，由3个公益性岗位来负责，而对大型修枝剪枝等绿化服务，根据"不告不理"原则，一般有居民投诉树大遮阳等才去修剪，采取服务外包模式，每次修剪根据树的直径、高度和粗细等计件支付对价（包括修剪和树枝清运），一年保绿支出为30万元，否则专业养护成本太高。

"保修"主要是对老旧小区公共部位如楼道灯、电控门、"跑冒滴漏"等的维修。具体的维修流程为：居民发现有需要维修的项目报到社区，社区打电话上报到邻里服务中心，邻里服务中心再派相应的技工去现场维修。邻里服务中心的技工是从房管站寻找的，直接和技工本人签订计件协议，维修费用要比市场价便宜40%～60%，因为邻里服务中心并不从中赚取利润和中介费。准物业管理的优势就在于能够实现资源整合、配置优化和规模经济，单独的社区或居民个体直接与市场对接的搜索成本和交易成本比较高，通过邻里服务中心组织与市场对接能够大大降低成本。上羊市街社区的准物业管理面积较多，而邻里服务中心的维修工人手有限，又要负责整个街道老旧小区的维修工作，容易出现报修的人多而需要排队的现象。鉴于此，为了能够更快更及时地回应居民的需求，上羊市街社区准物业管理处也和一个比较信任的维修工签订维修协议，前者每月支付1000元的人工津贴，后者负责该社区的所有维修工作，维修材料在社区指定的店家购买，材料费由社区出，大型的维修另外计件支付。

三

准物业管理费用的收入和支出的情况如下。8个社区准物业管理处负责向居民收取准物业费和停车费，然后上交到街道邻里服务中心，邻里服务中心在银行开设准物业账户，每个社区都有1个单独的子账户，各准物业管理处独立收支，专款专用。社区每一笔开支都需要邻里服务中心审核，1000元以下的由邻里服务中心主任直接审批签字，1000元以上的则须由邻里服务中心主任签字后，再逐级上报由街道城管科科长和分管领导签字。只要是居民所需的合理开支，一般都会签字同意。大型的公共维修如支出在5000元以上的，准物业管理费负担不起，一般考虑动用住房维修金。在房改房时期，居民按一定比例交了住房维修金，每幢房子的住房维修金大概在两三万元。动用住房维修金的程序比较烦琐，街道邻里服务中心主任在走过一次完整的程序后，制订了申请使用住房维修金的模板（流程），过去走完整个流程至少要2个月，现在则只需要20天到1个月。关键的问题是找施工单位比较麻烦，因为这种小额的维修项目，资金少而风险高，施工单位不愿意接。

各社区准物业管理经费的来源为准物业费、停车费、其他少量经营性收入（如收取的占用社区场地的摆摊费、宣传费和自行车棚费等）和财政补贴，除此之外如果支出还有资金缺口就由政府财政兜底。准物业管理提供的是"五保"服务，其中大件物品清运费和公共维修费支出较多，大件物品清运费每个月平均都要1万多元。从整个街道层面来看，紫阳街道8个社区准物业管理处从2011年以来收取的准物业费和停车费为：2011年，准物业费35.3万元、停车费80多万元；2012年，准物业费41.9万元、停车费90万元；2013年，准物业费50.5万元、停车费105万元；2014年，准物业费48万元、停车费120万元；2015年，准物业费51万元、停车费120多万元。实行准物业管理以来，准物业费和停车费的收缴率有一定上升，但是总体上相对稳定，增幅不大，两项之和不足200万元。而8个社区准物业管理总的开支一年在1000多万元，资金缺口在八九百万元，其中包括保安、保洁、保绿等人员工资的开支。

实行准物业管理的社区，聘请的保安和保洁都是"4050"人员（现在改为"4555"人员），属于政府提供的公益性岗位，提供杭州市最低工资待遇，算财政支出。从社区一级来看，由于社区保安和保洁等人员工资由财政负担，目前社区收取的准物业费和停车费大体上能够实现扣除人员工资以外的准物业开支平衡。过去保安、保洁等公益性岗位的工资不从准物业账户中列支，部分居民认为街道和社区从准物业费中赚钱营利，此后保安和保洁等人员的工资变更为从准物业账户中列支，导致准物业账面资金缺口每年在八九百万元。除此之外，社区内实行准物业管理小区楼道以外的路面保洁，也不从准物业费中列支，而由街道统一外包给保洁公司负责，分为一类道路24小时保洁、二类道路16小时保洁、三类道路10小时保洁。除掉春江和甬江社区以外的10个社区，一年的路面保洁费用在三四百万元，平均一个社区要三四十万元。从以上准物业管理的收支情况来看，杭州市对老旧小区实施的准物业管理本质上还是由政府兜底，从居民那里收取的准物业费是比较少的。政府补贴和兜底的准物业费用由市区两级财政共同负担。

四

区住建局对街道邻里服务中心的绩效考核纳入对街道的考核范围内，紫阳街道邻里服务中心自2012年7月1日对各社区实施准物业季度工作考核办法。考核办法的内容分为基本要求（10分）、工作台账（5分）、公共区域保洁服务（8分）、安全秩序维护服务（10分）、停车秩序服务（6分）、公用设施、共用部位养护服务（8分）、绿化养护服务（8分）、小区内道路保养服务（5分）、准物业费及小区停车收取率（30分）、街道评分（10分）以及其他扣加分项目（不封顶）。其中准物业费收取率不应低于总额的70%，低于70%的，扣6分；低于60%的，扣10分；低于50%的，扣15分。第一二三季度暂不考核，第四季度总考核。停车收费按小区泊位收费，泊位收费率应达到85%以上，低于85%的，扣5分；低于70%的，扣8分；低于60%的，扣12分。

奖励措施为：

（1）全年5次考核，100~90分（不含）为优秀，全额考核奖；90~80分（不含）为良好，二类考核奖；80~70分（不含）为合格，三类考核奖；70分以下不建奖。工作中如出现推诿、拖拉或屡次提醒拒不改正的，亦不建奖。年终考核按照前4次考核总分的平均分数排名。前4次考核获得一、二、三类考核奖的奖金分别按照350元、300元、250元的标准发放，年终考核奖金一、

二、三类分别按照1300元、1200元、1100元的标准发放。（2）停车收费包月按照收取费用的10%标准发放津贴；临时收费按照收取费用的50%标准发放津贴；非机动车收费按照收取费用的10%标准发放津贴。（3）按照准物业实际收费总额的8%标准发放津贴，超过去年准物业收缴额部分的按照15%的标准发放津贴。

紫阳街道对社区的准物业考核主要是以奖励式激励为主，如果考核不合格的后果顶多就是拿不到季度奖和年终奖，而季度奖和年终奖的数额也都是比较小的。另外对社区收取准物业费和停车费的激励措施为按比例提成，收得多获取的津贴就多。准物业管理小区的准物业费由社区负责收，目前有两种方式：一是由楼组长代收；二是由社区干部亲自收。楼组长除了代收准物业费外，还会代收楼道灯电费等公共费用，但收费较难，容易挫伤楼组长的积极性，因此很多楼组长不愿意代收，就只好由社区干部亲自收。准物业费虽然很低，但还是有很多居民不交准物业费，还有的只愿意交以前50元/年的卫生费。老旧小区的住房户型普遍较小，大多在五六十平方米，按照实施后的每月0.15元/平方米的准物业费标准，一年的准物业费在100元左右。政策规定三类人群免交准物业费，即低保家庭、残疾人和困难家庭。邻里服务中心的王主任认为居民不交准物业费不是因为差钱，关键在于没有花钱买服务的意识和理念。王主任诉苦说，你去问居民收取准物业费，他会反说："我不需要准物业管理，门口我会自己扫。"而如果社区真不管的话，结果就是公共区域的环境卫生没有人打扫。社区可用来迫使居民交准物业费的资源是，居民需要到社区报修或有其他有求于社区的事项时，社区可借此作为交换条件，如"你把社区的准物业费交了，就给你修楼道灯"之类，但是社区大部分情况不愿意得罪居民，即使居民没有交准物业费，也会满足其诉求。

五

相较之前，准物业管理制度推行后，增加了停车管理、公共维修和绿化等物业服务内容，管理得更加专业，小区更加安全，居民的社区满意度明显提升。准物业管理制度从根本上说还是以行政为主导和政府兜底的物业管理模式，需要以政府财政实力为限。准物业管理制度推行后面临如下问题：

（1）准物业费收取难。准物业费的收缴率在60%~70%，居民不缴准物业费，社区也没有办法，停车费相对好收些，收费标准为100元/月、1000元/年。

（2）社区工作量增加。社区被推向与居民冲突的前线——对社区停车进行管理，居民乱停车、装地锁等行为需要社区牵头组织干预。要对居民行为进行管理，就有可能和居民发生冲突，得罪居民，从而可能影响居民满意度考核，而区、街对社区的考核中最重要的一项就是居民满意度考核。

（3）政府服务包办消解了公民的责任感。以小区楼栋电控门安装为例，楼栋电控门是政府出资安装的，寿命为2年，如果打开后不及时关上而是一直开着，可能半年就坏了，此时邻里服务中心就要修后更换。这在居民那里就变成了"反正门坏了有政府兜底来修",而不会加以爱惜。当居民没有组织起来时,社区公共品供给就会出现"易建不易管"的后果;当居民的主体责任感没有被调动起来时,国家资源输送得再多,也难以转化为有效的能力建设。但是城市社区的社会基础和乡村不同,人口流动较为频繁,老旧小区尤甚,流动人口对于社区生活没有长远的预期,不会对社区产生认同和归属,因而也就对社区公共事务和公共设施的维护参与度较低,这是一个结构性困境。

(4)行政兜底型物业管理政策的合理性和合法性问题。不管是背街小巷、危旧房改造和庭院工程等基础设施的改造,还是后续的小区准物业管理,老旧小区改造的绝大部分资金都是由政府财政负担,居民只是出了少量准物业费。相较之下,由物业公司实行专业管理的商品房小区,不管是住房基础设施的维护和更新,还是小区物业管理,都完全是由业主自力负担,政府没有介入承担责任。为什么不同的小区,政府会区别对待?商品房小区随着房龄的增加和生命周期的变化,也会从新小区逐渐走向"老旧小区",变老了的商品房小区是不是和房改房形成的老旧小区相同?老旧小区仅仅指外观和机能的老化,还是在性质上有特定的内涵?这并不是咬文嚼字,而是涉及政府的责任边界在哪里的问题。

六

对目前老旧小区采取政府兜底政策之合理性和合法性的解释,可能有以下说法:

（1）弱势群体和民生工程说

老旧小区的居住群体以老年人、城市中下层居民、流动的租客等群体为主，相较于中高档商品房小区的中层和上层阶层而言，他们构成了城市社会中的弱势群体。因此政府对老旧小区物理环境的改善与管理采取政府兜底政策，体现的是财政的二次分配正义——国家财政主要是由税收构成，从富人群体通过财政的再分配部分流向弱势群体，相当于是给相对贫困的弱势群体的福利，具有缩小贫富差距、社会拉平和阶层流动的功能。

（2）公共品和集体消费说

老旧小区不像商品房小区那样完全封闭，而是相对开放，因此小区内的道路、绿化等基础设施具有较强的公共性或外部性，非小区的市民同样可以自由利用小区内的道路、绿化等基础设施，也可能会产生垃圾。老旧小区的基础设施和物业管理等于是具有部分市政工程的性质，产生了非小区居民的集体消费行为，这个消费集体由全市不特定的市民构成，因而应由政府财政支付对价。该学说主要是从小区的封闭性与公共品使用的排他性来考虑的，小区越是封闭，内部公共品的排他性越强，外部性内化的程度越高，就越应该由排他性的内部使用者来支付成本，如中高档商品房小区。相反，小区越是开放，内部公共品的排他性越弱，外部性内化的程度就越低，外部不特定第三方使用者利用的频次也越高，小区内部公共品的公共性因而越强，就越应该由政府支付集体消费的成本。

（3）政治收益与社会稳定说

另一种可能的解释就是政治因素的考量，现在的老旧小区特指是在住房商品化改革前建设的房屋，区别于市场化供给的商品房小区，大都是单位房转制而来的。20世纪90年代中后期开始，国企转制和单位房转制基本上同步进行，单位房改制为商品房，由单位职工买断产权，同时大量国企工人下岗。因此，住房制度改革后的老旧小区聚居了大量的下岗工人，他们是国家制度改革的利益受损者和牺牲者。一方面，在单位制时期，居民养成了对单位的总体性依赖，只要向单位或政府交纳了一定的房租，物业管理等事项就由单位或房管站来负责。住房制度改革后，居民并没有形成彻底的市场化契约精神，没有形成花钱购买服务的意识与观念，而是延续了单位制时期对单位和政府的依赖意识。

另一方面，总体上而言这批下岗工人后来再就业和发展得并不是很好，属于城市社会的中下层群体，老旧小区作为他们的聚居地。政府如果对他们的住房维修、更新和管理等事务完全不负责任的话，可能会激发群体性事件，社会有不稳定的风险。在政府有财政实力负担的前提下，与其承担高昂交易成本地从居民那里收缴微薄的费用，不如由政府直接用财政支付，换来社会稳定和经济发展的时机。关于这点，笔者在佛山市禅城区张槎街道调研时感受尤为明显：张槎街道通过服务外包的方式，将全街道市政工程的养护以及老旧小区楼道、路面的清洁工作全部外包给一家保洁公司来负责，无物业小区的居民不需要交纳物业费即可享受干净卫生的环境。

以上3种说法都有一定的道理，但尚不具有完全的说服力，还需要再深入思考。根据不同的假说回答变老旧了的商品房小区应不应该也由政府兜底这一问题时，会得到不同的答案：根据说法（1），应该由政府兜底，因为老旧了的商品房小区，随着外观和功能老化，无法满足中上层的需要，就会逐渐出现业主替代或更新的过程，最终沦为相对弱势群体的聚居地；根据说法（2），是否应该由政府兜底，要看小区的封闭性和排他性维持的效果，如果依然保持高封闭性和排他性，便不应该由政府兜底，而应该由内部使用者自主负担，反之，则应由政府兜底；根据说法（3），不应该由政府兜底，因为现在住房制度改革形成的老旧小区是特定历史阶段的遗留问题，政府是否要兜底，不仅要看小区房屋外观和功能的老化，更多的是政治因素的权衡。

七

通过以上的讨论，我们可以进一步提出问题：对于老旧小区的物业管理，究竟应该采取市场交易模式、行政兜底模式还是社会动员模式？哪一种具有低成本、高效率和可持续性？

采取专业化、市场化的物业公司管理模式，前提是需要小区的封闭性和排他性，需要前期改造设施投入成本，以及后续管理中提高物业价格，而老旧小区的居民对小区环境和品位的需求较低，不愿意支付较高的物业管理成本。小区居民支付物业价格的意愿结构，是由其经济地位和参与社会地位竞争需求决定的。

老旧小区的本质是什么？笔者倾向于将老旧小区定义为外观、结构和功能老化并且过时的小区房屋，这些房屋无法满足居民对新功能的需要，因此被部分有能力追求新一代住房的居民所抛弃。房屋居住环境最终成为一个人身份与社会地位的标识和阶层符号。可以结合作为住房主体的生命周期、小区房屋的生命周期以及社会阶层3个变量来分析：

人的生命周期可以根据是否独立参与社会地位竞争而大致划分为3个阶段：（1）尚未成家独立参与竞争的青幼年成长期，此阶段主要依附于原生家庭；（2）成家后独立参与社会地位竞争的中青年时期，位于此阶段的人群是城市社会阶层地位竞争的主体，以核心家庭为竞争单位，房屋是竞争的外在载体；（3）子女成家后退出社会地位竞争的中老年群体，此阶段的人群已经退出社会地位竞争，由其子代作为继承的主体，他们可以对子代参与竞争提供一定的支持资源，但自身已经退出激烈的社会竞争，而享受晚年无压式的退休生活，并已失去对住房符号的需求，对住房的外观、结构和功能的需求度都较低。

而房屋根据使用的年限，外观、结构和功能，其生命周期也可以大致分为青年、中年和老年阶段。一般情况下，中高档的新商品房小区的居住群体一般是以中青年群体为主，而随着房屋的生命周期从青年阶段逐渐步入中老年阶段，需要有能力参与社会阶层地位竞争的中青年群体，就会逐渐流向新一代中高档商品房小区，以满足其对停车、电梯等更优功能的需求，以及背后体现的地位符号的价值需求。此时，继续在老旧小区生活的群体主要由三类人群构成：暂时无能力参与社会竞争的中下层中青年群体，已经退出竞争的中老年群体，部分过渡群体，如租客、暂时无能力购房的新城市人（年轻白领、刚毕业的大学生等），以及为将来参与社会竞争而储蓄积攒力量者。我们看到第一和第三类群体，即在城市社会竞争中处于相对弱势者，他们承受了高度向外竞争的压力，因而会尽量压缩现在居住小区的开支，以积累家庭剩余来实现向更好小区的流动，对现行小区的生活预期和归属感都比较淡漠，所以对于支付较高的物业价格以提高物业服务质量和小区环境的意愿比较低。第二类已经退出社会竞争的中老年人对小区物业服务和小区环境的需求度较低，只要居住得舒适、过得去就行了，支付较高的物业价格的意愿也同样比较低。

综上，对于老旧小区采取成本较高的市场交易模式不太现实，客观上需要结合行政兜底和社会动员模式。杭州市上城区的准物业管理模式和佛山市禅城区的服务外包模式，问题在于主要采取行政兜底，而缺乏社会动员。这不仅需要政府具有雄厚的财政实力为基础，而且容易造成居民对政府的过度依赖，从而消解了居民的公民责任感，可持续性较差。

代理人失灵：失衡的物业治理结构

一、背景

老旧小区由于建设年代较早，当时尚没有住房维修金的概念，即使有也是非常少，加上公共部分的收益相较于现在的商品房小区也要少得多，所以小区的利益密度比较稀薄。另外，从阶层结构和生命周期两个维度分析老旧小区的居住群体，主要是老年人、中下阶层的年轻人、购买学区房作为过渡的中产阶层（例如新上海人）以及小白领租客。新上海人和租客的流动性强，老旧小区只是作为一个过渡和跳板，一有机会他们就要搬走，对小区没有长远的预期，对小区也不关心，而老旧小区公共设施的老化和维修又迫在眉睫，这是小区物业管理面对的突出问题。从组织的角度来看，党总支（居委会）、业委会和物业公司在小区物业管理中既需要分工制衡，又需要协作共治，也就是说，在分工和协作中实现一种相对均衡。但即使在同一小区的不同阶段，"三驾马车"之间的关系和小区治理秩序也不尽相同，遑论不同的小区。根据组织关系的实践形态和治理秩序的不同，可以从代理人的视角来分析小区治理绩效的差异。

上海市K街道Y小区有1031户，2251人，2/3为1988年征地拆迁安置的农民，1/3为市民，60岁以上的老人有700人。Y小区的建设是由中房集团承建的，小区的物业公司一直都是中房物业公司，Y小区属于中房物业公司的直管小区。小区售后公房物业费为0.5元/平方米，商品房为0.4元/平方米左右，现在物业费要调价需要征询业主通过。2015年，Y小区的党总支、居委会、业委会都改选，进行了大换血，物业公司在2014年9月也更换了新的项目经理。Y小区有5名居委会干部，由于1名辞职，1名生小孩，所以目前居委会只有3名干部，分别是党总支书记、居委会主任和1名分管文教、卫生和计生工作的成员，书记是2015年初刚下派的，居委会主任是2015年换届选举刚竞选上的，另外1名成员也是刚招聘进来的。业委会换届选举本应在8月举行，但由于业主拉票竞争激烈暂时缓行，先进行党总支改选后再来举行业委会的改选。Y小区的社区治理机制运行不畅，"三驾马车"之间的关系前后经历了两个极端。

二、"三驾马车"穿一条裤子

如果用代理人的视角来看，居委会干部是国家的代理人，业委会成员是全体业主的代理人，物业公司的小区经理则是物业公司的代理人。代理人理论的一个核心就是如何建立一套有效的激励和监督机制来保证行动者个体的利益与组织的利益相一致。物业公司、业委会和居委会在制度设置上有明确的分工，需要各司其职、规范运行，但是具体到小区一线治理的实践中，除了专业性条线工作可以由一个单独组织完成外，还存在很多分工模糊或需要多方协作治理的公共地带，此时就需要"三驾马车"之间有机合作与积极治理。然而，因三方代理人各自拥有的资源禀赋不同，在互动中存在博弈，从而演绎出不同的治理绩效形态。

Y小区的治理以2015年组织代理人的更换为界，大致可以划分两个阶段。前一个阶段形成以居委会为主导的利益共同体，现任居委会干部、物业公司经理和普通居民都不约而同地用"居委会、业委会和物业公司是穿一条裤子的"来形容当时的三方关系。老旧小区居住群体的阶层结构和利益密度特征，决定了业委会无法吸引年轻人或有能力的业主来竞选，一般都是有时间的老年人来做，业委会的治理动力不足和治理能力有限。Y小区的业委会有6名成员，平均年龄在70岁以上，业委会成员并不是由全体业主选举产生的，而是由前任居委会干部指定的，一般由平时比较积极配合居委会工作的业主/居民担任。在开展小区公共设施维修、物业费调价和物业管理等业主工作时，业委会负责配合居委会完成相应工作，对居委会的依赖程度高，独立性较弱。

中房物业公司在Y小区的主管（项目经理）只有一个人，负责整个小区物业费收取和物业服务的综合协调，工资也比较低，只有2000多元/月，前任经理是上海本地的一个老头。虽然物业公司提供的物业服务主要就是小区环境卫生的管理，但是居委会执行上级政府环境卫生检查或创建文明城的行政任务时，还需要物业公司额外的配合协助。物业公司会不会配合居委会的工作，要看居委会干部和物业公司经理的关系如何。居委会前任书记让物业公司前任经理在环境卫生检查时，帮忙在小区捡垃圾等清扫工作，额外给了一点报酬，前任经理照做了，二人关系相处得还算融洽。

当时的业委会成员和物业公司前任经理关系相处得也较为融洽，业委会成员每天轮流在物业用房值班，每个月有几百元的津贴。小区维修资金和公共部分收益的街坊资金（现在小区公共部分的收益主要是停车费的收取，为区别于维修资金，被称为"街坊资金"），业委会无权在银行开设单独的账户，一般是放在物业公司的账户中代管。街坊资金的使用相对于维修资金要灵活得多，平时小区公共路灯、楼梯公灯、门卫室用电、物管房用电、老年活动室用电以及公共部分设施的维修等小额的公共开支都是从街坊资金中支出的。一般小额支出，物业公司可以自主使用，大额开支要经过业委会和物业公司双方签字。业委会有需要使用街坊资金的开支，也要经过物业公司审核签字。制度设置的目的是让物业公司和业委会之间相互监督和制衡。

业委会代理人的私利性并没有制度化的有效约束。Y小区业委会的主任和副主任之间有斗争，副主任想竞选业委会主任之职，而且在任期间业委会代理人的私利性凸显。小区停车管理和停车费的收取，业委会起初觉得是个肥差，未交给物业公司，由业委会自管，但需要聘请专人管理，成本较高，后还是交由物业公司代管。业主的停车费和物业公司的停车管理费之间按7.5∶2.5的比例来分成。包括小区一处非机动车停车棚的管理，原来也是业委会自管，未交给物业公司，但是电动车的停车费较低，管理成本高，业委会不得不采取承包制的方式交由一对外地打工的老夫妻管理，不收取承包费，收取的停车费用于劳动工资，但后者私接电线和管理不善，又导致了2015年9月的失火事件。小区临时停车超过1小时收取5元，业委会副主任为了照顾自己女儿吃饭上班的停车时间，擅自修改停车收费规定，将临时停车的免费时限由1小时改为1.5小时。

因为业委会代理人的私利性，以及与物业公司经理的利益结盟，导致小区的维修资金和公共收益资金的滥用严重，现在小区的维修资金只有十几万元，公共部分收益的街坊资金也不过几万元。小区停车位紧张是结构性事实，小区停车采取先来先占原则，所以小区业主每天都在为停车而犯愁，而令小区业主意见最大的是外来车辆大量停进小区，挤占了小区有限的资源。由于Y小区靠近地铁口，并且外来车辆停车超过1小时只收5元（哪怕是停1个月），小区临时停车比外面停车场收费要便宜得多，所以越来越多的外来车辆停在小区。而小区保安只负责收费却不管理，小区停车混乱，堵塞了消防、救护等通道，业主认为保安门禁系统形同虚设，对物业公司的服务严重不满，也对业委会只顾私利、不为全体业主考虑而不满。因为社区居委会行政化程度高，居委会代理人的行动逻辑主要是对上负责、以完成上级行政任务为导向的消极行政，他们需要业委会和物业公司协助履行行政任务。所以，对于业委会的自利性和物业公司的不作为以及两者之间达成的分利秩序，更是睁一只眼闭一只眼，借口这是业主自治和物业管理的范畴来推卸责任。所以在普通业主眼里，居委会、业委会和物业公司就是穿一条裤子的。但是居委会、业委会和物业公司达成的利益共同体是不均衡的结构，很容易因为利益分配不均而分裂，甚至形成对立。例如，Y小区业委会内部，正副主任之间因利益争夺导致业委会内部不团结而分裂，业委会成员和物业公司经理也因利益分配不均而分裂。物业公司经理干不下去，在2014年9月辞职，现任的物业公司经理招聘进来入职，物业公司的账目在前任经理的手下做得一塌糊涂。业主对物业公司的服务不满，于是不交物业费和停车费，导致物业费和停车费的收缴率越来越低，物业公司服务和收费的矛盾加剧。

三、"三驾马车"水火不相容

新来的物业公司经理是退休返聘，退休前也一直从事物业管理工作，退休金有4000多元/月，因尚能劳动就出来再找一份工作做。他刚接管Y小区时，干了一个月就不想干了，原因在于物业公司和业主及以及物业公司和居委会的关系对立，工作不顺利。刚开始经常出现业主三天两头因物业费、停车难或维修基金的事来吵闹，而且常常遇到不讲理的业主，一年调解楼上楼下漏水之类的纠纷就有20多起。小区一名业主交了停车费，物业公司经理给他开固定发票；后来又要求机打发票，也给他更换了；再后来又要单张的小票以便单位报账，但是开发票也是有规范的，物业公司经理就没有给他开，最后不仅他大吵大闹，他一家人都过来和物业公司吵闹。而在物业费的收取上，作为动迁小区的Y小区要比一般商品房小区要难得多，原动迁的农民认为动迁得早吃亏了，"这块地都是原来我们的"，就以不交物业费作为情绪发泄的工具。

而物业公司的现任经理刚来就和居委会的前任书记关系闹僵。居委会前任书记同样希望在上级来检查卫生时物业公司经理能配合捡垃圾，但是物业公司经理认为这不是其分内的事，并且在小区的其他公共事务上双方也相互推诿和对立，无法有效合作。而到了2015年新的居委会书记下派，并组织居委会换届选举，选出了新的居委会班子成员。新一届的居委会干部在理念上就认为过去的居委会大包大揽，以居委会为主导将小区的所有事情都揽到自己身上，导致物业公司不作为，所以现在尽量将属于物业公司的工作交由物业来管。居委会缪书记认为，党总支书记应该做的就是抓党员工作，而不是像现在这样还要管群众和民生工作。但是物业公司经理却认为，新上任的居委会书记啥都不懂，只管党员，不管全盘。现在物业公司经理和居委会干部之间在小区公共治理的很多问题上意见"斗不拢"，双方关系严重对立，如同水火不相容，物业公司经理做不下去，也不想干了。下面摘录两个物业公司和居委会在工作互动中产生冲突的案例。

案例1：街心花园广场狗粪清理

Y小区有一个街心花园广场，居民经常来此遛狗晒太阳，但是宠物粪便遍地都是，居民怨声载道，向居委会投诉。居委会让物业公司去清扫，而物业公司认为自己可以协助清洁，但至少居委会应该做下居民的宣传发动工作，而不是什么都不管，将问题全都抛给物业公司。

案例2：居委会刷油漆和清洁楼道

徐汇区在创建全国文明城市，居民区的环境卫生要提档升级，而Y小区的物业费才0.4元左右/平方米。为了迎接上级政府的检查，居委会要把小区环境整治一新，包括每一个楼栋门刷油漆、清理楼道堆物、保持楼道清洁、治理违建等。居委会有负责小区环境卫生的职责，也有分管环境卫生的条线干部。物业公司的职责虽然是保持小区环境卫生和物业管理，但也只是提供与物业服务价格相匹配的物业服务，由政府创建文明城市而产生的增值式环境管理，不是物业公司的本职，不过物业公司可以配合居委会来做。比如楼道清洁，物业公司的保洁人员需要清扫楼道，但是涉及楼道堆物，保洁人员不能像垃圾一样清理掉，否则居民就会大吵大闹，这是老旧小区面临的共性问题。违建也是，物业公司受业主委托管理，发现居民违建有劝阻和上报的义务，但如果居民不听，物业公司也没有进一步的执法权。现任居委会干部则认为违建是业主和物业公司的事情。再如，为了迎接上级来检查，需要清除小区楼栋门上的小广告和刷油漆，居委会认为这些应该是物业公司的活，让物业去协助配合，但物业认为这不是自己分内的工作，就不去做。居委会干部没有办法，只好自己提着油桶去刷油漆，1到24个楼门挨个刷，刷了一天才刷完。

从以上冲突中我们可以看到，居委会和物业公司之间容易相互扯皮和推诿的多为楼道堆物、违建、宠物便溺、小广告、门楼整洁等涉及对人的管理或公共治理地带。双方在公共治理地带上没有形成有效的协作机制，互相指责对方不作为，导致关系紧张或对立。小区业委会此时面临换届选举，而业委会成员具有私利性，内部不团结，在七八月准备换届选举时，竞选双方都在小区内拉选票，造成了不良影响，换届选举暂缓。现任居委会书记希望竞选业委会主任的双方都不要再竞选业委会，业委会副主任本打算把户口迁回小区，眼看着竞选无望，也就不再把户口迁回。现在，业委会内部矛盾重重，又面临改选，开始对小区业主的公共事务也消极不作为。所以整个小区的治理机制不顺畅，停车难、漏水纠纷、防盗门安装、违建等问题，物业无力解决，居民最终还是会找到居委会，居委会再让居民去找物业公司，事情仍然无法解决，如此一来居民就会不满。有个业主没处停车，就天天到居委会来吵，骂居委会干部："吃饱了撑的，天天坐在办公室没事干。"

案例3：居委会书记组织志愿者站岗管理停车

业委会想接管停车管理但又无力，物业公司保安也消极不作为，小区停车秩序混乱，不仅居民停车难，而且堵塞公共通道，消防车、救护车等开不进来。在这之前的9月份，居委会书记排开物业公司，组织居委会干部和志愿者每天早晚在小区门口站岗值班，不让外来车辆停放在小区。每天早上7：30到9：00，晚上

6：00到8：00，每班3个人1组，1个人1个星期轮流一次，站岗值班了1个月。前面几天效果要比以前好很多，外来临时停车的人明显少很多，但是志愿者经常和临时停车的车主吵架。不站岗值班后，小区停车又恢复原样。

案例4：小区电动车车棚失火案

小区有一处电动车车棚，由业委会聘请一对外地打工的老年夫妻管理，收取车辆停车费。车棚本身就属于违章搭建，但属于历史遗留问题，政府暂时搁置未处理。车棚的管理未委托给物业公司，但物业公司的经理曾向业委会和居委会提醒，业主在车棚私接电线充电危险，易造成火灾，要及时管理，但没有被采纳。2015年10月份车棚失火，失火时居委会书记给小区物业公司管理员打电话说："失火了。"由于物业公司管理员和居委会书记关系闹僵，加上车棚的管理和物业公司无关，所以物业公司管理员有一种幸灾乐祸的心理："之前就提醒过你不及时管理可能失火，你不听，终于失火了吧。"刚开始火势较小，但是后来来了七八辆消防车都开不进去小区，导致半小时后77辆电动车全部烧光。

车棚失火事件发生后，街道为了平息矛盾和防止事态扩大，立即拿出十几万元资金对车主进行补偿，另外拿出15万元资金用于重新修建停车棚，供70多户业主停车。车棚失火事件通过政府兜底的方式控制了矛盾的升级，但是问题并没有告一段落，麻烦的事情还在后面。那一对老夫妻作为业委会聘请的管理员，对车棚失火是负有一定责任的：车棚刚失火时，火苗还是比较小的，而那一对老年夫妻不会使用灭火器和管理能力有限，因此居民也认为他们是有一定责任的。但事故现场警察做鉴定后认为，主要还是电动车的电瓶和电源有问题才引致火灾。居民使用的电瓶长期不更换或质量不好，以及从楼上往下私拉电线充电，都非常危险，极容易引发火灾。而且由于小区乱停车，堵塞了消防通道，七八辆消防车都开不进小区。

车棚失火后，居委会和业委会干部觉得那对老夫妻是外来打工者，现在无家可归，也没有了收入来源，起初还是挺同情他们的。居委会干部于是在微信平台上发起筹款，前后总共筹集五六千元、一些衣物食品和一辆电动车，并捐赠给那对老年夫妻。但是让他们没有想到的是，这对老夫妻不但没有因车棚失火承担任何责任，现在还赖在小区里不走，想着向政府要钱。最后业委会就让他们暂时住在保安室内的一间房。现在那对老夫妻依然吃住在保安室内，白天出去打工，晚上在保安室住，给保安的工作带来了很大的困扰。这在居民那里也引起了很大的不满：车棚的管理员是由业委会和居委会招来的，而这次失火它们不但没有承担责任，还让那对老夫妻赖在保安室不走。居民认为肯定是居委会和业委会串通一气，收了那对老夫妻的好处，里面肯定有分赃行为。居委会和业委会的合法性在居民的心中不断流失。

中房物业公司的老总是街道和区人大代表，这次火灾后他问小区经理:"这次失火我们有责任吗?"由于车棚不是物业接手管理的,物业公司没有责任,小区经理说:"我们完全没有责任。"中房物业公司属于双重管理,也要受街道的管理,中房物业公司的老总想重建车棚后接管。物业公司经理告知说:"小区电动车车棚管理的工作是个烫手山芋,居民的电瓶车或电源过期了都还在使用,易失火,很危险,不好管,而且停车费又低,没有什么利润。"老旧小区的物业管理不仅难管而且收费低,物业公司都不愿意入驻,中房物业公司巴不得被业主炒掉,觉得不赚钱的生意谁做。Y小区物业公司有8个保安、3个清洁工和1个管理员,光这些劳动力成本一年就要23万元,还未包括物业公司管理层、办公室和维修工等人员的分摊工资。Y小区的物业费就算全部收上来也才30多万元,每年实际只能收20万元左右,停车费收70%的话有20多万元。物业公司在小区物业管理上也是一种底线管理,主要是完成基本任务。物业公司的保安和管理员的工资低,流动性高,他们在小区工作并没有长远预期,抱着"当一天和尚撞一天钟"的心态在管理。

四、代理人激励和监督机制失灵

Y小区居委会、业委会和物业公司"三驾马车"之间的关系,在不同的组织代理人那里形成了完全不同的关系实践结构。在制度设置上,居委会是居民自治组织,业委会是业主自治组织,在城市社区居民和业主的身份不一定是重合的。在法律制度上,居委会和业委会是指导和被指导的关系,而非上下级的领导和被领导关系。在农村社区，在村党总支以外，也存在村民委员会和集体经济组织两块牌子，和城市社区不同的只是大部分村庄村民和集体经济组织的成员身份是重合的，村民委员会和集体经济组织是两块牌子一班人马。

物业公司是业委会受全体业主的委托聘请的物业服务者，两者之间是平等的市场主体之间形成的合同关系，物业公司相当于是业主聘请的管家，受业委会的监督。从制度设置上看，居委会、业委会和物业公司三方管辖的对象和领域是不相同的，但又有一定的重合地带。从制度经济学理论来分析，不同的组织在社会互动的过程中必然存在大量交易成本，"三驾马车"在实践中就存在权力博弈关系，形成的关系结构因三方主体的资源禀赋而定。从小区居住群体的阶层结构和利益密度两个维度，城市居民区大致可以分为老旧小区和中高档商品房小区两类。在老旧小区，由于业委会和物业公司掌握的资源禀赋较少，往往形成的是以居委会为主导的"三驾马车"之间的关系结构，在"跑冒滴漏"纠纷、楼道堆物、文明养宠物、清洁卫生等小区环境卫生管理方面要多方协调。而在中高档商品房小区，由于小区居住群体的文化、职业、收入等层次较高以及小区的维修资金和公共收益金等利益密度较大，往往业委会会在与居委会互动中表现得更为强势。

在Y小区，居委会、业委会和物业公司"三驾马车"之间的关系在实践中经历了两个极端形态：由以居委会为主导的利益共同体，到现在水火不相容的关系结构，基层组织的治理能力比较差，没有带来小区的良好秩序。"三驾马车"在小区公共事务的治理上，需要彼此相互配合协作来回应居民或业主的需求，否则小区的治理就会陷入混乱，矛盾重重。现在的问题是如何能让居委会、业委会和物业公司的代理人的个体利益和组织的利益相一致，并最大化地降低组织之间的交易成本，形成既分工协作而又相对均衡的物业治理结构。对于老旧小区而言，不管是居委会、业委会还是物业公司，三方组织都没有对其代理人形成有效的激励和监督机制。以 Y 小区为例，居委会干部的工资比较低，只有2000多元／月，2015年上海市"一号课题"实施后，开始提高居委会干部的待遇，工作特别优秀的居委会书记可以享受事业编，现在正在实施对居委会干部的绩效考核方案，即20%的工资和年终考核成绩挂钩，但这对居委会干部的激励和监督效果尚不明显。

对业委会成员的激励或监督机制也同样缺乏。业委会是基于物权财产关系形成的业主自治组织，由全体业主选举产生，对业主负责，其上没有直接的管理部门，只能依靠全体业主自下而上进行监督。对于老旧小区而言，小区房屋的维修基金和公共部分的收益资金都很少，而小区房屋老化、公共设施和公共部分"跑冒滴漏"等问题严重。城市社区业主之间是一个陌生人社会，很难发育出传统共同体内部的舆论和面子等社会性价值，所以业委会对绝大部分业主都是没有吸引力的，业主的公共利益处于弃管状态。虽然老旧小区的利益流量较小，但是如果被少数人攫取，也会产生利益的积聚和凸显，这对有闲的老年人是一种激励，不过大部分业主都是政治冷漠者，对于公共事务并不关心，只有在私利受到直接损害时才会行动，即使关心集体收益，政治效能感也较低，很难真正行动起来监督业委会。一般情况下，只有有同样获利动机的业主才会积极行动，监督业委会的账目，但目的往往是取而代之，这时就会形成派性斗争。

对于物业公司而言，老旧小区的物业费一般较低，而房屋产权形态比较复杂，往往杂糅了售后公房、租赁房和商品房等，物业管理较商品房小区更难。由于物业费较低，Y小区的物业公司聘请的小区管理员、保安、保洁和维修工等代理人基本上拿的都是最低工资（上海市的最低工资是2020元/月），管理员会相对高些，但也就在3000元/月左右。物业公司聘请的保安、保洁等员工主要有三类群体：一是退休的上海本地人，退休后有退休金但年龄还不算太高，在家闲着也是闲着，在市场上又找不到更好的再就业机会；二是年龄比较大的外来务工者，在市场上找不到合适的就业机会；三是外来务工的过渡者，暂时找不到合适的工作机会就先来当保安作为缓冲，一旦找到合适机会就会跳槽。所以，物业公司的保安、保洁或管理员的流动性都很高。

从制度经济学理论来讲，企业科层组织相较于政府科层组织体制更有效率，主要是因为企业内部可以通过数量化指标——利润绩效，来对员工建立一套有效的激励和控制机制。虽然物业公司也是市场企业，但由于物业管理产品具有准公共性，物业公司在服务收费时需要和众多分散的业主个体打交道，交易成本极其高昂。物业费难收取是当下所有物业公司面临的共同难题，加上老旧小区的物业费本来就较低，导致物业公司的利润空间低，甚至要亏本。为降低物业管理成本，物业公司只好缩减服务员工或降低其工资。老旧小区的物业公司员工工资低，面对小区的居住群体结构层次较低，物业服务工作难做，员工没有工作的积极性而流动性高。所以物业公司很难采用制定物业费和停车费收缴率量化指标与绩效考核挂钩的方式来激励和监督企业代理人。

五

综上，Y小区的小区治理问题是城市老旧小区的共性难题，尽管不同的小区因"三驾马车"之间掌握的资源禀赋不同而呈现不同的关系结构，Y小区仍是一个很好的治理失序案例，从中更能反映治理机制的关键所在。城市社区物业管理和一般的市场交易私人物品不同，具有一定的公共属性，如何提高城市基层组织的治理能力，在居委会、业委会和物业公司建立有效的分工和协作治理机制，是重要的课题。

社区"三驾马车"之间的关系再认识

一

从街道整体来看，社区居委会、业委会与物业公司"三驾马车"运转得好，住宅小区的矛盾与投诉就少，治理就较为有序。社区"三驾马车"如何能运转得好，是当下城市治理关切的主要问题之一。住宅小区物业纠纷诉讼与投诉爆炸式增长，物业管理矛盾突出，成为困扰城市政府的治理性难题。钦北居委会是上海市徐汇区虹梅街道的一个示范性社区，社区"三驾马车"运行良好，社区治理和谐有序。钦北居委会下辖的虹梅小区业委会徐主任说："社区'三驾马车'是一个整体，不能这是你的，那是我的，各自为政。"物业公司余经理说："'三驾马车'，居委会为大，是领头羊。"居委会程书记说："'三驾马车'，缺一个轮子都跑不动。"虹梅街道办郑副主任则说："居委会书记很重要，社区治理没有主心骨不行。"我们看到，从实践出发的社区治理各方主体，对社区"三驾马车"关系的定位，与学界主流的认识与理论预期是有很大差异的。

住房商品化改革后，新商品房兴起，市场化的专业物业公司进入小区，业委会也开始出现。学界认为这将会打破传统的由社区居委会主导的一元化权力结构，形成由国家-市场-社会共同参与的社区多元化权力结构与多中心治理秩序，担纲维权抗争与公民社会发育的角色预期。因此，学界主流对社区"三驾马车"关系的认识是放置于权力对抗框架下，而且集中于关注前期少数小区模糊产权界定的争夺事件。这种权力对抗框架是从西方国家-社会二元对立关系理论，而非我国社区治理实践出发的。对于新商品房小区而言，物业服务管理质量直接关系到社区生活环境的舒适宜居，是居民对生活空间的核心利益关切。业委会的成立与物业公司的进入，与居委会一起被喻为社区"三驾马车"，客观上这改变了深层的社区权力结构。然而，社区权力结构的改变，并不意味着多元主体之间必然是权力对抗关系，且多元主体之间的权力对抗反而可能引发社区治理的冲突与无序。

在日常的社区治理实践中，那些和谐有序的社区，其"三驾马车"都不是按照权力对抗模式运行的。正如文章开头提到的虹梅小区的业委会、物业公司、居委会和街道在谈及治理经验时，都共同强调了"三驾马车"的整体协作性以及居委会的关键作用。与学界从理论预期出发，强调业委会或物业公司对居委会的权力挑战功能不同，良性的社区治理实践强调三方治理主体之间的联动治理。笔者认为，社区治理组织与权力结构的转型，应从功能论角度将之视为现代化的治理工具，而不应从价值论角度将之视作现代化的治理目标去追求。城市住宅小区的经济资本与社会资本稀薄，居民之间的利益关联度较弱，绝大多数居民最关心的是拥有舒适宜居的社区生活环境，而非单纯的权力或权利追求。我们还需要深入日常的社区治理实践中去理解：为什么多个治理主体从自身出发都强调"三驾马车"的整体性，以及居委会的主心骨或领头羊功能？

二

社区空间是介于城市公共空间与私人空间的"第三空间"，政府职能部门、街道、居委会、业委会、物业公司等多元不同主体在此交汇。每一个治理主体都有其特定的职能分工，各主体在履行好各自职责的同时，相互支持与协调，形成的是涂尔干笔下的有机团结秩序。物业管理的本质是住宅小区全体业主对共有产权空间的共同管理。业委会作为业主大会在日常治理中的代表与执行机构，要履行主体责任。而物业服务管理的生产机制可以采取两种方式：一是业主自管，即由作为责任主体的业主直接生产；二是服务外包，即将物业服务管理的生产通过市场合约外包给专业的物业服务企业。由于我国人地关系紧张，城市人口密度大，新商品房小区现在基本都是高层住宅。我国城市住宅小区的人口密度大，居住人口众多，而物业管理知识具有较强的专业性，因此实践中商品房小区的物业管理大都是采取外包给专业物业公司的模式。只有极少数特别小型的住宅小区，因聘请物业公司成本过高或物业公司不愿入驻等原因，而采取业主自管模式，只提供最基本的清洁与维修等物业服务管理，此外的大多数住宅小区都会存在社区居委会、业委会与物业公司三个重要的治理主体。

物业公司与全体业主围绕物业服务管理的生产签订市场契约，形成的是委托代理关系。全体业主是作为一个整体或集体与物业公司签订合同。一个住宅小区的业主作为委托方，追求的是以最低的价格获取最优质的物业服务；而物业公司作为市场主体和代理方，有着与委托人不完全一致的独立利益，追求的是以最小的成本投入而获取最大化利润。当代理人的利益与委托人的利益不一致，在信息不对称的情境下，便可能发生道德风险，就需要对物业公司实施监督。本应作为一个集体的业主全体在日常生活中是众多分散的个体，因此需要一个集体意志的代表与执行组织，这便是业主委员会。业委会与物业公司的关系是双重的：一方面，业委会要代表全体业主的公共利益，监督与约束物业公司的机会主义行为；另一方面，业委会要协助物业公司更好地提供物业管理，特别是协助物业公司按照合同约定实施对人的行为规制，如治理少数违规、讲歪理、胡搅蛮缠或故意拖欠物业费的"钉子户"的难题。

三

然而，业委会却是社区"三驾马车"中的治理短板。起初在全国各城市住宅小区业委会的成立率低，能有效运转的比例更低。近几年城市政府开始重视，通过政治任务的方式推动符合法定条件的小区成立业委会，如武汉、上海。我国业委会的普及与有效运转还有较长的路要走。我国社区空间居住人口密度高，动辄几百上千户，以及陌生化与流动化程度高的特征，使得业委会在业主自治过程中将面临以下三个核心难题：

其一，激励不足。业委会作为业主自治性组织，属于不给工资的志愿性与义务性工作，有的小区会有几百到一千多元的津贴。城市小区是个陌生人社会，人与人之间的社会关联度低，信息不对称程度高，社会资本发育稀薄，当选与做好业委会成员，需要付出的时间与精力多，然而能获得的权威与面子等社会性报酬较低，还可能因治理少数业主违规行为而得罪人。业委会成员面临的社区治理结构为：一方面因认真工作得罪少数业主，他们心怀不满从而可能成为积极反对业委会的力量，另一方面面对的是作为沉默的大多数的业主，他们则不会给予业委会积极的支持。业委会成员出力还不讨好，甚至会被造谣、中伤、贴大字报等。因此，真正有公心、有责任心的业委会成员，也会由于激励不足寒了心，不再愿意为社区公事操心。

其二，能力不足。物业管理具有较高的专业性，需要涉及专业的法律知识、财务以及特种技术等。一个非从事物业服务行业或没有受过专门培训的业主当选为业委会委员，对物业管理的性质、业委会自身的角色与功能，以及业委会、物业公司与居委会几方主体之间的关系等很难有准确的认识，很难摆正不同治理主体的位置。此外，在业主自治的过程中，面对动辄几百上千户的小区，要达成集体决策需要高昂的组织成本，这也常常使得业委会产生无力感。通过选举产生的业委会，由于缺乏业主自治经验和专业的物业管理知识，往往会忽视社区治理的琐碎和复杂性，不管是与其他治理主体打互动，还是与众多分散的业主打交道，都容易陷入治理能力不足的困境。

其三，监督不足。前面提到业委会在业主自治过程中激励不足，即合法的制度化激励不足，这是以业委会成员有公心和责任心为前提。正如业委会在自治的过程中，无法有效约束分散的业主个体的行为，众多分散的业主在日常治理中，也无法有效约束与监督选举产生的业委会。实践中，未能有效运转的业委会一般存在以下两种情况。一是业委会成员私心严重，谋取私利，或与物业公司利益合谋。笔者在全国多个城市调研，发现很多小区的业委会成员本身不交物业费，当选业委会成员后，可以获得免除物业费或提供停车位等好处。也有物业公司在管理的过程中得罪过的业主，他们竞选业委会的目的，是一旦竞选成功，就利用业委会的组织权力将现物业公司解聘。另外，商品房小区都有住房维修金和公共收益金，不同小区资金量不同。在不受有效约束的情况下，业委会可能与物业公司合谋，套取小区住房维修金与公共收益金，损害全体业主的公共利益。二是业委会选举产生后，虽没有积极谋利，但消极不作为。如，没有组织制定业主自治相关制度，常年不召开业委会会议、业主代表大会以及业主大会，也不回应小区治理问题等。消极不作为的业委会，犹如陷入瘫痪状态。从合法的选举程序上，只能到换届选举的时候，把不合格的业委会委员改选掉，但是任期内却没有相应的制约手段，而且即使能保证把不合格的业委会选掉，也无法保证选出有公心、有责任心、有能力的业委会。

四

在制度有效运转的情况下，业委会在业主与物业公司之间扮演桥梁作用。一方面，业委会代表业主监督物业公司的机会主义行为，督促其提供与物业价格相匹配的物业服务，用徐主任的话说就是要给物业公司算账"拧水分"，在允许其赚取合理利润的前提下防止其过度逐利而损害业主的利益。另一方面，业委会要协助物业公司实施物业服务与管理。业委会代表与维护的是全体业主的公共利益，而个体业主往往具有局限性，是从私利出发的。物业公司是通过全体业主的委托授权，依据相关法律法规以及业主规约等实施物业服务管理，既包括对小区共有空间内物的管理，也包括对发生于小区共有空间内人的外部性行为的规制，如室内违规装修、私搭乱建、毁绿种菜等。然而，物业公司作为市场主体，对物的管理是比较容易的，对人的管理却面临困难。因为物业公司没有强制性手段，对违规行为只能劝阻，不但可能起不到效果，还可能引起管理冲突，得罪这部分业主，后者进而以不交物业费相威胁。物业公司如果放任不管，则会引发其他大多数业主对物业公司不作为的不满，别的业主也可能因此不交物业费。

物业公司特别需要业委会在以下几个方面提供支持与协助。（1）业主对物业公司存有误解时，需要业委会从公共立场出发做解释、说明与沟通工作。因为物业公司与业主个体之间围绕着收费与服务的利益是对立的，两者之间很难建立起信任关系，所以在双方存有误解时，需要业委会秉公解释，及时化解冲突。

如楼上楼下漏水等相邻权纠纷，因为楼上业主不配合，导致矛盾无法及时解决，当事人双方都很容易将气转移到物业公司身上，这种情况就需要业委会协助化解纠纷，并引导当事人不要针对物业公司。（2）协助治理"刁蛮""无理"的少数业主。徐主任说，在是非问题上要有明确的态度，不能做老好人，需要和刁蛮的业主据理力争。要在小区内建设与培养一支正能量队伍，就是要在是非问题上，敢于站出来说公道话的人。少数"刁蛮""无理"的业主的违规行为，公然违背的是小区生活的公共规则，破坏的是小区治理的公共秩序，如果其行为得不到有效的约束与制止，很容易引发效仿行为，进而导致小区治理的失控，陷入治理的恶性循环。（3）协助物业公司收取物业费。学界主流先入为主地假定物业公司为强势方，业主为弱势方，片面地强调对物业公司的监督与制衡，而忽视了物业公司作为市场主体嵌入住宅小区社会结构时面临的治理困境。物业公司只有收到足额物业费才能提供足额的物业服务，少数拖欠物业费的业主是"搭便车者"，而且可能引发其他业主的效仿。物业公司对不交物业费的业主，唯一合法的途径便是起诉至人民法院，然而这却会加剧业主与物业公司的矛盾。业委会需要协助物业公司收取物业费，对拖欠物业费的业主进行分类后做工作。若业主不交物业费是因为物业公司服务质量不到位，则督促物业公司整改；若是因少数业主自身的无理诉求，则协助约束业主个体的机会主义行为。

五

然而，实践中履行主体责任的业委会大部分未能有效运转，使得业主、业委会与物业公司之间的三角关系陷入结构性困境中。随着民众对美好生活的向往与对小区生活环境品质需求的不断提升，社区物业纠纷与投诉也呈现爆炸式增长。而以街道和居委会为基础的城市基层组织，为突破业主、业委会与物业公司之间的结构性困境提出了可能。过去对小区业委会与物业管理采取"条块结合，以条为主"的管理体制时，区房管局物业管理科负主要责任，街道和居委会负辅助责任。彼时，街道与居委会对商品房小区成立业委会，指导与监督业委会，以及协调业主、业委会与物业公司之间的矛盾是消极的治理态度，多一事不如少一事，社区"三驾马车"并未联动，容易相互推诿、指责甚至发生冲突。随着城市化的快速推进，商品房小区大量兴起，物业纠纷增长与矛盾上移，区房管局物管科往往只有两三个人员，无力应对。因此，在中央强调城市管理重心下沉后，城市政府开始将业委会的成立、指导与监督调整为"条块结合，以块为主"的管理体制，即街道和居委会承担起主要责任，这便强化了属地责任。相较于过去而言，街道和居委会对业委会的成立、指导与监督，以及协调业主、业委会与物业公司之间的矛盾，便具有了更积极的治理动力与治理责任。

社区"三驾马车"中的居委会，实际上不单单指居委会自身，背后还包括社区党组织、街道与区职能部门等政府资源。一方面"上面千条线，下面一根针"，上级职能部门与街道进入社区需要借助居委会；另一方面社区居委会需要协调街道与相关职能部门的资源，回应居民的需求与社区治理难题。以街道和社区居委会为基础的城市基层政权组织，可以为业主、业委会与物业公司之间的结构性矛盾提供突围之道，即帮助小区治理补短板，改善业委会面临的激励不足、监督不足与能力不足处境。从业委会成立或换届选举时的候选人资格审查上，便可以对候选人进行初步的把关，尽可能动员真正有公心、有责任心、有能力也有时间的业主出来竞选。而在业委会成员选举产生后，为了使得业委会能够有效运转，居委会需要利用其群众基础优势，帮助业委会在治理中树立权威与声望，建立社会性激励；同时，在其遇到困难的时候，还需要积极协调街道、区物管科等资源回应其治理需求。最后，还需要监督业委会履行业主公约与业主自治议事规则等相关制度。

由于区房管局是信访大户，徐汇区感到治理压力，2017年开始进一步要求街道以政府购买服务的方式，成立业委会指导促进中心，专门负责对全街道内的业委会的指导与能力促进工作。虹梅街道成立的惠虹业委会指导促进中心，一年有14万元的项目资金，负责运营的社会组织，不是通过市场招投标的方式引进的，而是街道领导寻找和动员产生的。惠虹业委会指导促进中心的姜主任，是退休的原房管办主任，在房管与物业管理系统工作了几十年。还有两个员工都是退休人员，其中一名男性也是原房管系统退休的，另一名女性负责做内勤。正是因为房屋管理与物业管理知识具有较强的专业性，管理职能下放至街道后，街道也面临专业知识不足与人力资源不足的难题，所以采取外包的方式。虹梅街道与注册成立的社会组织签订合同，服务费用为"13+1万"模式，其中1万元是绩效考核奖，年底召集居委会和业委会给业委会指导中心工作考核评分，达95分以上的才能拿1万元的绩效奖金。

虹梅街道的业委会指导促进中心的主要工作职责为以下5点。（1）印制宣传册，对业委会进行专业培训。（2）1年2次组织业委会出去参观学习。（3）每个季度对业委会的工作上门评估考核。（4）出台奖惩办法，年底评选1~2名优秀业委会主任，1~3个优秀业务会，奖励从政府购买服务经费中出，约列支1.75万元。多次考核不合格的，建议启动业委会罢免程序，引导业主通过法定程序与制度，将不合格的业委会换掉，让真正想做事的人竞选。（5）举办业委会沙龙活动，召集街道业委会主任或副主任联谊会，共同交流业主自治经验。业委会指导中心在2018年的目标是，"启发一批"和"带动一批"，先着力发展和培养50%~60%的运转不错的业委会。街道业委会指导促进中心也正是着力提升社区治理的短板，从激励、能力与监督等三方面来解决业委会治理面临的不足。

六

正是以街道和居委会为代表的基层政权组织的积极有效的介入，才帮助培育了业主自治能力，突破了业主、物业公司与业委会围绕住宅小区物业管理的结构性困境，这也是居委会被治理实践中的各方认为是领头羊或主心骨的原因。然而，这不意味着社区居委会与业委会或物业公司之间会演化为上下级领导关系，居委会不依靠发号施令来让业委会或物业公司服从。虹梅小区物业公司余经理说："有问题，我们'三驾马车'一起商量，而不是相互指责对方的错。居委会是牵头的。物业公司不是要听从居委会指手画脚，我们可以出力，但不能受气。"钦北居委会程书记也说："'三驾马车'之间的相处与沟通，人情化和人性化关系很重要，平时要经常召开三方联席会议，相互坐在一起谈，了解对方面临哪些难题，及时提供治理支持与帮助。"钦北居委会虹梅小区业委会目前已经是第五届，2018年10月进行了新一届的换届选举。虹梅小区有22个楼栋，一个楼栋一个业主代表，共22个业主代表，一年开两次业主代表大会。最后，这也不意味着社区居委会应该或有权替代业委会与物业公司做事或做决策。居委会的牵头角色，不是替代性的，而是一种协调与调平功能，即在业主、业委会与物业公司等几方力量中发挥外部调节功能。

第五部分 社会组织

弄管会：小微空间的社会治理

一

瑞兴居委会归属上海市黄浦区管辖，下辖3个封闭式居民小区和14条开放的老式弄堂，都属于老旧小区，重庆南路26弄就是其中一条弄堂。瑞兴居委会管理着1149户，小区的老年人和外来人口较多，60岁以上的老年人占户籍人口的39%，100岁以上的老人有3个。瑞兴居委会所在的街道位于中心城区，马路菜场经过政府大力整顿后，无证摊贩开始钻进弄堂沿街兜售。重庆南路26弄居民区附近没有专业菜场，加上老年人居多，买菜不方便，居民对于摊贩的需求很大。重庆南路26弄有7个租用固定门面房卖蔬菜、瓜果和生鲜的摊点，但相对于流动摊贩而言价格要贵很多，远远无法满足居民的需求。

老式里弄过道本来就比较狭窄，随着越来越多的流动摊贩进入并且乱摆乱放，整条弄堂都被小摊小贩挤满，形成"弄堂菜场"。居民由此上下班出行困难，走路都走不进，而且一大清早小摊小贩就提前来占位，产生的嘈杂声严重扰民，造成社会治安混乱。每天菜贩收市后，弄堂环境总是一塌糊涂，各种菜叶子、果壳，甚至各种动物内脏散落一地，给周边居民的生活环境带来很大影响，居民经常投诉。而且弄堂菜场形成规模后，没有市场管理办进行规范管理，菜场秩序混乱，不但同一品种的蔬菜水果有几种不同的售价，而且缺斤少两情况严重，瓜果菜的质量也很难有保障。

　　街道和城管整治了十来年都没有效果，城管一来，小摊小贩就跑，城管一走，小摊小贩就回来。2010年街道联合城管进行了一次大力整顿，给摊点划线拍照，由小区的居民志愿者每日巡逻看守，但是秩序只维持了半个月，就因为缺乏长效管理又恢复原状。由于居民志愿者没有执法权，管理小摊小贩进入或乱摆乱放时不听志愿者的话，难以有效维持秩序。瑞兴居委会的民情气象站站长向街道提议，由城管来每日站岗执法，当时被否决，因为城管没有那么多人力来看守。

二

　　由于居民经常打12345热线投诉，2014年街道决定再次大力整顿重庆南路26弄。10月出布告，流动摊贩全部取缔，只保留7个固定门面的摊点。但由于固定门面摊点的价格贵，满足不了居民的需求，把全部流动摊贩赶走，居民的反响比较大，生活不便的居民又与街道和城管发生冲突。瑞兴居委会民情气象站听取居民的意见后，向居委会党总支书记汇报，居委会书记再向街道汇报，认为弄堂菜场需要整治，但因为居民对菜市场有巨大的需求，不能单纯地取缔，而应该"疏堵结合"，并提议通过自治来实现区域的规范化管理。之后重庆南路26弄"弄管会"成立，由居委会民情气象站站长任召集人，居民代表、摊主代表、物业公司、社区民警和街道房管办等多方力量参加。

居委会干部、弄管会成员和居民代表协商讨论决定，由居民根据摊贩的经营诚信度、服务态度等因素投票，从几十个流动摊贩中筛选保留4个摊贩：2个卖蔬菜，1个卖鱼虾生鲜，1个卖杂粮鸡蛋。摊贩的摆摊时间最初规定为早上6点~9点，到了9点摊贩就必须收摊撤离。在前期进行宣传告知的工作基础上，街道房管办、城管中队、工商所和派出所等组成联合执法队伍，对绝大部分流动摊贩集中取缔，并对居民投票保留下来的4个摊贩以及弄堂的7个固定门面的摊点进行规范管理，对固定门面的摊点划定跨门范围，并对经营品种严格限定。也有少数居民反对把流动摊贩留下来，有居住在摊点附近的居民到街道投诉。民情气象站和居委会干部一起去和投诉的居民沟通，并和摊主对话，规范临时摊点的经营行为。

街道房管办协调物业公司在弄堂的3个出入口加装铁门或者旋转门，由小区安保统一管理，防止流动摊贩的三轮车、电瓶车进入。街道又对破损墙面进行了修补粉刷，为菜摊经营者提供统一菜筐，方便管理，同时聘用3名HC市容管理公司的员工协助城管进行日常管理，弥补城管力量的不足。由于老式里弄的过道比较狭窄，且两边都是居民房，弄管会经过协商，只在26弄内拐弯处的一个公共道路地带设置保留4个摊贩的摊点。为方便出行，减少占用道路的空间，街道办副主任小刘想出利用墙体来摆放物品的策略：专门定制画框装在墙体上，放下来就是货物架，摊贩可以将货品摆在上面销售，收摊后将画框合上放在墙壁上就是风景画。

2014年11月5日,规范后的弄堂菜场正式试运营。弄管会下设宣传监督小组、矛盾协调小组和摊主自治小组,其中宣传监督小组负责日常巡逻管理、监督临时摊贩规范经营,劝阻菜场不文明行为;矛盾协调小组负责协调居民和菜摊摊主之间的矛盾,听取居民关于改善弄堂管理的意见;摊主自治小组制定完善《摊主自治公约》和《居民文明守则》,并制定月例会制度,即由弄管会、居委会干部、摊主、物业公司代表、社区民警、街道房管办、市容管理所等多方参与的沟通机制。《摊主自治公约》规定:(1)重庆南路26弄临时设摊经营需经弄管会审核确定;(2)必须按照规定的时间、地点和品种从事经营活动;(3)在经营中文明待客、买卖公平;(4)自觉维护弄堂秩序,保持弄堂卫生环境整洁;(5)严禁大声叫卖,不得扰民;(6)遵规守约,自觉维护经营场所的相关设施。现在4个临时摊贩在收摊后,需要自觉清扫垃圾后才能走。

街道提供的支持主要有:出钱安装32个画框,为摊贩免费配备统一的菜筐,同时帮助联系小区物业公司解决摊贩的三轮车停放问题,不向摊主收取任何摊位管理费。起初摊贩自备扫帚和簸箕,清扫自己摊位的垃圾,但是来回拖运不方便,在弄管会例会上提出意见后,改由居委会提供扫帚等工具。起初实行时规定摆摊的时间是早6点~9点,但摊贩和居民都反映收摊时间过早,在例会上讨论决定延迟到9点半收摊。小区物业公司提供的保洁服务为一天清扫两次,由于重庆南路26弄现在是市区两级的示范点,便追加一次清扫,额外的费用由街道支出。

本小区靠近复兴公园，附近的居民早晨到公园锻炼结束后，就会转到26弄买点菜回家。根据弄管会的决议，每天早上8：30~9：30由志愿者巡逻队在弄堂内值班巡逻，经过常态化管理之后，现在弄堂菜场的秩序维持以街道聘请的市容管理协管员为主。2个市容管理协管员每天早上在26弄站岗巡逻，直至临时摊点9点半收摊清扫卫生离去，他们才离开到其他路段巡逻。重庆南路26弄自治管理成功后，成为市区两级的社会自治共治的示范点，因此来参观的各级领导很多。为此，政府又投入大量资金为26弄居民安装统一式样的门口雨棚、水斗和信箱，并粉刷外墙，街道另聘请专人接管无主绿化带。居民原来的雨棚、水斗和信箱都是自己安装的，式样、风格、颜色不统一，为了美观，政府出资为居民免费升级。但是这些改造只针对重庆南路26弄的居民，其他弄堂无法享受。

三

重庆南路26弄的弄管会自治经验被总结后推广，各类"弄管会""路管会"涌现。半淞园街道弄管会的案例比较典型，在此一并叙述。半淞园街道耀江居委会下辖9个小区，其中越纪公寓、精文苑小区和金中苑小区之间有一条公共通道。越纪公寓背靠弄堂通道，精文苑和金中苑都是大门面向弄堂通道，后两个小区的居民进出都要经过这条公共通道。精文苑小区比较小，只有3幢楼、153户居民，金中苑小区有400多户居民。该公共通道为3个居民小区共用，又都在封闭小区产权空间之外，不属于各物业公司管理范围，从产权形态来说属于市政工程道路和国有道路。但该通道又在居民区内的巷道上，不是街区主干道，所以也不是城管管理的重点，就成了"三不管"的公共区域。居民停车难是当下的难题，每个居民区内部的停车位都很紧张。然而，不仅居民区内的大量居民在这个公共空间乱停车，外来的车辆和无证摊贩也都将车辆停在此地，道路经常挤满了车辆。

这带来三个主要问题：一是小区居民的车辆出行不便，经常需要联系人开车让道；二是堵塞了消防通道，消防车和救护车很难开进小区；三是各种闲杂人员和车辆随意进入，带来社会治安隐患，偷车偷钱的情况时有发生，居民经常拨打110和12345热线投诉。2015年8月，在耀江居委会书记的倡导下，3个小区的业委会组织成立弄管会，化解弄堂通道无序停车问题。1个党的工作小组组长担任弄管会组长，3个业委会主任担任副组长，由组长牵头协调街道城管部门、社区民警和3个小区的业委会共同化解停车难题。由于共同通道主要由精文苑和金中苑小区居民使用，精文苑小区规模过小，3个小区的业委会共同商讨决定该弄堂由金中苑业委会主负责，另外两个小区相配合。在弄堂出入口增设一处保安亭，金中苑物业公司协助聘请保安（由物业公司的渠道聘请保安成本比较低，若由业委会直接到市场上的保安公司聘请则成本较高），新增设的保安专门管理该公共弄堂的车辆停放和出行秩序，收取的停车费用于聘请保安的开支。

公共弄堂如何停放车辆以及利益分配的方案是由3个小区的业委会在新成立的弄管会上共同商讨决定的。具体而言，弄内收益不属于各小区，弄管会独立设账，专款专用，定期公布账目，接受监督。按照常规，门口保安亭聘请4个保安，同时考虑聘请一个专人负责协调、账务等事宜（按保安待遇），这样年支出工资大概在15万元。弄内停车费年收益总量大概为17万元。另外，弄内安装监控设施等一次性投入3万~5万元，第一年可能出现负收益，但之后能实现略有结余。现在该弄堂不仅停车秩序较好，社会治安状况也有改善，居民打110和12345热线投诉的件数大大减少，得到了附近居民的一致好评。

和重庆南路26弄不同的是，金中苑、精文苑和越纪公寓业委会组建的弄管会的民间性更强，没有依靠政府的外部支持，主要是利益相关主体在居委会的指导下相互协商达成自治秩序。可以借用奥斯特罗姆的公共池塘资源理论进行解释：在弄管会成立之前该弄堂属于"公地"或"公共资源"，使用者之间具有竞争性，但无排他性，所以造成小区居民和外来车辆抢占资源和无序停车等"公地悲剧"——该弄管会实质上是将开放的公共空间相对封闭化，将公共池塘资源的产权明晰化，通过明晰产权收益和社会自治来实现公共秩序。耀江居委会将分散的居民小区业委会组织起来，并加强对业委会主任的培训和指导，提高了作为业主自治组织的业委会的自治能力，从而使自治管理成为可能。当业委会的自治能力提高后，公共地带的治理就不是众多分散的业主之间的社会协商，而是3个自治组织之间的协商利益的分配，交易成本就会比较低，容易达成集体行动。弄堂的公共产权能够产生收益，3个业委会之间主要可以通过民主程序来商讨停车管理和达成公共利益分配，属于分配型民主，不需要对众多分散的业主个体进行社会动员。

四

瑞兴居委会重庆南路的1条弄堂和耀江居委会3个小区之间的一片角落，其中发生的问题都属于微小的公共空间出现了秩序混乱，引起居民的不满，笔者称之为"小微空间的治理"。这类公共空间介于完全开放的城市公共空间和封闭的居民区私人空间之间，具有半公共空间的属性特征，单纯依靠政府或社会都很难有效治理，需要政府和社会之间的有效互动和共同治理。重庆南路26弄成立弄管会治理弄堂菜场和耀江居委会3个小区成立弄管会治理弄堂乱停车的经验，都是在小微空间内政府无力单边监管，依靠动员相关利益主体与社会组织参与到社会治理中来，实现良好的公共治理秩序。在政府和社会的互动治理过程中，两个弄管会运行机制的侧重点不同，前者会对政府外力的依赖度更高，而后者依靠业委会组建而成，在居委会的支持下，相当于延伸和接管了居委会和政府的部分职能，自治能力更强。

两者在治理机制上产生差异的原因主要是小微空间的属性和利益主体不同。重庆南路26弄为老式里弄，空间狭窄但又四通八达，4个开口都可以进入，开放性程度很高，难以进行封闭式管理，或者封闭式管理的成本过高。空间使用的主体是外来流动摊贩和小区居民，二者之间易产生冲突，其中摊贩的流动性很强，彼此之间是孤立的原子化个体，对于占用道路贩卖的利益需求是刚性的。依托居委会动员居民志愿者每日巡逻、成立弄管会，以对流动摊贩实施监管，又面临无执法权的困境。即使居民组织起来了，流动摊贩之间也依然是分散的个体，彼此之间无联系和组织约束机制，还陷入组织和个体对接的交易成本困境。拥有刚性利益诉求的流动摊贩并不会听从没有执法权的志愿者的管理，此时就需要以政府职能部门的强制权和执法权作为后盾。所以重庆南路26弄的治理，对政府的依赖度更高，相当于政府托底和支付管理成本。

小区居民参与小微空间的治理的好处，主要体现在和政府互动的过程中能够有效表达需求和影响改变政府决策。如政府管制最初采取集中取缔的方法，但是小区居民之间会产生利益分化，对摊贩市场有内生的需求，所以通过保留4个临时摊点，并限制时间和经营种类的方式可以实现利益的相对平衡。重庆南路26弄小微空间的有效治理，要协调几对矛盾从而达成利益协调和均衡机制：一是临时摊点附近的居民和相对远离摊点的居民之间的利益平衡，住在临时摊点附近的居民要更多遭受弄堂菜场的负外部性之扰，而远离摊点的居民则对临时摊贩的低菜价市场有很大的需求；二是临时摊贩和固定摊点之间的利益平衡，固定摊点之所以要比临时摊点的菜价高，正是因为固定摊点要支付地租成本（租赁摊位），地租成本分摊在菜价中，最终由消费者负担，而临时摊贩无照违规经营，免费分享和获取级差地租，所以菜价中少了地租成本，同样的菜就要比固定摊点的价格便宜很多；三是居民志愿者管理的成本和收益的平衡，由于流动摊贩对于违规分享级差地租的利益动机是强烈而刚性的，仅靠流动摊贩的自律难以实现秩序的供给，这就需要建立常态化的管理机制来限制和规范流动摊贩的行为。只依靠志愿者实施管理不仅面临无执法权的困境，还将面临志愿者管理的成本和收益难平衡的问题，志愿者居民和非志愿者居民之间的义务分摊也是不平衡的。

五

重庆南路26弄从近十来年难以有效治理的顽症走向良好的弄堂菜场秩序，正是得益于几方利益主体之间形成了相对平衡的利益协调机制。以街道和居委会为代表的政府一方以群众的满意、秩序的供给和行政成本最小化为原则，在一个公共角落设置临时摊点，仅保留4个流动摊贩，并对经营的时间和种类等进行规范化管理，这样就能在居民之间、临时摊点和固定摊点之间实现利益相对平衡，既能满足居民对流动摊贩的需求，又尽量减少临时摊点造成的负外部性。弄堂菜场秩序的维持主要是依靠政府的监管，正式的城管力量无法为小微空间每日巡逻站岗，街道便购买HC市容管理公司的服务，相当于是聘请协管员来弥补城管力量的不足。HC市容管理公司在该街道办事处的协管员总共有四五十个，主要分布在人流量比较大和流动摊贩集中的重点地段，每日巡逻站岗。

HC市容管理公司的员工一般都是45岁以上的中老年人，在市场中不好再就业，拿的是上海市最低工资，2020元/月，公司为员工缴纳四金，签订一年合同，没有犯错就续签合同，如果犯错和玩忽职守则可能被公司开除。上海市在2015年"一号课题"出台以后，城管中队下沉到街道一级。HC市容管理公司受雇于街道办事处，按照街道办事处的规范要求实施管理，只听命于街道办事处的指挥和调度。每日早上有2个专职协管员在重庆南路26弄巡逻和站岗值班，加上队长在此时段也会过来巡逻，就共有3个协管员，防止其余的小商小贩进入26弄，同时维持弄堂菜场秩序，规范摊点的摆放和到点督促摊贩收摊。协管员在对摊贩进行规范管理的过程中，如遇到与摊贩之间的摩擦和冲突，首先采取人海战术，由队长呼叫在附近巡逻的队员一起过来将摊贩包围，让其无法买卖。摊贩的目的就是做生意，被包围无法买卖自然就会服软。万一遇到比较强势的摊贩反抗，协管员尽量避免与之发生肢体冲突，然后呼叫城管或派出所下来执法。3个协管员在9点半临时摊点收摊后，撤离到附近包片的地段去巡逻，也会时不时地到26弄过来看看，防止小摊小贩再次过来摆摊。

经过一年多的运行，重庆南路26弄的临时摊贩、固定摊贩、居民、协管员、弄管会等几方利益主体之间已经形成共识秩序，需要在弄管会上商议的内容也在减少，月例会制度就执行得没有那么严格。4个临时摊点中2个卖蔬菜和1个卖生鲜的摊贩希望摆摊的时间能延长，因为冬天较冷，居民起床时间变晚，9点半收摊有点早，否则当天的菜卖不完就容易腐烂。特别是到过年时节，居民购物的需求大，往往摊贩收摊后居民还在追着摊贩买菜。一个山东籍的菜贩说，在规范化管理前可以采购比较便宜的蔬菜，但规范化管理后不敢采购便宜的蔬菜，进菜成本增加，而如果不能及时销售的话，蔬菜容易腐烂而亏本。对于卖杂粮鸡蛋的摊贩而言，由于其所售物品耐储存不易坏，9点半收摊影响不大。3个协管员都是上海本地人，而摊贩基本上都是山东和河南等外地人。协管员受雇于街道，只执行街道的命令，按照街道的规范来管理摊贩的行为，摊主和居民的需求要在弄管会上商议，是否延迟摊点时间要经过大多数居民的同意和认可后，再上传至街道。街道则是以群众的满意和最少投诉为原则进行决策。

相较而言，耀江居委会3个小区之间的弄堂空间属性和使用主体不同：该弄堂只有一个出入口，因此只需要设置一个保安亭就可以管理，相对于4个出入口的管理成本大大降低；空间使用的主体是居民区的居民和外来需要停放车辆者，和流动摊贩免费获取级差地租的利益诉求不同，其并非有意违规停车和不交停车费，而是附近规划的停车位不足、其需求无法满足所致。在耀江居委会的领导下，3个小区的业委会组建一个跨区的共管机构——弄管会，通过在公共弄堂内规划停车位，协商制定停车秩序规则、停车费收取方案以及成本利益分配规则，从而将管理的成本和收益内部化。这得到了居民和外来停车者的认同，停车秩序的维持相对简单，因而，对政府的强制权和执法权的依赖度就较低。

高空抛物的社会性治理

高空抛物是当下城市社区治理普遍面临的一个难题。高空抛物不仅破坏社区的环境卫生，还可能危及社区居民的财产与人身安全，但由于高空抛物难以取证与确定行为人，难以被及时制止，因而长期困扰着社区治理。在武汉葛光社区调研时，社区夕阳美合唱团团长闵大叔为笔者讲述了他们是如何通过文艺作品宣传的方式来治理这一顽疾的。

葛光社区夕阳美合唱团成立于2012年11月23日，成员约56人，年龄在56岁到81岁之间，平均年龄63.42岁。闵团长今年72岁，2002年退休，他和爱人都是歌唱爱好者，在社区成立合唱团前常到汉口京剧漂流会唱京剧，并应邀到附近的保利社区合唱队参与指导，一周一次。2012年在社区徐书记的动员下，闵团长和爱人商量后决定在本社区成立合唱团，带动社区的文化生活。闵团长是原炭黑厂车间主任，很多同事住在这个小区，彼此间熟悉。在成立前，闵团长提前和十几个同事通气，在正式成立的时候他们就加入了，起初有34个成员。通过开展活动和表演节目，社区合唱团逐渐吸引了一些新的居民加入，同时也有少数人因搬离小区或去世而退出。夕阳美合唱团每周一、三、五14:00~16:30在居民活动室唱歌，16：30后很多老人还要去学校接孙子或回家做饭。闵团长说:"我们合唱团不仅仅是唱歌,还要把各自的家庭搞好,积极响应社区的号召。"合唱团成员中有5个人是周边社区的居民,因为看到演出而有兴趣加入。在合唱团下面还成立了一个戏剧队和一个模特队。

在2016年社区举办的元旦晚会上,夕阳美合唱团自编了一个关于高空抛物的原创节目,主题是"高空抛物害人害己",以一个爱管闲事的婆婆的口吻形式来讽刺社区高空抛物的人。同时,社区居委会也在小区各门栋张贴严禁高空抛物的宣传单,并组织门栋长开会,动员其管好本门栋。闵团长反映,在节目表演以前,社区高空抛物现象很严重,但是在这次取材于社区真实生活的文艺节目演出之后,小区内的高空抛物现象基本上就杜绝了。这个以"高空抛物害人害己"为主题的文艺节目,主要起到警示的功能,观众在观看取材于身边生活的节目后,也都拍手称快和相互传播议论,在社区内形成社会舆论压力,对高空抛物行为形成了社会性惩罚与约束机制。

闵团长认为:"我们不仅是演员,还是社区宣传员。"城市社区文体队伍往往也是社区治理积极分子的来源,单纯的兴趣组织与文艺爱好者要能转化为社区治理的骨干,方能激活社区治理的活力。对于社区积极分子而言,他们也是居民中的一员,可以通过接触居民,倾听居民对社区的不满,收集与集中居民的意见,反映给社区居委会,由社区居委会进一步有针对性地回应与解决居民的需求。同时,他们也可以积极地在居民中宣传政策,由于他们也是普通的居民,不能直接给居民讲大道理,只能现身说法,以润物细无声的方式来影响居民或做居民的思想动员工作。

　　葛光社区通过文艺作品的方式来治理高空抛物的案例，是否具有代表性，能否普遍推广适用？上文分析了葛光社区通过取材于身边生活的文艺作品表演形式，有效治理高空抛物的内在机制，即通过社区内部的人际传播形成社会舆论压力，对高空抛物行动者起到社会性惩罚与约束的功能。这种社会性惩罚机制生产的前提是需要有一定密度的人际传播，即社区居民之间是相互熟悉的，方能在人际传播的过程中生成具有公共性的闲话与舆论。反之，如果社区居民之间互不熟悉，陌生化程度很高，人际互动与传播就有很多断裂性，难以生成具有广泛共识和公共性的闲话与舆论，因此也就难以形成有效的社会性惩罚与约束机制。葛光社区高空抛物社会性治理方案之所以有效，与其单位改制社区的性质有关，社区居民大都还是原单位职工，相互认识与熟悉，构成了人际传播密度的社会基础。

有限政府及其购买服务的边界

一、背景及田野素描

2013年，南京市成为全国社区治理创新试验区之一，雨花台区创新的亮点是孵化社会组织，目标主要有两个：一是提供专业化的社会服务，相当于政府购买服务；二是培育社会，增强社会活力。雨花台区在2012年就开始培育社会组织，社会组织孵化中心设在雨花台街道。所有在雨花台孵化中心孵化的社会组织，出壳时均被要求寻找社区落地，区民政局会给每个刚出壳的社会组织1万～2万元的种子基金。社会组织要求注册为民办非法人企业，即非营利性社会组织，组织运营的资金来源有三种：一是申请政府的公益创投项目，区级项目为8万～10万元，一年为限，政府层级越高，项目经费也就越多；二是企业捐赠；三是申请基金会项目资金，但很难申请到，而且基金会的项目资金使用多有附带条件，具有很强的目的性和价值倾向。因此对于社会组织而言，主要的运营资金就是靠申请政府的公益创投项目，但项目期限为一年，需要每年都要申请一次，有申请不上的风险。做大做强的社会组织会产生滚雪球效应，不仅可以申请更高层级的政府项目，还能整合社区和政府的其他资源。

D社区、C社区和E社区是雨花台区的社会组织建设示范点。C社区下辖有南京市最高档的住宅小区之一，在政府提出孵化社会组织前，社区内部就自发形成了互助会组织，属于一种自我组织起来自主供给服务的俱乐部模式。和政府孵化的社会组织类型不同，互助会在政府推行孵化社会组织后，借用社会组织之名申请公益创投项目。E社区下辖的几个小区属于南京市的中高档住宅小区，社区内引进的社会组织如钢琴班、舞蹈班等，实质上是营利性市场组织，通过社会组织的名义进入社区，收费比市场相对低廉些，但社区为其无偿提供场地、水电网等。D社区下辖8个小区，2900多户，1万多人，混合了农民拆迁安置小区、辖区企业的职工房和商品房小区，其中拆迁安置的农民占社区人口总数的60%以上。D社区引进的社会组织都是外生的，是政府培育社会组织的典型，下面主要以D社区为例说明。

D社区2012年下半年引进两家社会组织，一家亲和本善服务中心，一家亲提供社区纠纷调解服务，本善服务中心提供老人临终关怀、"喘息照顾"服务。2014年社区引进5家社会组织，分别是十方缘（居家养老服务中心）、爱家睦邻（金牌调解）、华夏传承（手工编织及汉服制作）、金龄书院（青少年关爱服务）和公益大篷车项目。由于出壳的社会组织要在社区落地，社会组织和社区直接签订合同，针对落地社区的居民提供专业化的免费服务。一般一个社会组织的社工在3到5人之间，规模小的组织一两人，规模大的也有七八人，现在一个专职社工的工资为2000元/月。申请的公益创投项目经费为8万~10万元，包括人员工资和活动经费，这笔经费对于很多社会组织而言还不够人员工资开支。社区和社会组织的服务合同是一年一签，社区组织居民代表对社会组织的服务打分，若居民对社会组织提供的服务不满意就可以清退社会组织。一家亲是深圳的机构，下派了两个大学生到社区，但他们是外地人，无社会经验和阅历，在纠纷调解中镇不住场面，居民对其不信任，居委会主任带领他们参与调解三十几次，手把手指导，但始终学不会，在调解中无法发挥效用，最后社区就把该组织辞退了。

社会组织进入社区面临落地难的问题。社会组织拥有专业的技术服务，但只有嵌入到社区治理网络中才能发挥效用，社区居委会在其中发挥着主导作用，这是D社区的社会组织能够扎根社区的经验。D社区是全国社会组织建设示范社区，社会组织创建是其亮点，为了让社会组织能够在社区存活扎根，社区为其提供了资金、人力、场地、组织等全方位的支持。在资金方面，2013年社区争取到汇丰银行的汇丰计划项目，银行向社区提供30万元资金，市区政府两级共配套30万元，60万元的资金落地到社区有40万元，社区拿出10万元作为微基金，其余30万元全部给社会组织作为活动经费。社区除了协助社会组织申请公益创投项目外，还会帮助其申请政府的其他项目，如本善服务中心除了提供老人临终关怀外，还提供癌症患者和妇女关爱服务，2013年社区积极帮助本善服务中心申请妇联的项目，申请到困境儿童和妇女关爱项目资金2万元。2013年9月社区帮助本善服务中心申请到福特基金会的癌症患者和妇女关爱项目资金1.5万元。社区帮助爱家睦邻社会组织和政法委以及司法局对接，将纠纷调解的技术用于化解偏执型上访户，申请政法委和司法局的项目资金。

在场地资源方面，社会组织落地社区，办公场地、水电气网等由社区免费提供。在人力资源方面，一个社会组织的专职社工较少，而社区的规模比较大，根本忙不过来，一般是采取"少数专职社工＋兼职社工＋志愿者"的模式，D社区是南京市4所高校的社会实践基地，兼职社工一般由大学生群体担任，志愿者则是本社区的居民。兼职社工和志愿者都是无偿服务的，大大减少了社会组织的人力成本，这也是在社区的动员下才能获取的人力资源。在组织方面，外来的社会组织和社区居民之间相互陌生，社会组织不了解居民的需求和偏好，居民对社会组织也不信任，社会组织面临和居民打交道以及入户的困难。社区干部将社区治理的组织网络给社会组织使用，并指点其实践中积累的和居民打交道的技术经验，在社会组织和居民之间建立信任关联。而大多数社区的社会组织和社区治理之间不发生关联，在社区内就很难存活和扎根，专业化的服务就很难发挥作用。

社会组织提供的专业服务的定位是政府转移和延伸的公共服务，以补充和辅助社区提供的基础性服务。社区居委会主要提供居民办事类服务以及特殊困难群体救助类服务，主要起到基本社会保障和生活保障的作用。进一步的关怀和提升服务则需要靠社会组织，如老年人的精神情感需求、青少年的素质教育、居家养老服务。D社区的理念是打造精品社区和典范社区，覆盖从出生到死亡的全流程服务体系，包括准生证和二胎证的办理、孕检、生孩子、婴儿期、亲子关系教育、婚姻介绍、新婚关系培训、工作退休回到社区后养老等一系列服务内容。政府孵化社会组织，落地社区服务居民，通过公益创投项目资金为居民提供专业服务，实质就是政府花钱购买社会服务，建立公民从出生到死亡的全流程服务体系。然而，这种服务体系的成本极其高昂，专业社会组织提供服务的受益对象比较局限，即受惠面积少，服务频次低，如金龄书院的学生只有20多个。同时，很多服务需求并不是居民内生的，而是被社会组织营造出来的，如本善服务中心提供的临终关怀，遭到老人家属的排斥，后在社区的建议下将临终关怀改为长者照顾。

二、基础性服务 vs 增值性服务

在国家提出建设服务型政府之后，政府服务外包或花钱购买服务成为热潮。政府培育社会组织，就是政府花钱购买服务的一个表征，要打造覆盖居民从出生到死亡的全流程服务体系，在这个过程中居民是个被动的享受对象。需要反思的是：哪些公共服务才是应该由服务型政府负担的？是不是公民的任何服务需求都应该由政府支付成本？在回答这些问题之前，我们需要先就几个前提条件达成共识：（1）任何权利和服务的享受是需要支付成本的；（2）当前的社会物资丰裕程度尚未达到按需分配的水平，中央和地方的财政资源稀缺，财政盘子大小在短期内相对不变。蛋糕不变的时候，如何分蛋糕就很关键。打造几个亮点社区或许是可能的，但政府在现阶段绝对无力将从出生到死亡的全流程服务体系覆盖到每一个公民，这也就注定了试点是不可能复制和推广的。

在此次调研过程中，调研组通过集体讨论提出了"基础性服务"和"增值性服务"一对概念来回答这个问题。所谓基础性服务，是指基本社会保障和生活保障类公共服务，属于一种底线保障性服务，这是政府应该承担的职责；而增值性服务则是指在基本社会保障和生活保障之外的一种更高级的服务，针对不同的群体有不同的服务内容，属于一种上线发展型服务。这种增值性服务超越了底线需求，其需求是没有上限的，而且有差异化，遵循的原则应该是"谁使用谁负担"，可由个体通过市场化的途径去满足。在政府培育社会组织、购买服务的改革理念下，存在一种无限政府的错误导向，即居民有任何需求，都属于政府的责任，政府都应该满足，政府承担无限责任。不管是由政府直接供给还是通过孵化社会组织购买服务的间接方式，实际上都是政府承担责任。

政府对市民承担无限责任，会导致政府和市民之间的权力义务关系失衡，权责边界模糊化。政府花钱购买服务的过程也是利益再分配的过程，只享有权利而不承担义务的市民之间会产生利益的争夺，无序的利益博弈使得国家财政利益的分配无规则化，国家和市民之间的权责关系单向度化，个体性需求公共化。并且，利益博弈能力不同会导致利益分配不均衡，诉求未满足者虽然利益并未真正受损，但会产生利益相对剥夺感和不公平的社会心理，"凭什么他们能享受，我就没有"，进而对政府不满。可能政府投入大量资源为人民服务，并没有换来合法性的增加。政府承担的应该是有限责任，提供服务的边界应止于基础性服务，根据有限责任的导向重塑国家和市民之间的权责边界，才能发育公共规则和公民意识。

三、社会后果

政府通过项目的方式孵化社会组织，要求社会组织落地社区服务居民。政府通过社会组织提供服务的方式属于由外而内和由上而下输入型，因为政府孵化的社会组织在不明晰居民的有效需求前就确立了专业服务，并非居民的内生性需求。这样一种服务供给的方式，在实践中会产生以下问题：

第一，真实需求和虚假需求混淆。因为社会组织提供的服务是由外而内输入的，在政府以项目的方式孵化社会组织的导向下，五花八门的社会组织涌现，提供的服务也是包罗万象。政府对社会组织提供的服务和居民内生需求之间的匹配度难以有效甄别，只能要求社会组织先落地社区，再由社区进行遴选。社会组织提供的服务总能找到一定的受众，且其提供的服务对社区及其居民而言是免费的，成为社区的治理资源，正所谓不要白不要。而在政府倡导培育社会组织并对基层进行考核的情况下，社区也有动力帮助社会组织扎根。问题是居民的需求可能是被市场或社会营造出来的，而不是其内生的真实需求。以临终关怀服务为例，社会组织进入社区免费上门为重症患者提供临终关怀服务，刚开始遭到患者家属的排斥。很多社会组织在社区难以落地扎根，一方面说明居民对陌生的社会组织不信任，另一方面也表明他们提供的服务没有市场，与居民的内生真实需求不相符。有些社会组织在社区干部的帮助下，对社区居民进行充分动员实现了落地，但居民的需求实质上是被营造出来，可以称之为一种虚假需求。

第二，项目资源使用的低效率和不公平。政府孵化的社会组织都注册为民办非法人企业，具有非营利性，这本来属于社会自主发育的领域，政府不应该直接介入和干预。但现在所有社会组织都要到政府的孵化中心孵化后才能出壳。政府的孵化是有项目资金支持的，从区级政府到中央民政部，每一级政府都有相应的公益创投项目，级别越高，项目资金就越大。在项目逻辑的主导下，必然会产生"强者愈强，弱者愈弱"项目积聚效应。对于社区而言，少数典型或示范社区能整合更多的社会组织资源为居民提供服务，受惠面却只是极少数特殊群体，而很多普通社区可能连一个社会组织都没有。如此一来，财政资金的使用不仅效率低，而且分配极其不公平。

第三，社会组织的营利性强。虽然按照要求，社会组织属于公益性组织，采取的应该是以服务对象为本位的服务理念，但是在政府项目支持的诱导下，大量并不专业的社会组织涌现，目的是获取政府的项目，而不是真正地为社区居民服务，帮助解决居民的服务需求难题。有的社会组织在申请到政府的公益创投项目，按照项目要求开展一些活动时，将重点放在拍照和新闻宣传上，作为活动开展的记录，以此扩大影响力并作为获取更高级别政府项目的资本。如有的居家养老服务照料社会组织的社工在入户慰问老人时，穿着制服到老人家里，要和老人拍合照，还让老人摆出各种姿势拍照作为活动记录，引起老人的反感。

政府对社会组织提供的服务考核只能做形式审查，以此来决定是否给予项目。社会组织的进入是没有门槛的，在获取政府项目时，彼此之间也会出现比较激烈的竞争。最低一级区政府的公益创投项目经费只有8万~10万元，包括人员工资和活动经费，即使一个专职社工拿2000元/月的最低工资，一个社会组织光靠项目经费连三四个社工的工资都不够，要想存活只有降低服务质量或拓展其他收入渠道。在这个过程中，社会组织之间会相互竞争，优胜劣汰，最后大资本获取项目的能力最强，会主导政府的项目。还有一种社会组织的营利性体现得更为赤裸裸，那就是很多营利性的市场组织披上社会组织的外衣进入社区，在赢取正常利润的同时，还能获取政府的项目资金以及享受很多政策优惠，如社区的各种舞蹈、钢琴、绘画培训班等就属于这种类型的市场组织。

第四，无益于培育社会。政府孵化社会组织，除了向居民提供服务外，还有培育社会的目标。但是，作为社会组织服务对象的居民只是被动地享受服务，是社会组织服务的客体，并没有制度化的表达真实需求和偏好的公共平台。本来应该成为主体的居民在国家服务输入的过程中却成了客体。政府培育社会，将社会组织起来的途径和目标应该是主客体统一，而非主客体分离。

城市基层治理的主要矛盾与
社会组织的限度

一、个案介绍

上海市 KLJ 社区服务发展中心成立于2008年，起初四五年，所在的 R 街道办事处投资少，拿的公益创投项目也比较少，KLJ 连续每年亏本四五十万元，中心主任老李说，头几年总共亏了两三百万元。KLJ 在2012年迎来转机，街道办事处通过政府购买服务的方式投资增多，加上争取的公益创投项目增多，基本上能够实现收支平衡。同时 R 街道办事处花了4000多万元购买一栋大楼，给 KLJ 使用和管理，街道社区生活服务中心也设在此处。2013年，KLJ 被评为全国5A级社会组织，这是中国社会组织评估中最高等级，整个上海市获得5A级的社会组织不超过5家。5A级评选标准的指标有报表以及资料整理，如影音、影像、媒体报道、口碑、调查满意度、服务人次和影响力等。

现在，KLJ 社区服务发展中心形成了有18名专职员工、100多名兼职人员（准员工）和2000多名志愿者的服务管理体系，具体为1名主任，2名副主任，1名主任助理，18名正式员工，月薪在4000~5000元，高的也有8000元。兼职人员100多名，拿的是最低工资2020元/月，提供家政、维修、送餐等服务，收益是兼职人员和KLJ之间五五分成。依托街道老年人协会和居委会来动员志愿者2000多名，每次服务补贴20~50元。

KLJ一年的项目资金总共有五六百万元，其中60%为R街道办事处购买服务投入的资金，比较稳定，30%为申请的公益创投项目，10%为服务收费资金。目前KLJ承接有14个政府项目，中央、区、街等不同层级政府的项目都有，以R街道为根据地，也会争取其他区和街道的公益创投项目。KLJ社会组织做的主要是为老服务，其中962100爱老服务热线在2012年获得民政部财政支持项目。现在KLJ社区服务发展中心提供的为老服务品牌主要有：居家养老服务、社区公益站、喘息式服务、老人日间照料、养老服务合作社、便民服务、爱心超市等，都是低偿服务，政府为符合条件的老年人群体提供补贴。

社区公益站是KLJ社会组织和R街道联合打造的一个创新特色便民服务项目，KLJ在2010年接管居委会原来的老年活动室，设立成社区公益站，被评为2010年上海市十大公益项目。R街道下辖16个居委会，下设16个社区公益站，每个社区公益站设站长1名，工资2000元/月，主要聘请本小区熟悉情况的退休人员担任，下设十几名志愿者，提供的低偿服务有几十种。相较于过去的老年活动室，新增的服务主要有配餐、代缴水电煤气费、统计订购助浴、洗衣等。社区公益站设立的起因主要是街道想做特色民生服务创新项目，加上居民的需求越来越多元化和层次越来越高，街道和社会组织之间达成一种合意。

养老服务合作社是一个独立项目，其经费不包含在每年五六百万元项目资金之内。2014年黄浦区政府提出要应对公办养老院床位不足的问题，对此，R街道牵头推动KLJ和社区卫生服务中心合作，发展养老服务合作社，打造医养结合的无围墙式养老院，扩大受益面。项目的目标群体主要是80岁以上的独居老人和60~80岁的半失能半失智的老人，主要提供生活照料、医疗护理和人文关怀服务，符合条件的老年人可以入社，享有政府财政补贴。目前有300多老人注册为会员，运行第一年实际服务对象为70多人。

居家养老服务是市政府补贴的基本公共服务，形式为1~5小时的上门服务，主要是保基本，R街道符合条件的有210人。养老服务合作社是介于居家养老服务和养老院之间的医养结合服务，社区卫生服务中心医生每月上门体检一次，医生上门一次区政府补贴30元/人，委托KLJ社会组织实施。目前有42项服务供选择消费，政府根据老年人的收入情况，对符合条件的老人分等级进行财政补贴：低保老人群体消费服务，政府补贴70%；对退休金在平均以下的老人，政府补贴50%；对退休金在平均1.5倍以下的老人，政府补贴30%。

KLJ社区服务发展中心作为一个社会组织，和普通的社会组织不同的地方在于其和R街道建立了稳定的合作关系，每年有来自街道的固定资金投入以及办公场地。也有部分项目资金和普通社会组织一样来源于申请公益创投项目，一般公益创投项目期限为1年，时间短，项目资金少，不具有持续性，只能用于一次性活动类服务内容，如老年人智力比拼赛（记忆地名）、举办集体生日、制作香包等等，一般一两个专职社工到现场举办活动，依托居委会发动志愿者来参与举办活动。社会组织举办的多是表演性的活动，项目落地时需要依赖居委会以及和居委会协调，同时还面临居民需求和参与不足的问题，因为居民往往是"被迫"参与活动，而不是内生需求。

政府投放了大量资金用于发展社会组织和购买公共服务，但现实中的根本困境在于老年人并不需要社会组织提供的服务或需求不足。KLJ的负责人说他们的低偿服务落地时，刚开始居民不信任，觉得公司企业是要赚他们的钱，而且老年人支付意愿和支付能力弱，比如修脚、理发、助浴、助医等服务已经很便宜了，符合条件的老年人还能打七八折，但老年人就是不愿意出钱。现在老年人还是以居家养老为主，能自己做的就自己做，对于低偿服务的需求较低。KLJ提供的服务项目中，老年人还是以上门维修、配送餐、家政服务等刚性需求为主。

像其他社会组织一样，KLJ面临的最大困境就是造血功能不足，发展主要依赖于争取和整合政府的项目资金，这主要和社会组织负责人的个人关系运作能力以及项目包装能力有关，实质是政府资金项目制的逻辑。KLJ在承接政府项目的基础上，正在考虑转型：一是从社会公益组织向社会企业发展，在理念上表述为通过商业模式赚钱来提取一定公益金补贴KLJ工程；二是向专业化和标准化方向推进，多举办创新型活动，但上海市政府相对比较保守，主要还是求稳和提供基础公共服务；三是希望能收取学习参访费或得到政府补贴，KLJ成为全国5A级社会组织后，每个礼拜都有前来参观考察的团体，承接了大量接待任务，如省、市、区民政局、街道办事处的参观，以及其他社会组织观摩、领导考察、学者调研等。

二、政府求稳与创新的逻辑

R街道户籍人口2.4万户，7.6万人，流动人口1.5万人，实际居住人口5.3万人。R街道为中心城区，下辖16个居委会都是老旧小区，年轻人大都搬离，老年人居多，60岁以上的老年人有2.64万，占总人口比例34.87%，占常住人口比例还要更高，老龄化程度高。R街道将民生服务的目标群体重点锁定为老年人，其中又以少数高龄、独居或重病老年人为重点对象，受益面在1000人左右。政府通过花钱购买社会组织的社会服务，将资金重点分配给这些少数特殊群体，主要方式是一对一式的个体性帮扶或低偿服务，供给者、服务者和享受者分属于不同的主体。而政府对于高龄、独居或重病老年人的特别关注，主要是出于怕老年人猝死在家中而无人知道，一旦被媒体曝光，就会造成重大社会问题。

R街道和KLJ社会组织通过共创品牌形成了稳定的合作关系，街道基本上将所有公共服务类项目都打包给KLJ来实施。目前，R街道已经形成了多层次的为老服务体系：（1）保基本的居家养老服务，针对符合条件的老人提供每月1~5小时的上门服务；（2）增值版的养老服务合作社，打造无围墙的养老院，医养结合，由医生提供每月1次的上门护理，主要针对80岁以上老人或60~80岁的半失能半失智老人；（3）有偿的"喘息服务"，主要针对重病重残需要护理的老人，辅助家庭照料；（4）低偿的老人日托，独居老人可以到老人日间照料中心托管，提供中午午餐和下午点心，七八元左右，一个月22天，大概费用三四百元；(5) 区民政局"老伙伴"计划，针对1090个独居但未被纳入居家养老服务和养老服务合作社的老人，采取志愿服务体系，由志愿者上门结对服务，聊天慰问；(6) 上海新沪商联合会为老项目，共招募108个志愿者，服务对象共500多个老人，每个志愿者结对服务5个老人，每月补贴250元；(7) 962100爱老服务热线，为民政部的财政支持项目。

根据本地老龄化程度高的实际情况，R街道将政府提供公共服务的目标群体重点锁定为老年人群体也是因地制宜的。但是，各级政府或部门几乎将关注的焦点全部都集中在需要特殊照料的老年人群体，如高龄老人、独居老人或半失能半失智老人，而这部分特殊老年人在老年人群体中的比例是比较小的。以R街道为例，全街道有2.64万个60岁以上的老人，而为老服务项目的受益者不过在1000人左右，可以说这极少部分的老年人群体几乎占据了各级政府或部门的全部精力和资金分配。

之所以形成这样的服务和资金分配的逻辑，是因为地方政府受求稳和创新的双重目标驱动：所谓求稳的逻辑就是政府怕出事，这些高龄老人、独居老人或重病老人等特殊弱势群体相较于低龄老人而言，死亡的概率和出事的风险都要大很多，而老人猝死却未被发现的事件一旦被曝光，就可能成为社会问题，政府要兜底和承担社会责任；所谓创新的逻辑，则是中央提倡培育社会组织和激活社会参与力量，地方政府有很强的动力响应中央号召，进行政策创新和打造亮点以取得政绩，所以就将创新和求稳结合起来，打造为老服务的社会组织品牌。实质上这是地方政府和社会组织之间的合谋，间接完成了资金的特殊主义分配，而那些大多数普通老人的内生性需求并没有得到政府的回应，政府提供的服务不是居民需要的，同时形成了的叠加和浪费。

三、城市基层治理的主要矛盾

笔者所在的调研组在南京调研社会组织，提出从基础服务和增值服务的区分来认识政府服务的边界和有限政府。在大的判断基础上，进一步思考当前城市社区提供服务的目标群体以及资金分配的轻重缓急等根本问题，这就需要理解当下城市基层治理的主要矛盾以及大多数居民的真实需求到底是什么。

当下城市基层治理的主要矛盾，是政府办"小事"的能力弱与个体私欲膨胀之间的矛盾。中国正处于快速工业化和城市化的发展阶段，政府工作的重心在发展和稳定的"大事"之上，发展的核心是以招商引资为基础的城市扩张和城市更新，其关键在于征地拆迁的顺利推进，而征地拆迁的核心又是少数"钉子户"的治理。我国政府通过责权利不对称的行政原理，来实现对官僚体制内部的政治动员，以及对付少数"钉子户"问题，从而能集中力量办大事。但是对于像上海这样的城市发育相对成熟的特大城市而言，特别是像徐汇区和黄浦区这样的中心城区，随着城市扩张和城市更新的基本完成，城市治理的重心将逐渐从经济发展转向社会建设上来。

不同于经济发展阶段的工作重心，社会建设阶段的工作重心变成了围绕居民日常生活小事的多数人治理，如高空抛物、不文明养宠、跑冒滴漏、小区乱停车等小区环境卫生和公共秩序问题，这也是目前老旧小区治理最令人头疼的一些问题。这些日常小事之所以成为问题，就是因为这是涉及大多数人的问题，每一个人都有可能成为"钉子户"或公共秩序的破坏者，在城市居民的公民或公共规则意识尚未培育起来时，对大多数潜在"钉子户"产生的外部性行为，政府很难通过官僚体制内部的政治动员进行有效管理。个体私欲的膨胀和公共精神的缺失，导致本来是居民自己的生活小事，现在反而成了令政府头痛的治理难题。如何从过去的官僚体制内部的政治动员转向政府进行有效的社会动员，将是今后城市治理的重点和方向。

在城市治理的过程中，政府无法进行有效的社会动员的原因大致有三：一是政府与社会的权责边界不清晰，在实践中我国政府扮演着"全能型政府"和"无限政府"的角色，造成居民对政府的依赖，即使属于自己的事，居民也存在"等、靠、要"的社会心理，以及"有事找政府"或等着政府来解决的行动逻辑；二是政府大包大揽，社会管制过严过死，对社会组织不信任；三是社会没有自主权，社区居民缺乏公共生活，小区居民犹如一个个孤立的原子，无法在团体内部形成有机的社会交往和社会关联，无法形成自主协商的社会规则以约束投机者或机会主义行为，这就导致了个体私欲的膨胀，每个个体都从自己利益最大化的主张出发，对团体内部个体行为外部性管理的公共规则缺乏共识或故意漠视。

研究可以从阶层基础和生命周期两个维度来对社区中的居民群体进行分类，一般居住在老旧小区的居民为：(1)老年人群体，五六十岁的低龄老人和七八十岁的高龄老人；(2)城市中下阶层的年轻人群体；(3)购买学区房的中产阶层（如新上海人）；(4)以小白领为主的租客。城市系统的阶层分化和居住空间相联系，我国当下城市社会正处于阶层分化和阶层重组的大变动时期，虽然城市已经出现阶层分化但阶层尚未固化，还有社会流动的空间，这从城市居住的政治中可以看出。不管是作为城市中下阶层的本地年轻人，还是作为白领中产阶层的新上海人或租客，老旧小区的居住空间对于他们而言都只是一块跳板，他们还在工作中奋力打拼以实现社会的向上流动，争取在新的商品房小区购买新房。所以对于老旧小区而言，社区治理的主体是老年人，唯有他们才对社区的生活有稳定的预期，也最关心社区的公共事务和公共生活，其他群体的流动性强，对社区生活的归属感弱。

上海市部分行业女性50岁退休，男性55岁退休，笔者统一将退休后的居民称为老年人。在老旧小区老年人群体中，存在五六十岁的低龄老年人、七八十岁的高龄老人以及80岁以上或者半失能半失智老人等需要特殊照顾的老人。在还是生产劳动力时，城市居民的生活重心在工作单位，工作单位集中了居民的利益分配、人生价值、社会交往等内容，居住区不过就是一个生活的场所。但是一旦退休，居民就从工作单位回归到社区，没有了单位生活，对小区的社会交往和公共文化生活便有了内生性需求，以排遣精神上的孤独和寂寞。

而七八十岁的老年人往往对小区公共文化生活的需求度最高，因为年龄大了，身体行动不便，无法远行，每日生活的半径多是小区附近。他们一个人在家闷得慌，看电视也无聊，就想出来扎在人堆里聊聊天，哪怕就是坐在人群中发发呆，听别人聊天也是浑身舒服的。LX 居委会下的 GX 小区居民对将街心花园改造成公共活动空间有强烈的需求，老年人自发把家里一些不用的老旧桌椅沙发搬到花园小广场上，人多的时候有 100 多个老人聚集在广场上晒太阳、聊天或打麻将。居民几年来都在向居委会和街道反映，要求改造建设老年活动室，只要 2 万元就可以搞好。但是由于打麻将或居民闲聊的项目没有特色与亮点，无法得到立项支持。政府提供的"高档"活动室与服务并不是居民需要的，居民的内生需求又由于不够"高大上"而不被政府接受，这就是当下政府花钱购买社会组织服务的尴尬。对于小区七八十岁的老年人而言，由于身体行动不便无法远行，和在外的亲朋好友的互动交往机会减少，精神上孤独与寂寞的排遣是最大需求。他们需要的是以主体的身份参与社区公共生活和社会交往，而不仅仅是作为被服务的对象与消费的客体。

对于 80 岁以上的老人或半失能半失智老人而言，他们多是已经失去生活自理能力的少数群体，需要家庭、社会或政府给予特别关爱，需要社区的照料。R 街道对这部分群体特别关注，通过花钱购买社会组织的服务建立了完善的为老服务体系，这也是回应了真实的社会需求。但现在的问题有二：一是这少数特殊群体基本上吸纳了各层级政府或各"条条"的注意力，造成服务密度的叠加，而大多数普通老年人群体的公共需求遭到忽视，很可能导致政府资金密集投入的服务内卷化；二是政府采取公共服务外包给社会组织的服务供给方式，是以居民为服务对象或消费的客体，供给者、服务者和消费者是分离的，而绝大多数老年人的内生需求则是一种供给、服务和消费一体的公共生活，他们以主体的身份在自我供给和服务的同时也在消费，唯有此才能形成以居民为主体的社会参与和社会活力。

四、社会组织的效用限度

随着城市治理的重心从经济发展转向社会治理，特别是上海市"一号课题"实施后，街道取消了招商引资的经济职能，开始以服务和管理职能为重心。城市基层的治理将从经济发展阶段治理少数"钉子户"和服务少数老板为主，转向以针对大多数人的服务和管理为中心工作。对于涉及大多数人的日常生活小事，政府和社会之间的权责边界不清晰，以及政府试图管但管不了的问题更加凸显。当社会大众处于一盘散沙的原子化状态时，科层行政组织很难和众多分散的居民对接，所以现在城市社区内很多居民日常生活的"小事"，成为令政府头疼的治理难题。

从中央到地方，各级政府也都认识到行政体制的效能限度和社会参与的不足，为此寄希望于通过培育社会组织，来激发社会力量的参与和形成社会活力。在向服务型政府转变的过程中，公共服务的外包和社会组织的培育成为各地创新的热点，其要实现的政策目标有三：一是公共服务外包，改变政府大包大揽的局面，以提高行政效率和降低行政成本；二是通过培育和孵化社会组织，在政府和居民个体之间形成很多中间团体，激发社会力量的参与，形成多元主体的参与和社会共治，以形成社会的活力；三是缩小政府的职能范围，以践行"小政府、大社会"的政治理念。政府希望通过孵化社会组织来实现这三重政策目标，却没有认识到社会组织的限度。

社会组织一般都注册为民办非企业单位，在性质上属于不以营利为目的的社会公益性组织。社会组织的非营利性目的，注定了社会组织没有造血功能，其面临的首要问题就是组织的生存。社会组织能否存续的关键，是有无足够的资金来支撑组织运转的劳动力成本和服务成本。

在理论上，社会组织的资金来源有政府的公益创投项目、基金会项目、企业捐赠、社会募捐等多种渠道。我国社会组织并不是内生发育的，而是政府孵化和培育出来的外生力量，社会组织运转的资金主要来源于政府的公益创投项目和政府购买服务的项目资金，而社会组织的服务对象又是社区的居民。社会组织的这两个特征决定了社会组织的生存主要依赖于政府的项目，因此社会组织就是对上负责的，为获取政府项目而开展服务活动，为迎合政府的需求来提供服务和包装活动，而不是以居民的满意和真实需求为导向。能够满足政府求稳和创新需求的社会组织和服务，最有可能获取政府的项目资金，可谓是地方政府和社会组织的一种无意识合谋。由于社会组织相对于社区居民而言是一种外生力量，其提供的服务不是从社区居民中内生出来的，政府和社会组织的紧密结盟与社会是脱节的。

社会组织的民间身份被视为社会参与的力量，但是在笔者看来，以获取政府项目资金为目的的社会组织不过是一类职业团体或者直接说是利益团体，并非社会自治组织。这类社会组织提供的服务或活动多具有表演性和展示性，所以每次在举办活动时，都非常注重摄影摄像等记录性资料，而由于其外生性，社会组织对小区居民而言是陌生的，因此需要依赖居委会才能完成进场和开展活动。

社会组织在实践中发挥的效用是有限度的：从服务内容上来看，社会组织适合提供标准化、技术化和专业化的服务，相对于涉及大多数人的常规性和基础性公共服务而言，这些多是增值服务；从服务对象上来看，由于社会组织的专业性特征，所以其服务瞄准的都是某类特殊群体的特殊需求或偏好，而不是涉及大多数人的普惠性和公共性需求；从服务的方式上来看，社会组织提供的服务以居民为客体，服务的主客体是分离的，无法建立社区居民之间的有机联系和满足居民在社会互动中的社会性需求。

所以，政府希望通过培育社会组织和购买社会组织的服务，来实现降低行政成本、激发社会活力以及"小政府、大社会"的社会共治的政策目标不啻为海市蜃楼。在政府孵化和培育社会组织的政治正确下，不仅社会上产生出一个食利性的职业团体或利益群体，增加了额外的行政负担，还无益于将社会组织起来，激发真正的社会参与活力，在政府和社会之间形成有效的互动。有财政实力的地方政府可以在满足了群众基础服务的需求之上，适当提供扩大化的公共服务，购买成熟的专业化社会服务，但不能作为创投者来孵化和包装社会组织。

五、缺乏社区整体的社工精神

我们可以进一步思考，为什么面对现阶段城市基层治理的主要矛盾，我国政府援引西方的社工理论和强调社工精神，难以达到理想目标？西方的社工理论和方法是基于一种个体主义和特殊主义方法的社工精神，社会工作者就相当于社会医生，诊断社会问题并进行有针对性的治疗，以实现"助人自助"。我国寄望于通过大力发展外生的社会组织和社工来实现社会动员的目标，无异于缘木求鱼，本末倒置。那么，国家资源如何进社区？在政府职能转型的背景下，要想实现有效的社会动员，可能的路径在于政府将惠民服务资源整体输入至社区，并赋予居民资源使用与分配的自主权，由社区居民通过民主协商的方式讨论决定资源的使用，从而以社会自主权激活居民自治，使居民形成自己的公共生活，约束个体私欲的膨胀，在政府和社会之间形成有效互动，激发社会活力。

分配正义：
政府购买社会组织服务的再认识

一、社会组织发育概括

南京市雨花台区是政府孵化社会组织的创新改革试验点，区民政局下成立社会组织孵化培育中心，所有社会组织都要先进入培育中心孵化后才能出壳。出壳时，孵化中心会向每一个社会组织提供1万元的种子基金，各社会组织自行寻求要服务的社区并落地，社区居委会结合社区的特征和居民的需求来选择社会组织。社会组织的资金来源主要是依靠区民政局设立的公益创投项目，10万元/个，1年合同期。社会组织要想生存下来，就需要嵌入社区，并能有效整合社区内外各种资源。而佛山政府购买社会组织服务的类型有两种：一种是公益创投项目，基本上都是小额度的专项服务，10万元/个，1年合同期；另一种是政府购买家庭综合服务中心的综合服务，采取公开招投标的方式引进社会组织，3年为一个周期，但合同一年一签。在政府的大力倡导下，2013年开始提供家庭综合服务的专业社工机构迅猛增长，出于税收上的考虑，地方政府倾向于扶持本土的社工机构，专业社会组织之间的竞争非常激烈。

2012年佛山市禅城区尚无专业社工机构，区民政局到深圳市考察后，引进深圳社联社工中心。深圳社联社工中心在2012年承接了5个家庭综合服务项目，3年为周期，期满再由街道社工局重新招投标。深圳市在2007年成为全国第一批培育和发展社会组织的地区，2011年广州市开始大力推动社会组织，要求134条街道全部引进家庭综合服务中心。深圳市的模式为"小而精"，一个社区建立一个社区服务中心，引进一家社工机构，实现全覆盖。广州市的模式为"大而全"，一个街道引进一家大型的家综社工机构。现在广佛同体，佛山市向广州市看齐，采取的模式为"小马拉大车"，一个街道一般引进三四个家综项目，采取片区制管理，一个片区一个家综项目。2013年后，区政府开始对街道是否引进家综专业社工机构进行考核，每年至少要引进一个家综项目。在佛山，不管是家综项目还是公益创投项目，政府购买方主要是街道，公益创投项目街道也有分配指标。

禅城区下辖Z街道、S街道、C街道和N镇，整个禅城区现有17个家庭综合服务中心点，Z街道6个，S街道4个，N镇4个，C街道3个。其中S街道4个家综项目分布在4个片区，分别是：榴苑片区项目，资金60万元，配备7人（1个主任、5个专职社工、1个行政），负责7个居委会和4个村委会；湖景片区项目，资金100万元，2016年启动，负责不到10个村（居）；LH片区项目，资金30万元，配备4人（1个主任、2个专职社工、1个行政），负责9个居委会和1个村委会；东平片区项目，资金30万元，配备4人（1个主任、2个专职社工、1个行政），负责9个居委会和1个村委会。C街道3个家综项目，1个街道级项目和2个村级项目,其中街道家综项目的资金为100万元,配备11个人(1个主任、8个专职社工、1个行政、1个助理)。目前禅城区有18家专业社工机构,南海区有31家社工机构。

由于地方政府倾向扶持本地的专业社工机构,佛山最早经引进的深圳社联社工中心采取策略,同一个老板注册了3个不同的机构名称,分别为深圳社联、佛山社联和广州民进社工。深圳社工市场培育得最早,社会组织较多,市场已经饱和,纷纷向外扩张。禅城区民政局聘请广州北斗星社会组织作为第三方评估机构,对家综社工机构进行专业化的评估。政府与家综社工机构签订的政府购买服务合同是一年一签(不成文的行业规矩为3年一个周期),第三方专业评估机构对社工机构的年度考评结果,对政府第二年是否与家综社工机构续签合同有影响,评估绩效较差者,政府可以不予续签。但是第三方评估结果对合同3年期满后重新招投标没有什么影响,即使绩效评估效果较好,也对重新招投标没有帮助,届时能否中标主要还是看作为购买方的街道社工局的意见。

二、催生的市场和社会组织间的竞争性

2010年中央提出大力发展专业社工后,全国各地都在大力培育和孵化社会组织,新兴的社会组织大量涌现。2012年禅城区引进的只有深圳社工社联中心机构,2013年政府大力培植本土社工机构后,社工组织遍地开花,开始大规模地扩张。公益性社会组织被视为政府和企业之外的第三部门,和企业的根本

区别在于其非营利性特征。在政府投入大量资金购买社会组织的服务前，并没有内生的社会组织服务市场。笔者了解了深圳最早的几个社会组织的筹建过程，发现也都是由政府发起并帮助筹备起来的。政府在投放大量购买服务资金前，社会上并没有内生出相应的专业社工组织。现在非常活跃的社会组织呈现爆炸式增长的态势，可以说是政府催生的市场。

由此，可以得出结论：社会组织的活跃度与政府投放的资金量多寡成正比；或者社会组织发育数量的多寡与地方政府的财政实力和重视程度呈正相关。当政府向社会组织投放的财政资金越多，催生的市场利益空间就越大，社会组织之间的竞争就会越激烈。社会组织在民政局登记注册民办非企业法人单位，登记注册的门槛不是很高。由于社会组织是新兴的产业，行业自律尚未建立起来，各种社会规范尚不健全，目前发展鱼龙混杂。

今后的发展趋势存在两个可能性。其一，社会组织同行之间的竞争越发激烈，经过市场机制的筛选，优胜劣汰，一批小型劣质的社会组织被淘汰。其二，社会组织的资金来源主要依靠申请政府的招投标项目，招投标分技术标和商务标，技术标是指组织的资质级别，商务标则主要包括报价、服务量等内容。但是评标时购买方的意见更为关键，特别受社工机构和作为购买方的政府的关系影响，政府在选择中不完全是市场机制的逻辑，还有行政主导的分配逻辑，这就存在关系运作的空间，实践中存在劣币驱除良币的可能。社会组织自身不具有造血功能，主要依赖政府资金，在搞好和政府的关系后，能够拿到的政府项目资金越多，就越能发展壮大，聘请到有实力的专业社工，是否也有可能由劣币走向良币？

案例：

深圳社工社联中心2014年7月在C街道拿到的一个家综项目，政府购买服务合同都是一年一签，2014年10月开始运行，一年到期后需要重新公开招投标竞争。在深圳社工社联中心主管该项目的小王反映，他们在该项目中提供的服务效果较好，居民的满意度也较高。但是在重新招投标中，意外地被一家本地社工机构挤掉。该社工机构是本地一所技校的校长成立的，校长有自己的企业，与当地民政局和街道有关部门的领导较熟。

小王反映，现在各种社会组织多，行业竞争很激烈，行业不安全，机构对一个项目点投入很多心血，但是往往因专业服务以外的因素被挤掉，心里很不踏实。从他本人的工作经历也可以看出社会组织间的竞争激烈和发展不稳定性：他2011年4月1日到2014年4月在广州市L街道担任家综项目主管（2011年广州市政府购买社会组织服务全面铺开），合同到期后政府重新招投标，但由于街道换了新领导，在重新评标时被当地一家社工机构挤掉；2014年10月到2015年9月，在佛山禅城区C街道担任项目主管，1年合同到期项目被挤掉；2015年10月，在佛山禅城区S街道LH片区担任项目主管（LH片区是最早试点引进家综项目的）；2012年政府引进深圳社联社工中心项目，3年到期后2015年重新招投标竞争时，也差点被挤掉。

三、社会组织提供的服务内容与方式

广州、佛山市政府购买的社区服务主要是家庭综合服务，具体包括青少年关爱、长者照顾、企业及流动人口关怀和社区建设等5个方面的内容。每个街道或片区根据社区居民的类型来设计主导的特色品牌服务，如S街道4个片区的家庭综合服务中心的项目亮点各有不同。LH社区为高档住宅区，居住群体的层次比较高，低保残障等弱势困难群体几乎为零，老人也不多，4000多户的社区只有五六百个老人。LH片区的家综项目虽然理论上要覆盖9个居委会和1个村委会，但是团队力量有限，只能以LH社区为主，社区特色品牌服务主打青少年和亲子活动。以LH社区的家综3月份提供的服务为例，主要有玩魔方课堂、主题时装秀、音乐大合唱等。大部分活动都是集中在周末两天，周一到周五每个主题活动吸纳的人数有限，大部分是在10～20人或者10～20对之间，相较于LH社区4000多户而言，社区参与度和服务覆盖范围都是极其有限的，更别说相对于设定的服务于9个居委会和1个村委会的目标了。LH社区家综项目团队有4个社工，一年只能接收40件个案，平均一个社工一年能受理10件个案。

社会组织提供的特色品牌活动内容往往是政府设定好的，社会组织迎合政府搞创新出政绩的需求。由于很难对社会组织提供的服务进行质性考核，所以政府对社会组织的考核采取量化指标管理的方式，指标有服务对象次数、个案数量、小组活动或社区活动数量等。社会组织提供的服务内容在政府划定的大框架内，政府不干预社会组织的人事任命、具体服务活动设计等。社工组织进入社区提供服务，一般前期要做居民需求调研，通过发放问卷、走访和焦点座谈的方式获取信息，走访对象一般是社区关键人物、社区领袖或社区居委会干部，或者向社区居委会索取居民资料信息。

前期需要居委会协助的事项有：派送问卷给居委会，帮助完成一定数量的问卷；访谈社区居委会干部，了解社区存在的问题；召开焦点小组座谈，需要居委会协助寻找以及动员服务对象。社区居委会由街道社工局管辖，社工机构由街道社区服务中心管辖。社工机构尚未取得居委会信任的时候，与居委会相处时可能会遇到困难，这时社工机构可以向购买方反映，由街道社工局向居委会下达命令配合社工机构。社工机构要搞好和居委会以及街道的关系，不仅因为依赖政府资金，举办活动也需要借助居委会的力量，如租借场地或者对居民动员参与活动。

四、社工机构组织的内部管理

佛山市政府购买社会组织服务采取专职社工的项目运作方式，即一个家综项目根据项目额度配备相应数量的专职社工团队，如LH社区30万元的家综项目团队4人（1个主管、2个专职社工、1个行政）就只负责该项目的运行，不能一人身兼数个项目。LH社区家综项目主管申请了S街道的公益创投项目——

楼长制和居民自治项目，以及区妇联的残障妈妈照顾计划项目，两个专业项目的经费都是10万元/年，只有1年，需要在原项目团队4人以外各另行聘请1个专职社工负责跟进。社工机构内部的组织运作尚未深入，但是财务关系采取总部经济的运作方式，以深圳社工社联为例，深圳社工社联在深圳、广州和佛山下辖3个分支机构，只有1个总财务中心，设立总部资金池，所有项目资金统归资金池管理，各个项目点每月只给1000元的备用金，项目开展服务活动所需向总部申请。

深圳社工社联机构在禅城区总共有60多个社工，分布在不同项目网点，彼此之间缺乏交流和沟通，对公司没有太多归属感。除了负责家庭综合服务项目外，深圳社工社联机构还兼顾司法矫正（禅城区）、人民调解（派出所）、医疗调解和社会救助等服务。佛山本科毕业的普通社工的工资为3800元/月，主任或项目主管则是在普通社工的月工资基础上增加1200~1500元，除了固定工资外，没有任何年终奖、过年过节福利，并且晋升空间不大。社工流失90%的原因是工资低，10%是对公司无归属感。社工机构内部的工作岗位主要分为一般社工、项目主管、督导和行政管理，普通社工晋升到管理层的机会较少，毕竟岗位有限。

对于社工机构而言，绝大部分资金来源于政府购买服务的项目资金，机构自身造血的功能较弱。可能有的增值性收益主要来自督导培训，在行业内做得比较大和比较好，获得业界认同的机构，被邀请去做督导培训的机会多些，相当于向同行收费。所谓督导培训，是指对社工机构的普通社工进行培训。这实质上是同行之间关于从政府拿到项目资金的利益分配的转移，相当于是行业内部的二次分配，名声越大、资质越好的社会组织，对资金的吸附能力就越强。

虽然合同要求一定数量的专职社工配备，但是社会组织违规的成本较小而收益较大，因此很多社会组织铤而走险。佛山市社工机构总共有210个专职社工岗位需求，但是一线从业人员只有150个，缺口通过实习生来弥补。社工机构节省项目运行成本，从而最大化地积累项目资金剩余的方式，就是雇佣实习生，因为一个专职社工的工资和福利要远远高于实习生，成本很高，雇佣实习生代替专职社工能大大节省成本。实习生被当作廉价的劳动力使用，社工机构可以赚钱，有的投机型社会组织便只招聘实习生。即使政府的财务审计查出来，也只是扣分，影响大小主要看购买方的意见，且社工机构可以招聘不到社工为理由向购买方反映。事实上，社工机构专职社工的缺口虽然较大，各种招聘广告铺天盖地，但就是很难招到员工。小王本科学的是社工专业，他大学同学42个人，目前只有2个人从事社工工作。

五、社会组织提供服务的绩效评估

社会组织的类型多样，具体有专业的社工机构、志愿型组织、兴趣团体、具有官方背景的行业协会、以谋利为目的投机型社会组织等。在中央号召发展专业社工人才和培育社会组织的政策导向下，地方政府之间展开锦标赛竞争，政府向社会投放了大量资金，短期内催生了广阔的市场，为社会组织的发展提供了机会空间。社会组织之间的竞争较为激烈，在生存和专业价值两个目标之间产生了内在紧张关系，在同行之间的高度竞争性时期，社会组织的生存超越专业价值追求成为首要目标。社会组织的生存策略与发展策略有整合物质资源、处理好与政府及居委会的关系、借用媒体的宣传功能和打造品牌形象等。社会组织的发展存在多样性、逐利性、依附性和无序性特征，面临生存发展困境。具体而言，还有几个有意思的点值得进一步关注和思考：

（1）政府购买服务的低效率，供给与需求不匹配

在政府购买服务的导向下，社会组织提供服务的同质化、覆盖有限的现象比较突出。如一家社会组织提供"430"课堂，其他社会组织也会一哄而上，提供类似的服务。现在社会组织提供服务的对象集中为老人、青少年、残障人士、流动人口或低收入困难家庭等特殊群体。在政府短期内催生市场的情况下，社会组织不了解社会需求，不知道应该提供什么服务，只好求助于书本教材。社会组织提供的服务虽然总能够找到相应的群体落地，但是社区参与度低、覆盖范围小以及服务同质化，这些说明了社会组织提供的服务与内生的社会需求脱离，没有把握社会需求的脉搏，政府购买服务方式下的供给和需求不匹配。

（2）政府目标与社会组织专业目标的内在紧张

地方政府出资培育社会组织，目标是要短期内做出特色，参与锦标赛竞争。而社工组织针对特殊群体或社区建设提供的服务，专业目标为"赋权增能、助人自助"，一般至少需要3年才能初步见成效。政府购买服务采取项目化的资金分配模式，

属于一种技术化、专业化、程序化的技术治理机制。目前项目化运作的周期为1年，但社会组织很难在1年内实现"赋权增能、助人自助"的专业价值。以深圳社工社联中心申请的一个残疾妈妈照顾计划项目为例，1年的合同时间内，社会组织只能先做到前期需求调研，然后联系一些专业老师给予帮助。没有该项目时，残障妈妈们缺乏有效求助渠道，项目期内，专业社工能引导残障妈妈们结成一个圈子互助交流，但是项目结束后，圈子无人维护，慢慢就散了，可见1年的时间很难培育她们的自组织能力。项目只能给她们提供喘息的机会，有时甚至还会导致二次伤害。

再如楼长制和居民自治项目，社工机构在项目期内能做的就是在居委会的协助下，先在各个楼栋发现社区领袖或热心服务的积极分子，并动员他们担任楼长。第二阶段就是楼长的能力建设，即发现问题和沟通协调解决楼栋问题的能力。但是项目只能对是否选了楼长进行考核，却无法对最关键的楼长的能力建设以及效果进行考核。

需要思考的是，社工的"增权赋能、助人自助"的专业价值理念是美好的，为什么实践中却只能做些活动，浮在社会的表面？目前看来，政府项目化的资金分配模式显然不是根本原因，问题并非通过延长项目的周期就可以解决，而是要看到社工对于解决社会问题的能力限度。社工组织要解决的社会问题有结构性因素和个体性因素，社工组织能发挥作用的领域是个体性因素所致的社会问题，而社会结构性因素所致的社会问题，就超出了专业社工的能力范围。

（3）分配正义：政府购买社会组织服务之合理性与合法性

国家的财政资源是有限的且具有公共性，国家资源的使用与分配具有正义性，而社会需求是无限的且具有竞争性。那么，在不同阶段，政府的资源应该重点投向哪些目标群体？是锦上添花还是雪中送炭？政府的财政使用具有二次分配的功能，可能缓和贫富差距还是会加剧贫富差距？这些都是需要研究的。正如社工阿英说："城市社区服务只是锦上添花，这份工作没有那么大的意义，应该将人财物投向更需要的地方，更需要的是偏远的农村。"同时她还说："专业社工一直以自己的专业性标榜自己，但是从大学里出来的专业社工，解决社会问题的能力是很差的，要靠实践经验积累。我们也不专业，解决个案的能力很差。"作为在社工社会组织的一线社工，她的这两点体验是具有普遍性的，需要我们去反思政府购买社会组织服务的合理性与合法性问题。

警惕社会工作弱化群众工作

2016年是党的十六届六中全会做出"要建设宏大的社会工作人才队伍"决策部署的第十年。10年来,我国社会工作服务机构从无到有,在中央综合政策引领、专项政策配套、地方政策支持的合力下,社会工作专业人才队伍迅速壮大,规模总量达到76万人,其中持证社工近30万人,社会工作服务机构达到6600余家。政府大力扶持社会工作和培育社会组织,希望实现的政策目标主要为:一是协助政府提供服务和民生保障;二是创新社会治理体系,推动社会组织参与社会治理;三是培育公民社会,激发社会活力。

笔者先后赴南京、上海、深圳、佛山、杭州、黄冈、武汉等城市实地考察社会工作与社会组织的运行绩效。调查发现,社会工作与社会组织的发展面临如下问题:服务受惠面狭小,服务的同质化严重且与群众的需求脱节,财政资源使用效率低下,难以实现政府服务外包的效率目标;社工与社会组织落地社区遭遇居民的信任困境,参与社区治理的能力有限,而且会与社区党支部、居委会形成竞争关系,挤压基层组织的生存空间。社工机构的发展存在弱化我国党和政府的基层组织力量以及虚化党和政府的群众工作的风险。

一、问题：政府扶持社会工作发展的政策目标落空

第一，公共服务内卷化与财政资源使用的严重浪费。

所谓的公共服务内卷化，是指政府对公共服务的财政投入不断增长，却没有转化为有效满足群众需求的发展能力，财政资源的损耗严重以及使用效率低下。据统计，截至2015年底，广东省共投入近40亿元购买社会工作服务，每年的资金投入都在上升。10年来，北京市用于购买社会工作服务的财政专项资金也高达30亿元。在中央政策导向与锦标赛行政体制运作下，地方政府对于创新社会工作与培育社会组织充满了热情，纷纷增大财政投入力度。社工机构数量的多寡与活跃度，与地方政府投放的财政资金成正比。地方财政实力雄厚的东部发达城市，采取全覆盖的"面状模式"，而地方财政实力稀薄的中西部地区，则采取集中整合资源打造一个个亮点的"点状模式"。

但是，通过考察多个城市社会工作组织提供的服务内容与绩效，笔者发现社工提供的服务同质性严重，与政府投入的巨额财政资金相比，社工提供的服务受惠面也非常狭窄，大量的行政资源被耗散在政府与群众之间的民办社工服务机构与专职社工群体身上。并且，社工服务与群众的内生需求脱钩，政府花钱买服务，往往还要被群众骂和排斥，没有换来群众满意度的增加。由于专业社工组织并不了解居民的真实需求，为了申请政府项目资金，往往回到课本和教材里寻找先进的理念，并包装为具有特色的服务项目，迎合地方政府创新的需求，而这又会很快被其社会组织模仿，服务因此呈现同质性，如主要为理

发、修脚、助浴等针对老年人的服务，以及针对青少年的"430"课堂和亲子活动等。

第二，社工社会组织参与社区治理的边缘化与夺权化的双重困境。

社区、社工与社会组织构成的"三社联动"机制，被认为是民政部继20世纪80年代提出的社区服务、2000年推出的社区建设之后的第三次社区治理机制的创新，同时也被视为新时期创新社会治理和实现国家治理体系现代化的重要抓手。但是，笔者调查发现，政府花钱购买服务的社工社会组织在社区治理实践中存在边缘化与夺权化两种现状。社工社会组织以生存为首要目标，其资金主要来源于政府项目经费，这使得绝大部分社工机构严重依赖政府，陷入依附与自主的矛盾中。

政府购买的社工与社会组织的服务需要在社区落地，而后者经常遭遇居民不信任与扎根社区的难题。社工与社会组织的社会性身份，难以获得社区居民的认同与信任，进场需要借助社区党组织和居委会与群众长期密切联系而积累的情感、信任与组织动员资源，即需要社区居委会向居民群体引荐，才能动员居民参与社会组织提供的活动。而且社会组织中的专职社工基本都是刚毕业不久的大学生，严重缺乏群众工作经验和工作方法，无力分担社区治理任务。绝大部分社工社会组织没有能力分担社区治理难题，往往退守到提供一些锦上添花的服务，以及开展一些无关痛痒的居民活动上，在"三社联动"中处于边缘的位置。还有另外一种情形：少数社工机构的社工与本土的社区工作者（基层党组织和居委会成员）形成竞争关系，出现"夺权化"的博弈格局，基层治理有失序化的风险。专职社工与社会组织援引西方多中心治理理论与社会自组织理论，强调自主性和独立性，与社区党组织和居委会争夺社区控制权，形成互不服从的对立关系，"三社联动"的效果不尽如人意。

第三，存在社会工作虚化党和政府的群众工作的风险。

自2006年中央提出建设宏大的社会工作人才队伍的决策部署以来，社会工作迎来了迅猛发展的10年。政府职能转移的加快，为社会工作下一个10年的发展提供了制度空间。为了实现"小政府、大社会"的有限政府理念，政府在不断地推动政府职能转移和行政服务外包。在中央的政策导向下，地方政府也开展了各种大胆的创新，比较典型的有两类：一是将社区居委会的行政服务职能外包给社会组织，如计划生育、低保、社保及各项统计工作等；二是将社区党建工作外包给社会组织。然而，这种将基础行政职能和基础党建工作外包给注册为民办非企业性质的社会组织的"创新"，存在虚化党和政府密切联系群众工作的风险，可能会侵蚀党和政府在基层社会的执政基础。

社区党组织和居委会作为我国党和政府在基层社会的治理末端和神经末梢，其密切联系群众的不可替代功能，相当于党和政府进入社会的眼睛和手脚。尤其是在后单位制时期，社区权威弱化和掌握的资源有限，社区党组织和居委会唯有通过为居民提供良好的服务，方能不断累积起情感、信任与组织动员资源，建立深厚的群众基础。而部分地方政府进行的政府服务外包试验，将社区基础行政服务职能与党建工作外包给社会组织，使社区党组织和居委会在基层治理中被边缘化和空心化，这就犹如蒙上了党和政府今后进入社会的眼睛，缚住了党和政府的手脚。此外，普通的社工组织与社区党组织和居委会根本的区别在于，社工组织不具有政治属性，具有可退出性，难以问责。基础行政职能和基础党建工作属于公共职能，一旦出了问题，党和政府是不可推卸的最后责任人。

二、原因分析

第一，有限政府与政府服务边界认知的混乱。

近年来政府通过行政服务外包的方式，大力扶持社会工作和培育社会组织，一方面想实现满足人民群众日益增长的多元化服务需求，另一方面想践行"小政府、大社会"的价值理念。目前政学两界对社会组织的认识存在逻辑简化问题，即认为：第三部门/志愿部门＝非营利社会组织/非政府社会组织＝民办社工服务机构＝公民社会＝小政府与大社会。欧美发达国家提出发展第三部门或社会组织理论，是为了应对福利国家的危机，削减本由政府承担的公共服务，动员社会力量和社会资源来分担，以降低行政成本。将西方的新公共管理和多中心治理理论不加反思地移植到中国，会产生逆反的社会后果。

由于原本不存在社会工作者与民办社工机构，政府要花钱进行扶持和培育，社工组织的生存与发展主要依赖政府投入的财政资源。社会组织为了竞争到政府项目，就需要迎合政府创新与打造特色政绩的需求，对提供的服务内容进行创新与包装，因此普遍出现的结果就是社工提供的服务内容与群众的内生需求脱钩，以及社工提供的服务基本都是一些锦上添花的增值性服务。从全能主义国家向现代有限政府的转变，首先需要认清政府提供服务的责任边界——服务型政府的建设并不意味着政府要包揽公民从出生到死亡的全流程服务，即使欧美发达国家也无法负担得起。我国目前仍然为发展中国家，公共财政资源仍然比较稀缺，政府应该提供基础性社会保障和基础性服务，而非投入巨额财政扶持社工提供例如为老人理发、修脚、临终关怀、"喘息服务"等增值性服务，且很多需求并非群众内生的，而是被社工营造出来的虚假需求。将西方原本用于指导政府削减财政开支的理论，不考虑发展阶段地生搬硬套到中国，后果就是行政成本急剧增加。

第二，治理机制与社会治理面临矛盾的错位。

当下城市社会治理确实面临矛盾：一是社区党组织和居委会承接的行政职能越来越多，工作越来越忙，无暇深入联系群众，致使干群关系疏离化，社区动员能力下降，难以将居民组织起来；二是无公德的个体崛起与社会失范对基层治理的挑战，居民参与社会治理的活力不足。在地方试点探索的基础上，民政部总结经验主导推出的"三社联动"社会治理机制被视为社区治理的第三次改革，以求化解当下社会治理的矛盾。但是"三社联动"治理机制实际上将社会治理主体暗中进行了置换，即本应由人民群众为主体的内生社会组织和社会力量，被置换为由专职社工构成的外生社会组织和社会力量。理应被动员起来作为社区治理主体的居民，在"三社联动"的治理机制下，却成为被社工服务和消费的客体或对象，居民的主体性难以被激活。

实践中，大部分社工和社会组织参与社会治理时面临边缘化的困境，只能提供便民服务或组织居民活动，而这些服务是政府花钱购买的，居民可以无偿享受，居民易形成对政府的依赖：既然这种服务需求政府可以无偿满足，那其他的是不是也都由政府买单？政府和公民个体之间权责边界模糊化，围绕着财政资源的二次分配形成利益博弈，"会哭的孩子有奶吃"，进一步加剧无公德个体的崛起和社会失范，基层治理的矛盾反倒深化。理论上被期待成为志愿部门的社工组织，在巨额政府财政投入催生了社工市场，专职社工机构企业化运作，具有隐蔽的营利性动机的现实中，演化为一个利益集团。国家投入的巨额财政资源，大部分都被耗散在具有营利性经纪人性质的民办社工服务机构，渗漏到用于满足人民群众需求的已微乎其微。国家若再继续大力扶持社会工作，弱化党和政府的基层组织，最终形成的不是"小政府、大社会"，而是"小政府、大利益集团、弱社会"的治理结构。

第三，社会工作产业链与政策利益共同体的形成。

国内政学两界对社会工作与社会组织的发展缺乏基本的反思，其高歌猛进已经到了荒唐的地步，究其根本，在于实践中逐渐形成以中央部门、地方政府、高校专家学者以及社会工作者为主体的社会工作产业链与政策利益共同体。我国最早的几家社工机构都是在政府的主导下培育起来的，均属于外生型社工机构。社工机构初始创办人大多是大学社会工作专业的老师，高校专家学者的优势很明显：一是知识分子掌握话语权优势，可以运用掌握的西方理论对经验进行包装和提升，从而影响政府决策；二是高校老师掌握人力资源优势，所带的学生可以被动员成为其所办社工机构的兼职社工，实质上就是免费劳动力，降低社工机构的运行与服务成本。专职社工与社工机构都依靠政府财政来养活，他们会嫌政府扶持的力度还不够大，抱怨专职社工的薪资待遇低、发展空间小以及社会地位低，想继续向国家索要更多的利益和更大的权力。民政部门要借助政策创新提升部门地位和部门利益，地方政府在中央政策目标导向下要政绩显示，高校相关知识精英通过引起国家重视提升学科地位，社会工作者则希望政策重视以加大财政投入力度……围绕着社会工作政策的制定，权力精英、知识精英和社会精英之间形成了一个紧密的政策利益共同体，旨在推动政府对社会工作扶持更多，颁布更优惠的政策。针对目前社会机构发育市场的混乱和不规范的情形，该政策共同体可以反思推动规范化管理，规制社工机构的行为，提高准入门槛，但对社会工作发展合理性的大方向则绝不会怀疑，即其思考的不是"我们为什么必须要社会工作"，而是"怎么样才能使社会工作发展得更好"，既得利益主体地位决定其丧失了真正的反思能力。

三、政策建议

在没有认清我国现阶段的社会性质与社会治理面临的主要矛盾前，盲目照搬照抄西方理论和经验，不仅可能导致政府大力扶持社会工作政策目标的落空，而且可能会弱化我国党和政府的基层组织力量，虚化党和政府的群众工作机制，从而侵蚀党和政府的执政基础和增加执政风险。针对当下城市社会基层治理面临的主要矛盾，创新社会治理的机制，应该着力于提高基层党组织和居委会动员群众的能力、将社会组织起来参与治理的能力，以及激活居民的主体性参与意识。